文化観光論
―理論と事例研究―
上巻

メラニー K. スミス・マイク ロビンソン編
阿曽村邦昭・阿曽村智子訳

古今書院

Cultural Tourism in a Changing World:
Politics, Participation and (Re)presentation
Edited by Melanie K. Smith and Mike Robinson

上巻の目次

下巻の目次

第1章
政治、権力、遊び
―文化観光の変わり行く背景―

Mike Robinson・Melanie Smith

はじめに

物事がどういう全体的な脈絡において語られるかが重要なのは、それにより特定の現象がもっと一般的な歴史的状況の中に埋め込まれるからというだけではなく、その全体的な脈絡自体が一時的なものであるという意味でも、また行動や事件を説明する枠組みとして社会的、政治的に有効であるかどうかという点においても変化するからである。本章の主眼は、文化観光の概念および本書の他の章に対して、何がしかの全体的な脈絡を提供することにある。ちなみに、第2章からの章は、文化（単数および複数、あるいは文化一般および複数の個別文化）が、特定の状況の下で観光客のために動員され、そして観光客によって読み取られる態様を探究することである。文化観光という言葉を用いるときに、私たちは、社会の行動的語用論（訳者注：語句、表現、記号とその使用者の間のさまざまな関係を取り扱う記号学の一部門）の周りを回転している作用過程と一連の社会的な営みとしての観光の文化的性質と役割の双方を明示的に承認しているのであり、それは、意味の象徴を通じての学習、伝達や物体に具現化されている意味の学習、伝達についても同様である。この関連において、レヴィ・ストロース（Levi-Strauss, 1988）が正しい軌道に修正した以下のような考え方を受け入れておくのが有益である。彼の考えでは、文化は生活と対立するとか、あるいは生活の上部に位置するようなものではなくて、時とともに移り変わる実際的で建設的な力であるとともに変化をもたらす過程として生活に対し自らその代役を務めるものであるという意味合いが文化に内包されていることが認められている。つまり、生活が文化を築き、文化が生活を築くのである。観光は、文化の一つの表現であり、体験である以上、このような形での歴史的脈絡づけにぴったりはまるし、さらに、新たな文化形式のみならず、さまざまな色合いが上手く混じりあった文化形式を作り出すのにも役に立つ。この意味において、「文化観光」という言葉の使用には問題があることを理解するのは難しいことではない。Urry（1995）が示唆するとおり、観光は、その構造、実際、行事が多分に観光の母体である規範的な文化的枠組みの延長である以上、単純に「文化的」なのである。文化観光は観光である。そして、本書に記されているように、文化観光は「高級な」芸術や文化遺産の生産と消費をはるかに超えたものであることが明らかである。それは、私たちがどのように私たち自身を、世界を、そして私たち自身と世界との間の重層的関係を築き上げ、理解するのかということに関わる、ある深遠な概念的領域にまで広がっている。

国際交流システムとしての観光には、グローバル化の概念的核心部に繋がっている空間と体験の間の中間面をめぐる特別の緊張があらわれている。観光の構造的現実は、世界中どこでも、民族国家思想によって形作られてきたところがきわめて大きいし、また、このような現実の根底には、19 世紀後期と 20 世紀初頭の数十年の近代的政治地図と国造りの上での必要性が存在する。地方が「文化建設と自分が何者であるのかの証明（identification）」の焦点として行動するのだという地方主義の考え方（Frykmann, 2002）に対する関心が増大しているものの、国際観光の種々雑多な個別の叙述を超える壮大な物語（metanarratives）のなかで依然として卓越した地位を占めているのは、国家思想である。いかなるものであれ、観念上は世界的な政治的連盟における自国の席次がどうなっているのかなどにはお構いなしに、各国とも、外貨収入の現実的、潜在的源泉、すなわち、文化的資本を利用する政治的指標として、また、領土的実在としての自分自身を正当化する手段として、観光を促進する。こうして、各国政府は、国家「ブランド」思想を嬉々として鼓吹する観光当局を設置することになる。もしも、あなたがロンドンの世界旅行マーケット（the World Travel Market）か、ベルリンの国際旅行コンベンション（the International Travel Convention）をぶらつくならば、移動性、国を超えた流れ、非領域化などの考えは全くお呼びではないのだと思っても無理はない。展示用のスタンドは、地方や地方の中の更なる地方を構成部分としてはいるものの、国家の小宇宙として厳然と存在している。観光業者は、本質的に「国家的な」産物の買い手である。土地開発業者の交渉相手は、国家の法的枠組みの下にある国家の政府当局である。国を代表するような航空会社は、観光客を受け入れる社会と観光客の双方にとって高度に視覚的かつ象徴的な意味合いを保持しているし、また、多国籍ホテル・チェーンの存在にも関わらず、ホテルグループの多くは、特定の国の特徴とイデオロギーに沿ってしっかりと構築されたままである。もちろん、「諸国民の観光」（tourism of nations、訳者注：アダムスミスの『諸国民の富（Wealth of Nations）』をもじって述べたもの）の見通しは、紛争と論争の断層線（fault lines）によって支離滅裂な状態である。それにも関わらず、この見通しは、文化的類似性という西洋化された認識上の枠組み―それ自体、民族国家のさまざまな歴史のさわりの所だけを取り出すことによって形作られたものである―の上に描かれた現実なのである。この超構造的（metastructural）見解に対立し、また、それと並行しているのは、観光を「する」（doing）のと観光客「である」（being）という社会的現実であって、このような現実は国境のある領域の内部や領域の間には存在せず、もっと直接的で親しみのある、そして観光客にとってもっと意味のある空間とともに存在するのだ。ここで焦点が当てられるのは、体験と観光客にとってそのような体験を可能にする空間を歪めず元来の姿で生産することである。この点は、国境の考え方に挑戦してきたグローバル化の論客が、その侃々諤々の論を通じて大いに主張してきているところでもある。国境解消概念（言語と宗教的境界も含まれる）、時間と空間の圧縮、文化的かつ民族的な線に沿って形作られる「風景」の出現（Appadurai, 1990）を主張する議論は、観光客を一層大きな人、思想、モノの流れの一部として位置づける。「スペイン」とか「フランス」のような事物や領域も、その地方でさえも、さまざまな過程を持つ作用と行動に照らすとその重要性を失い、観光客にとっていっそう重要になるのは、国家に関する種々雑多な個別の叙述を超える壮大な物語やイデオロギー的な枠組みでもなければ、文化的類似性とか、相違の観念でもなく、むしろ、個別的、社会的な出会い、相互作用、かかわり合いの結果なのである。

国際観光に固有のこの緊張は、生産様式対消費様式という二つの様式間の対立というようなものに矮小化することはできない。それは、歴史的事実と社会・

人類学的解釈との間の何がしかの闘いなどではない。まして、誰かがたまたまどこかに立っていたなどという相対主義に関わることでもない。それは、むしろ、かなりの程度において、マクロとミクロのレベルで、また、マクロとミクロの間で機能している、散漫ではあるにせよ、同じように有効な二組の営みの間の連続体に沿った運動である。国際観光は、近代民族国家の継続性の中に閉じ込められている適当に曖昧な包括的用語（umbrella term）として存在し、また、個々の観光客の体験と活動を通じて作用する。文化観光は、事実上、世界の動向と流れに巻き込まれているし、それは、本書に述べられているさまざまな事例を一瞥すれば、一目瞭然である。というのも、本書で論じられているさまざまな文化的発展と対立は、特定の地理的焦点と特殊の系譜を有するにも関わらず、「他の」場所と歴史から来た人々にさらされ、この人々と遭遇したことを通じて形作られているからである。

資源としての文化と文化の資源性

最近数十年の成熟した資本主義制度の最も顕著な特徴は、経済が文化（単数および複数）の象徴的価値の周りに再創造されてきたことである。文化がその娯楽としての社会的役割とともに国家のイデオロギーや特定の権力ヒエラルキーを代表し、押しつけ、また社会の知的接着剤として政治的役割を果たすことは、いまだに行われて入るものの、経済生活において文化が中心的地位を占めるようになったので、その政治的役割は取って代わられてしまった。Scott（1997:323）は、この根本的な変化を巧みに要約して、次のように述べている。

> ……資本主義の生産物の文化的形態と意味が生産戦略の支配的とは言わないまでも緊要な要素となり、また、人間の文化領域全体がますます商品化にさらされる、すなわち、中央の統制の及ばないような市場における利益追求組織を通じて供給されるような段階に資本主義が入ってきている。換言すれば、広い意味での美的ないし記号的な特性を何らかの形で吹き込まれた財貨・サービスの生産とマーケティングに関わりのある経済活動の領域がますます拡大しているのである。

最も広義の文化は、供給量がたっぷりと（議論の余地はあるが、無限に）あり、また、高度に移動しやすい一連の物質的ならびに象徴的資源を提供する（Rojek & Urry, 1997）。国際観光の基盤にあるのは、確かに、文化資源であり、まさにこの文化資源が国際観光の成長を可能にし、さまざまな社会とこれら社会のいろいろな部門が開発過程に参加する道を開いた。しかしながら、文化を資源として取り扱うに当たって無視してならないのは業者に関わる諸問題であって、これは、文化（単数および複数）の価値と優劣順位がその本来の価値のみならず、それが使用されるやり方にも関連するからである（Keating, 2000）。しかし、このことは、文化の所有と文化へのアクセスに関する論点をたくみに避ける結果をもたらしているし（Robinson, 2001）、また、文化が観光客の特定の象徴についての傾向によって「読みとられる」やり方に関する諸問題をも提起するのである。Therkelsen（2003:134）が指摘しているところであるが、いわゆる「文化的生産物」は、「潜在的な観光客の文化的背景の影響を受ける含蓄や意味を生み出す」。この意味において、観光客が出会う文化は、何か価値に対して中立的な形態あるいは作用過程ではない。観光客は、むしろ、でき合いのパック旅行の体験や他の人と打ち解けて仲良くするという決まりきった過程を通じて得られる特定の公式、非公式の知識に関連する社会的空間と時間の中で文化（単数および複数）の意味を解読するのである（Robinson, 2005）。

ヨーロッパ的な脈絡（コンテクスト）では、私たちが「文化」であると理解するものについてのありきたりの概念は、ロマンチックなもの、美しいもの、教育的なもの、また、幅を広げて、道徳的なものにもかかわる啓蒙主義時代以降の私たちの感覚によって大きく規定されてきた。現在、「文化観光」として伝えられているものが、社会のエリートが一所懸命に行った 18 世紀と 19 世紀の「大旅行（grand tour）」のパターンを大体踏襲しているのは、驚くべきことではない。教育、社会的向上、人間としての好奇心などの動機となるいろいろな要素は、昔も今も同じである。しかし、このような要素には、文化観光の中心地で進行中の発展に貢献してきた他の多くの要素が加わってきた。重要なのは、ヨーロッパの中を飛ぶ低価格の空の旅が盛んになり、これがブダペスト、クラコフ、リュブリアナなどの比較的最近認知された文化的中心地内での観光を促進する上で決定的に重要な役割を演じたということである。パリ、ローマ、ベニス、アテネのような充分に確立した文化中心地は、観光の初期の時代から卓越した地位を維持しているが､空の旅が安くできるようになったので､とくにジロナ(訳者注:カタロニアの都市)、ブラチスラバ、リガのような比較的小さないくつかの場所での文化遺産や芸術を人々が味わう新たな機会が生み出された。文化観光のこのように明白な民主化は、主に都市との関連において、高度に競争的で、ますます洗練されてきたマーケティングによっても助けられたのである。「欧州文化都市」キャンペーンは、観光目的地のブランド化に強力に重点を置き、このやり方でとくに成功を収めたし、また、文化が高度に「道徳的な」産物であるとともに、その集客能力を通じ、経済的にも利益になるという考えを支持するための活動を行った。

この脈絡において、文化観光の概念はいたるところで支配的になっているように思われる。以前、大変な工業中心地であったところが、生産経済から象徴的な文化消費経済組織へと移行してしまったし、工業文化財地がいとも簡単に製造業地に取って代わるようにも思われるであろう。最近の数年間で、祭典と文化イベントの数は、指数的に増加した。また、観光目的地が拡大を続ける、文化に飢えた観光客市場をめぐって競争しようとするため、博物館と文化的アトラクションの数もかなり増加した。しかしながら、文化資本の新たな展示を作り出し､「文化観光客」を—これは、充分な教育を受けた、主に白人の、お金をよく使う、中産階級の観光客である—を集めようとする現行の興奮と熱狂は、急速に変わりつつある世界を理解し、その意味を汲み取るために、私たちが文化をどのように用いるべきかに関連する、古くからある数多くの問題を提起するのである。

将来についていろいろ考えを廻らせるにあたって銘記すべき重要なポイントの一つは、文化観光は確かに国際観光の成長部門であるが、観光客の圧倒的大多数が求めているのは、エキゾチックなもの、文化あるいは文化遺産ではなくて、のんびりすること、暖かいお天気、それに、さまざまな形での快楽主義者的活動であるという点において、彼らは文化音痴であると言いうることである(Craik, 1997)。海辺での休日は、相も変わらず人気があり、観光業者がまだ誰も手をつけていない海辺の浜の開発を絶えず狙っている一方で、テーマパーク（ディズニーランドの開幕から 50 年も経っているというのに）は、観光目的地と観光開発のモデルとして、大いに流行っている。だからといって、いわゆる「大衆」観光に参加するために出かける個々の人々が、どういう訳か、文化（単数および複数）に何の関心も持っていないなどというつもりはない。しかし、こういう事態は、社会の中で何か上の方にある特別なものとして根強く続いている文化と庶民と日常性の文化との間のある程度の二極分化が観光に反映されているということを私たちに想起させるのである。

社会評論家 Raymond Williams が指摘したように、文化は、定義するのに最も問題のある言葉の一つである。しかし、エリート主義の概念から離れた文化という用語についての私たちの理解を広げようと何年にもわたって人類学者が理論を精密化したり、さまざまな試みをしたりしたにもかかわらず、観光の脈絡において、私たちは、主として 18 世紀と 19 世紀からの「高級な」文化の考えを再生産しているように見えるのではなかろうか。これは、ヨーロッパの観光に限って生じている問題でもない。私たちは、私たちの美的優先順位と文化観念を他の場所に輸出してしまったからである。中東を例として挙げてみよう。何世紀にもわたる歴史と文化的多様性に富んだ中東において、私たちは、ロマンチックな廃墟に対する自らの偏愛を刻みつけ、それがこの地域の国々の国家観光戦略に反映されていることが分かる。例えば、ヨルダンのような国は、ギリシャ・ローマ時代の遺跡とナバテア人の都市であるペトラ（訳者注：ヨルダン南西部の古代都市。さまざまな色の石灰石に刻まれた建築遺跡が多い）の「必見」地としての売りこみでがんじがらめになっている。しかし、ヨルダンの人々・アラブの人々のさまざまな文化（単数および複数）は、オスマン帝国の文化と西側との複雑な歴史的関係によって形成されてきたのであって、このような遺跡は、現地の人々の文化をほとんど代表していない。これは、一面において市場に媚びているのだが、他の面から見ると、その地方と国のアイデンティティを損なっているのである。

私たちが伝統的なものや豪華、壮大な光景に表現された文化を好むからといって、それは驚くべきことではない。観光客として私たちが一箇所に費やす時間はどこであろうと僅かなものであるし、また、普通のものよりも、むしろ、特別、例外的なものとして喧伝されているものや私たちが自分自身の美的枠組みを通じて受け入れられるものの方に本能的に惹きつけられる。また、これも驚くにあたらないことだが、観光の経済的報酬につけ込むのに熱心な観光目的地は、その文化的な目玉に重点を置く。しかし、問題は、程度問題である。というのは、観光客に対して文化のいくつかの面だけを特別扱いすることによって、私たちは、他の面を排除し、他のいくつかの観光目的地や地域社会の開発選択肢としての観光の芽を摘んでしまうからである。

遊興性、創造性、変化に関する政治

Wallerstein（2000）は、21 世紀における文化発展との関連で、多種多様な時間性、普遍主義、排他主義について述べている。徹底した相対主義は、必ずしも望ましい条件ではないにせよ（例えば基本的人権に関連した普遍主義には高い優先度が与えられる必要がある)、寛容、政治的変化、新機軸に対しきわめて大きな可能性をもたらす。徹底した相対主義は、文化の皮相的な民主化をもたらし得るし（Wallerstein, 2000)、「私たち」が何者であるのか、そして「私たち以外の人々」とは何者なのかを私たちがどのように定義したらよいのかという問題を難しくするが、にもかかわらず、変化と権力関係の移行のスピードと不安定さに対し、私たちがどうしても注意を向けざるを得ないようにするのである。

相対主義と多元主義は、文化（単数および複数）を一連の資源として特徴づける点において大いに貢献したし、したがって、私たちが、観光客であると同時に観光客を受け入れる側として、文化を演出し、受け入れるやり方について、文化観光が相互に関連があり、一見手に負えない論争の種を絶えず作り出しているように見えるのは、驚くに足りない。例えば、どうすれば女性あるいは黒人の歴史を特別扱いすることが、男性あるいは白人の歴史に対して同じことをせずに、可能になるであろうか？どのようにしたら、文化の定型的な意味と本質的な意味とのバランスを保てるのだろうか？　観光客と観光客が訪れる地域社会にとって意味のあるやり方で、文化的相違と多様性をどのように喧伝するというのだろうか？　さらに、真実と和解との関連において、なかんずく、人の過去を今の時点で解説し、あるいは特定の見せ方をする時に、相対主義とエッセンシャリズム（essenntialism, 訳者注：ある種の伝統的な概念、理想、技能などの文化遺産は社会にとって重要であるから、必修教材として全ての児童に秩序立てて叩き込むべきであるとする教育思想）は、双方とも、大きな挑戦を受けることになる。Alexander 他（2004）は、文化的なトラウマ（例えばホロコースト）が、どのようにグループの意識、記憶、アイデンティティに拭い去ることのできない刻印―団結を固めるか、あるいは乱すかの双方でありうるが―を残すかについて言及している。人々がその過去と折り合いをつけるやり方はさまざま異なっている。しかし、（文化）観光が発展すると、過去の事件の解説と見せ方に関して責任の所在をはっきりさせる必要も生じてくる。20 世紀は、近代史の中で最も暴力的で悲劇的な世紀の一つと広くみなされているし、したがって、折り合いをつけなければならず、また、人々に見せる（演出する）必要を生ずるものが多々存在することとなる。

文化は重要な作用過程であり、重要な状態である。そこで、かりそめの観光客の体験が闘争の一番深く、永続的なところに関わるかかわり方を本書の多くの章において明らかにしている。同時に、ポスト・モダンの社会では、観光に対する態度は、等しく「遊び半分」の気持ちなのである（Rojek, 1993）。レジャー産業として、観光は、歴史の実存的重荷と今日の諦めからの逃避的感覚に基づいている。人間の対処戦略には、観光によって可能となった自由や快楽主義的表現も含まれている。21 世紀と新しいメディア、技術それに革新的で創造的な産業から生まれたこの世紀に随伴するグローバル化は、何の苦もなく刺激的な観光発展がいたるところで起こるのに力を貸す。例えば、Junemo（2004）は、ドバイのような成長を続けている観光目的地がどんな風に遊興性の縮図であるのか、グローバル化が脅威ではなく、都市計画と観光計画の双方に全面的に喜んで受け入れられている場所となっていることを記述している。Sheller と Urry（2004）は、いろいろな場所―いつも動きがあって、記憶、感情、公演、人々その他をさまざま違った風に動員することから構成されている―のたっぷりした遊興性について言及している。歴史の解釈に関しては、既に述べたとおり、場所の有する意味について多種多様な対立する見解がある。しかし、このような対立する見解は、新たな観光目的地を変容、革新し、あるいは創造しさえもするためにも、創造的なやり方で利用され得るのである。本書の中の事例研究は、一度ならず、遺産としての文化と現代の創造性としての文化が同時に（対立が生じないというわけでは必ずしもないが）観光目的地の再開発あるいは位置づけの変さらに利用されているやり方に言及している。文化観光発展の中での遊びとしてより面白く、創造的な面のいくつかは、議論の余地はあるにせよ、私たちの対立的な過去を想い起こさせる陰気な記念碑のそばで展開せざるを得ないのである。

自由に移動し遊びを享受することは、きわめて多くの場合、依然として、権力や資本のある人々の手中に委ねられている。しかしながら、Turner と Rojek（2001）が述べている通り、旅行がほとんど一つの市民権となるに至ったような移動性の民主化が生じている。これもまた言及するに値するのだが、地域社会というのは、その文化と同じように流動的、かつ可動的なのである。多くの文化理論家が「非領域化」と「周辺地」（すなわち、民族、人種、種族性などの確立された支配秩序になじまない人々）を占めるグループについて論述している。

特定の場所をどういう風に感じ、受け止めるかは、とくに本国を離れてしまった人々の文化にとっては、いまや物理的ないし地理的概念であると同じように、心理的な概念である。場所というのも、アイデンティティの場合と同じように、絶えず政治的な駆け引きの対象となっている。Meethan（2001）が述べているところであるが、文化や社会は、観光を受動的に受け入れているだけではなく、論争と抵抗の跡でもある。植民地を脱して独立を果たした後でよくあるのは、文化（通例、土着文化を意味する）「喪失」の議論であるが、しかし、それがいったい誰にとっての喪失なのかということについて疑問が提起されてしかるべきである。西洋には、文化を遺産として化石化し、人間がつくり上げた環境を優先する傾向がある。過去を代表する物理的象徴ないし遺物（例えば、建物、彫刻、記念碑）について、帝国主義終焉のあとでも、何か強迫観念めいたものが存在する。このような物理的象徴なり、遺産は、今ではお役御免になり、世相に会わなくなっている場合であっても、（例えばハンガリーのように）観光客用の「彫像公園」（statue parks）で保存され、安置されるかも知れない。これと対照的に、Fisher（2004）は、新植民地主義社会の土着民の人々が、その文化遺産を論ずるに当たって、無形の植民地主義以前の伝統あるいはその土地の「精髄」の観点から論じがちな様子に言及している。

私たちが文化観光を創造的な生成の途上にあり、かつ、創造的な発展を行うものとして位置づけなければならないのは、このような意味合いからである。そうする過程で、私たちが文化観光と呼んでいるものは、はるかにいろいろなことを含むようになり、「高尚な趣味」の象徴的権力とエリート的表現の座位として比較的確立した文化概念のうちの若干の概念からははずれ、もっといろいろなものを含む、民主的で、かつ、体験に基づく解釈の方向に向かって動いている。この動き―というよりは何だか分からぬままに運ばれているといった方がより適切であろうが―には、二つの重要な理由がある。その第一は、観光客の体験そのものの性質に関連している。観光目的地、その土地の人々と文化は、観光客によって「体験」されるのであって、単にじっと見られるだけの事ではない。観光客を観察すると明らかになるのだが、彼らが美術館、博物館、歴史的建造物のような形にはまった文化的装置で実際に過ごす時間は、私たちが考えているよりもかなり少ない。むしろ、レストラン、カフェー、バー、店、空港、ホテルなどで過ごす時間のほうが長い。確かに、観光客は、「歩き回る」ことと「人々を観察する」ことに多大の時間を使うのであり、その過程において、観光目的地の文化を日常的な習慣や、振る舞いの形で観察し、これとめぐり会うのである。観光客は文化音痴だなどとはとんでもない話で、彼らが吸収し、家に戻った時に、自分が体験したことの記憶についての物語を構成するのは、とくに、このような普通の生活のさまざまな様相なのである。観光客受け入れ側の地域社会ととくに観光当局の見地からすれば、文化のこのような局面は、何ら意味を有しない、したがって政治的用途を持たないものとして、あっさりと見過ごされてしまう。文化のこのような局面は、いわば普段着の、その場限りの、管理統制不可能なものであるが、にもかかわらず、観光客の体験を形づくる上で決定的な重要性を有する。よく忘れられるのは、一つの文化的環境では何の変哲もないと考えられていることが他の文化的環境にとってはエキゾチックなのだということである。観光をする上でお定まりの過程の一つとして、人には買い物、飲食などを通じて他の人々の文化にめぐり合うのであるが、これ自身が非日常的な体験となり得る。例えば、パブに行くとか魚のフライとポテトチップスを食べるなどという英国でいまだ一般大衆の間で普通に行われている活動が、多くの海外からの観光客にとっては特別の活動に変わってしまう。何の変哲もないかもしれないが、これらの活動は、それ自身、飾り気の全くないものであり、宣伝用のパンフレットの表紙に登場することなどめったにないにせよ、英国文化の真髄に近いと言い得る。

エリート臭がより少ない文化形態へと向かう趨勢の第二の理由は、世代交代といわゆる「高踏的」文化からどんどん離れていくという現実に関連している。各々の世代がその世代自身の文化を生産するのであるが、その潜在力はいまだ観光セクターの充分に認識するところとはなっていない。既成のさまざまな文化形態や伝統が存亡の危機にさらされつつあるので、問題が生じてきている一方で、他方においては、新たな文化形態が創造されている。まず、よく起こりがちなのは、新しい文化形態を「文化」のなかには入らないものとして退けることである。ヨーロッパの歴史と文化の観点からすれば、ファーストフッドの概念は、文化的価値の点ではほとんど意味がないし、観光客をとくに惹きつける力など何もないように見えるであろう。しかし、文字に記録された歴史が比較的新しい国である米国では、ケンタッキー州のCabinにあるケンタッキーフライドチキン誕生の場所に博物館や昔のままに再建されたカフェーがあり、大勢の観光客が訪れている。彼らの文化的体験は、環境が異なっているとはいえ、彼らが関わりになり得るもの、そして彼らが結びついていると感ずるものを中心に回っているのである。だからといって、彼らが他の文化的生産物の真価を認めない訳ではないが、はっきり分かるのは、文化は市場との関連において変化するということである。

日常茶飯事の文化を認め、売り込むことは、「高級な」芸術・文化遺産、古典的な公演の重要性を否定することではない。それは、むしろ、文化的変化とさまざまな異なった形態の創造性の現実と観光における全般的な体験の重要性を認めることである。しかし、こういったことは、その目的たる文化観光の将来の発展や地域社会と経済にとって、一体、何を意味するのであろうか？

地球の表面を歩き回る観光客の数は増える一方だが、彼らにとって、日常茶飯事にかかわる文化は、体験と可能性の機会を恒常的に作り出してくれる。全ての観光は、この意味において「文化的」である。グローバル化の進んでいる世界において、私たちは、観光客として、また、人として、ますます「他の」

いろいろな文化と接触するようになり、その各々の文化の特殊性と全ての文化を構成する人間社会を体験することができるようになりつつある。このようにして、文化観光は、えり抜きの高級な文化的史跡や活動—こういったものが存在、機能している場所である社会を必ずしも代表していない—を通じてではなく、文化に対するもっと民主的でどこにでもあるようなアプローチを通じて、他の場所、人々、過去を理解するための強力なメカニズムたりうるのである。この意味では、大衆観光でさえも、重要でありながら忘れられている文化的要素を持っている。私たちが他の文化と初めてめぐり会うのは、まずもってリゾート地の近くのレストランでのメニュー、ウエイター、食べ物である公算大である。

国内、国際観光の様式にますます注入されているのは、「大衆的な」（popular）日常的文化である。今では、テレビの連続ドラマの方がクラッシック・オペラよりも旅行の様式に大きな影響を及ぼしている。観光客が文学と関係のある観光目的地を訪れるとして、その理由は、本を読んだからというよりも、映画を見たからというのが多いようである。サッカー、それにスポーツ一般には、新しい観光機会の内容を決める力がある。議論の余地はあるにせよ、博物館を訪れるよりも、いろいろな異なった買い物や食事の体験の方が、文化的体験全体にとって一層重要である。さて、「高級な」文化の擁護者にとって、こんなことの全部が好ましい現象とは必ずしも言えないかも知れない。しかし、主要な観光ルートから外れた観光目的地（多くの場合、経済的・文化的開発をまさに必要とする場所と一致する）の観光当局にとって、文化の日常性は、物質的にも象徴的にも、重要な一連の資源を提供してくれるものとなる。

一面において、文化の示す様相が、観光と旅行が始まった早い段階からかなりの変容を遂げたのである。文化のカンバスは、幅が広くなり、いっそう身近に、いっそう創造的になって来た。他面において、文化の基本的な部分はもとのままであって、その重要な特質は、文化自からが蒙る変化と文化が生活の中に具現され、体験され、分有され、交換されるという事実に関連してくる。

テーマと事例

本書の刊行を正当化する理由は、文化観光のもっと理論的な側面および文化観光と遺産や芸術との関係をカバーしている興味深い本は何冊か出ているが（例えば Hughes, 2000; McKercher & Cros, 2002; Smith, 2003 参照）、Richards（1996; 2001）および Robinson と Boniface（1999）の著作のように、理論を裏づける詳細な事例研究を扱った本はこれまでになかったことはないが、その数は少ない。本書は、事例研究活用の伝統に則り、最新の事例研究を幅広く盛り込んでいる（訳者注、この部分の原文は文意が定かでないため、原著者に真意照会の上で翻訳したもの）。地理的、空間的カバレッジの点で、本書は、包括的であるとは言えない。しかし、本書は、Denning（2004）の言う三つの世界の全て、すなわち、資本主義世界、共産主義世界、脱植民地世界から事例を集めている。これによって、読者が、これらの世界なり、地域の各々に影響を与える政治的、社会的、文化的枠組みについて何がしかの認識を得られれば良いと願っている。

本書は､大まかに言って四つのテーマ別の部分に別れ､各々､文化政策と政治､地域社会参加と能力開発（エンパワーメント）の概念､真正性（本物かどうか）と商品化、文化観光における解説を扱っているが、全て、変わり行く環境との関連において観光目的のために文化を変容させ、動員するという論争の的となっている過程に力点を置いている。どの部分も、これらのテーマに関連した若干の概念的諸問題の探究をまず行い、ついで、例証となる事例研究を行っている。本書で論じられているテーマは明らかに網羅的とは言えないが、文化観光に関連するいかなる議論に対しても、きわめて重要なものとしてしばしば登場する。Sigala と Leslie（2005）は､文化観光のより経営的､商業的側面（例えば､名所の管理・マーケティング、持続性、新技術）をたくみに論述している。

第一部の導入部分たる「政治と文化政策」において、Jim Butcher は、文化に関する政治、文化政策、文化的関心の対象となる名所・名物（cultural attractions）の間の繋がりを概観している。Butcher の観るところでは、現代の文化政策、文化に対する政治的背景および文化観光自体が、ますます強大となりつつある多元主義、民主主義、社会的に疎外されている人々の社会への組み入れ（social inclusion）によって問題化している。ポスト・モダンの時代にあって、ポピュリズムの台頭と政治的に成果を収めることを至上命題とする傾向が強くなっているが、これによって「普遍的な」文化対「特殊な」文化（複数）に関連する諸問題がますます提起されるようになっている。

前に述べたとおり、高度の相対主義は、新たな創造形式を生み出すこともできるが、他方、人間の文化について過度に狭い解釈なり表現をしてしまうことにもなりかねない。もう一つの危険は、相対主義が強調されると、文化水準の低下とか、文化的発展に対する概念道具主義者（instrumentalist, 訳者注：思考機能は環境を支配する手段として有効であり、概念の価値は人間の体験、進歩におけるその機能によって規定されるという実践哲学を奉ずる人々）的アプローチを惹起するかもしれない。

文化観光が占める場所は、しばしば、他の役目や他の象徴的な用途によって共有され、また、（あるいは）、これらのものの遺産として継承されているので、その性質からして論争の種になる。Catherine Kelly は、アイルランドで政治的論争の的となっている場所における文化遺産観光の発展について論じている。彼女は、米国への移民の跡をたどることに焦点をあてている Tyrone 郡 Omagh の Ulster-American 民俗公園の観光名所を検討し、次いで、南アイルランドからの来訪者グループと北アイルランドからの来訪者グループ双方の意見を比較対照している。この結果、政治的に敏感な場所における争いのある文化遺産現場に直面した時に来訪者の間にはさまざまの異なる認識が生ずることが実証され、多角的な文化とアイデンティティを解説し、世間に訴えるための戦略が示唆された。

Arvid Viken は、ノルウェーの Rosendal 男爵領がどのように観光のための博物館と文化遺産名所として再開発されたかを、とくに地元の地域社会にとっての意味合いに焦点をあてながら、論述している。彼が強調しているのは、保存と地域開発間の若干の緊張と現場の経営管理者と来客のエリート主義—過去の社会的亀裂を恒久化するつもりかという向きもある—である。彼は、この事例では、社会史が一般的にあっさりと扱われている、つまり、批判精神が十分ではないと論じ、国家的文化遺産開発に固有の、世界中どこにでもある対立のいくつかを、その地元での社会的意味合いとともに力説している。

Barbara Marcizewska は、1989 年後のポーランドにおいて、文化観光政策がどのようにいわゆる「高級な」文化や文化遺産からますます遠ざかって、もっとポピュリスト的な文化活動のほうに動いているのかを明らかにした。彼女の考えでは、これは、一面においては、文化的消費を制約する地方の低所得の結果であるが、他方、新たな観光需要がとくに都市で増加しているということの結果でもある。この事例研究では、文化的発展を支援し、資金を供給し、また観光政策との所要の繋がりをつけるためには、政府機構間の協調の取れた政策が必要とされることに言及している。

第一部の三つの事例は、全て、文化観光に関する政治のさまざまに異なる局面を示している。しかし、これら三つの事例全ての関連において見受けられるのは､「文化」あるいは「遺産」についての単一の定義からもっと多元的ないし、ポピュリスト的アプローチへの移行である。文化観光政策を展開し、文化観光名所を開発する際に、いろいろな異なる地域社会、観客、来訪者の意見がますます勘案されるようになってきたようである。また、政府の支援がいつも与えられるとは限らないが、それでも、このような問題は、少なくとも、政治的日程に載っているのである。

第二部､「地域社会の参加と能力開発」において、Stroma Cole は､「エスニック観光」（ethnic tourism）について論じ、地域社会，商品化、能力開発の定義と意味を問うている。「商品化」には否定的な意味合いがあるとしばしば想定されているが､それは､プラスになる変化をもたらすこともあり得る。さらに、地域社会参加のためのメカニズムは増加しつつある。にもかかわらず、能力開発の真の性質とそれが地域社会に対して及ぼす影響を理解する必要が依然として存在する。第二部の事例研究は、現場・地域社会、伝統とアイデンティティの間の複雑な相関関係に焦点をあてている。観光開発の過程で地域社会が協議にあずかったり、能力開発が行われたりするような好ましい事例がないわけではないが、そうではない場合もあり、これは、地域社会に影響を及ぼし、また地域社会の参加と能力開発を助けるかあるいは妨げるかのいずれかの作用をなし得る歴史的および現在の政治的現実から観光開発を切り離すことができないからである。

脱植民地国の脈絡の中での一つのきわめて重要な問題は、グローバルな力と地域の力を調和させることの難しさに関連する。この点は、Rene van der Duim, Karin Peters および John Akama がケニアとタンザニアにおけるマサイ族観光プロジェクトの比較を行って、探究したところである。アフリカにおける文化観光開発の多くを伝統的に形成してきた政治、権力構造を略述しつつ、彼らは、表面的な地域参加と真の能力開発との間のギャップおよび重要利害関係者（stakeholder）間の関係をもっと綿密に分析する必要性につき注意を喚起している。

社会グループ間の長期にわたる力の不均衡を克服することは、文化観光を確立するための基礎作業の一部である。これまた、第二部で、Jennifer Briedenhann と Pranil Ramchander がアパルトヘイト以後の南アにおける「黒人町観光」開発を論じている。彼らは、Soweto における黒人町観光の影響についての地域住民の認識という比較的研究の行われていない側面に焦点をあてている。そこで分かったのは、プラスになる影響の多くの点が認識され、評価されているものの、地域社会の組み入れ、参加、能力開発のためにもっと優れたメカニズムが明確に必要だということである。重要な利害関係者間の競争が比較的公平な場で行われ得るような状況のもとでは、議論の余地はあるにせよ、文化観光を確立するのはより容易である。Frances McGettigan, Kevin Burns および Fiona Candon は、アイルランドの農村部 Kiltimagh の事例研究を取り上げているが、ここでは、欧州委員会（European Commission）がイニシアティブをとって、地域社会開発に対する「下から上への」（bottom-up）アプローチを奨励してきた。ここでは、みなが仲間として行うアプローチが、地域社会を巻き込むための効果的枠組みを提供することとなり、生活の質や土地への誇りといった地域社会と観光開発の比較的目に見えない側面がますます重要になっていることを明らかにしたのである。Satu Miettinen は、また、先進的な政治的背景を有する事例として、工芸美術品生産、伝統的文化遺産、観光開発に関し、フィンランドのラップ人社会の地位を観察している。彼女が強調しているのは、訓練とネットワーキングの結果として地域の生産者がその工芸美術品業を何とか改善し得た小さな村でのプラスになる事例および地域の女性たちが文化観光と文化遺産観光の開発にどのように貢献してきたかの二つである。全体として、開発は大体のところ成功してきたが、これは、地域社会の参加と能力開発が高い水準にあることのお蔭である。

第三部「真正性と商品化」の先鋒を務めるのは Nicola Macleod で、彼女は、真正性と商品化—観光に関する文献に繰り返し出てくるテーマであるが—の複雑で相い矛盾する性質を論じている。彼女は先行諸理論を再検討し、これらの現象にポスト・モダンの視点から新たな光をあて、その際、これらの問題についての関心が伝統的に依拠してきた前提自体に疑問を投げかけている。第三部の事例研究は、いずれも、観光生産物と観光客の体験の双方が現代の状況の下でこれらの概念によって影響を受けるさまざま異なった態様を実例で説明している。これらの事例研究は、いずれも、理論と実際の両面において真正性と商品化についての認識が変わりつつあることを問題として取り上げ、観光客は、自分は真正性を求めていると思いがちだが、実際には、その真正性が過度の「現実性」を有すると余り愉快な気分にならない。全く、Grünewald が本書で述べているとおり、観光客の多くは、きれいなお土産を家に持って帰ればそれだけで幸せなのであって、土産品がどんなに「文化変容」をさせられているかなどには関心がない。土着民（indigenous people）にとっては、作り出される生産物よりも伝統的な（変わりつつあるにせよ）製造工程のほうがはるかに「真正性」を構成する。

Frans Shouten は、西洋と非西洋双方の視点から、さまざま異なった形での真正性を検討し、とくに、バリ島とオランダの土産品産業に焦点をあてている。彼が述べているのは、伝統とアイデンティティの観点からして、観光生産物とこれら生産物の生産過程に対する認識に大きな違いがあるということと観光土産品の「品質証明」を決定する権力構造である。

Rodorigo de Azeredo Grünewald は、ブラジルの地方における（つまり、Pataxó 族の間での）観光の発展が工芸美術品の生産を変えてしまったやり方を探究している。彼の示唆するところでは、原住民の生産物に元来のものと同一の「機能的真正性」が存在することはほとんどないが、それでも、このような生産物は、同時に、新たな意味を獲得したものとして、部族内での意義を保持し得るのである。意識的に部族のアイデンティティを築き上げることは、社会的活力の重要な一要素であり、観光は、この過程を妨げるよりもむしろ促進し得ることの方が多い。

Tanuja Baker, Darma Putra および Agung Wiranatha は、バリ島の舞踊と観光客用の踊りを提供しながら元来の意味を保持する上での若干の困難について論じている。はっきりしているのは、踊りをどこまで観光客の好みに合うように適応させるかについて地元の舞踊グループの間で意見の違いが生じてきたということである。しかし、彼らは、最近の論争の多くは、社会的な問題というよりもむしろ経済的な問題、（例えば、低賃金による踊り子の搾取）に関わっていると述べている。彼らは、真正性に関する土着の人々の考え方を尊重し、その真正性が舞台文化に表現されることが大事だと強調して結論としているが、これは正鵠を得ている。

第四部は、文化観光の中での「解説」に的を絞っており、László Puczcó が観光名所の分野の中で解説の性質が変化しつつあることについて概観している。応用心理学からの理論的枠組みを用いて、彼は、個人と団体の利用者双方のニーズを満たすべく解説の作業過程を洗練するために近年開発されてきた用具（tools）と技術のいくつかにつき説明を行っている。彼の論ずるところでは、解説が成功するためには、科学的なアプローチと基本的に人間的なアプローチの双方を複雑に混ぜ合わせる必要がある。第四部の事例研究は、政治日程、社会的敏捷性、経済的必要性による実施上のさまざまな困難をいくつか論述している。同時に、これらの事例研究は、新たな政治、社会的な課題、来訪者のニーズ変化、競争の増加に照らして、文化観光の名所・名物が解説や見せ方（演出）の問題を再考せざるを得なくなりつつある状況に光を当てている。経営者がこのような事態の進展に適応し、応えるためには、彼らの側にある程度の開放性と柔軟性がなくてはならない。

Tamara Rátz は、意見の対立のある文化遺産の現場を管理する上でつきものの論争を検討し、ハンガリーのブダペストにある恐怖の館（the House of Terror）事例研究に焦点をあてている。彼女が力を入れているのは政治的偏見と選択的解説の問題、地元の人々の反響対観光客の無関心に関わる問題、そして複雑な歴史的事件を表現する上での限界についてである。全体として、彼女の論文は、私たちの集団的な過去におけるより暗く、悲劇的な要素に基づいている多くの文化遺産名所が直面している共通の問題のいくつかに光をあてている。

Josie Appleton は、英国における最近のいくつかの政治的問題のせいで、博物館の役割と機能が希釈、歪曲され、多くの博物館が伝統的な収蔵品の管理から社会的に疎外されている人々の社会への組み入れへと向かってきたと示唆している。議論の余地はあるにせよ、このような人々の社会への組み入れは、意図としては立派なものではあるが、にもかかわらず、博物館が完全に万人のためのもの、つまり観光客用の他の名所に似通ったもの—教育的機能を有することを目的としない—になるべきだという考えに彼女は異議を唱えている。

Anya Diekman, Géraldin Maulet および Stéphanie Quériat は、ベルギーの洞窟が観光客用名所として規格化されつつある程度につき論じている。自然（文化の対極にあるものとしての）の名勝の間に差をつけるのは、困難の度合がより大きなことが少なくないことは認めるとしながらも、彼らは、見せ方にもっと創造的で革新的なアプローチの必要があるのではないかと問うている。それには、場所の説明、設備・機能の追加、アトラクションと催し物、マーケティングが含まれている。

Marion Stuart-Hoyle と Jane Lovell は、文化遺産都市の多くがより現代的で、体験を味わってもらうことに重点を置いたアトラクションの開発に向かっている中で、これらの都市に共通する問題のいくつかを取り上げている。観光客を関与させ、その体験を助長し、滞在を長引かせつつ、同時に文化遺産を保護するために用いられているさまざまな戦略の中のいくつかが、彼らの検討対象である。

むすび

本書が本書の提起する諸問題に対して何か決定的な解決策を提示している、などというつもりはない。しかしながら、歴史の中にはめ込まれているが、絶えず変化している広汎な一連の前後関係の一部としての文化観光である現象の位置を突き止めようと努めてはいる。これは、文化の表現としての観光「生産物」の開発と文化が観光客によって消費される態様の双方についてあてはまる。さらに、本書は、読者が文化観光とは一つの政治過程である、あるいは、少なくとも政治的影響力を有する一連の経済取引であると読みとることを求めている。本書において検討されている事例研究の多くは、文化的資源としてのさまざまな形の場所、人々、過去へのアクセスとこれらを特定の方法で利用、表現しようとする権利に関連する異なる社会グループの間で現在進行中の取り引きの過程を明らかにしているのである。この過程の一部として、私たちは、文化観光内部の創造的で革新的な展開を、文化観光を形作る政治的、社会的枠組みそのものに対する挑戦と変化とともに、目の当たりにすることができるのである。

参考文献

Alexander, J.C., Eyerman, R., Giesen, B., Smelser, N.J. and Sztompka, P. (2004) *Cultural Trauma and Collective Identity.* Berkley: University of California Press.

Appadurai, A. (1990) Disjuncture and difference in the global cultural economy. *Public Culture* 2 (2), 1–24.

Craik, J. (1997) The culture of tourism. In C. Rojek and J. Urry (eds) *Touring Cultures – Transformations of Travel and Theory* (pp. 113–137). London: Routledge.

Denning, M. (2004) *Culture in the Age of Three Worlds*. London: Verso.

Fisher, D. (2004) A colonial town for neo-colonial tourism. In C.M. Hall and H. Tucker (eds) *Tourism and Postcolonialism: Contested Discourses, Identities and Representations* (pp. 126–139). London: Routledge.

Frykman, J. (2002) Place for something else. Analysing a cultural imaginary. *Ethnologia Europaea – Journal of European Ethnology* 32 (2), 47–68.

Hughes, H. (2000) *Arts, Entertainment and Tourism*. Oxford: Butterworth-Heinemann.

Junemo, M. (2004) "Let's build a Palm Island!" Playfulness in complex times. In M. Sheller and J. Urry (eds) *Tourism Mobilities: Places to Play, Places in Play* (pp. 181–191). London: Routledge.

Keating, M. (2001) Rethinking the region. Culture, institutions and economic development in Catalonia and Galicia. *European Urban and Regional Studies* 8 (3), 217–234.

Levi-Strauss, C. (1988) *The Savage Mind.* London: Weidenfeld & Nicolson.

McKercher, B. and du Cros, H. (2002) *Cultural Tourism: The Partnership Between Tourism and Cultural Heritage Management*. New York: The Haworth Press.

Meethan, K. (2001) *Tourism in Global Society: Place, Culture, Consumption.* London: Palgrave.

Richards, G. (ed.) (1996) *Cultural Tourism in Europe.* Wallingford: CABI.

Richards, G. (ed.) (2001) *Cultural Attractions and European Tourism.* Wallingford: CABI.

Robinson, M. (2001) Tourism encounters: Intra-cultural conflicts in the world's largest industry. In A. Nezar (ed.) *Consuming Heritage, Manufacturing Tradition – Global Forms and Urban Norms* (pp. 34–67). London: Routledge.

Robinson, M. (2005) The trans-textured tourist: Literature as knowledge in the making of tourists. *Tourism Recreation Research* 30 (1), 73–81.

Robinson, M. and Boniface, P. (eds) (1999) *Tourism and Cultural Conflicts.* Wallingford: CABI.
Rojek, C. (1993) *Ways of Escape: Modern Transformations in Leisure and Travel.* London: Palgrave Macmillan.
Rojek, C. and Urry, J. (eds) (1997) Transformations of travel and theory. In: C. Rojek and J. Urry (eds) *Touring Cultures – Transformations of Travel and Theory* (pp. 1–19). London: Routledge.
Scott, A.J. (1997) The cultural economy of cities. *International Journal of Urban and Regional Research* 21 (2), 323–339.
Sheller, M. and Urry, J. (eds) (2004) *Tourism Mobilities: Places to Play, Places in Play.* London: Routledge.
Sigala, M. and Leslie, D. (eds) (2005) *International Cultural Tourism: Management Implications and Cases.* Oxford: Butterworth-Heinemann.
Smith, M.K. (2003) *Issues in Cultural Tourism Studies.* London: Routledge.
Therkelsen, A. (2003) Imaging places. Image formation of tourists and its consequences for destination promotion. *Scandinavian Journal of Hospitality and Tourism* 3 (2), 134–150.
Turner, B.S. and Rojek, C. (2001) *Society and Culture: Principles of Scarcity and Solidarity.* London: Sage.
Urry, J. (1995) *Consuming Places.* London: Routledge.
Wallerstein, I. (2000) 'Cultures in conflict? Who are we? Who are the others?', *Y.K. Pao Distinguished Chair Lecture*, Center for Cultural Studies, Hong Kong University of Science and Technology, 20 September.

第一部

政治と文化政策

第 2 章
文化に関する政治、
文化政策、文化観光

Jim Butcher

はじめに

政治的な重要性を有する観光のいろいろな局面については、多くの著者がさまざまな論点を取り上げて来た。しかし、Hall が認識するところでは、この地球規模での巨大産業が持つ政治性は、マクロおよびミクロいずれの政治レベルにおいても、まだ充分にその重要性が認められているとは言えない(Hall,1994:4)。

もっと具体的に言うなら、「文化」観光にはいくつかの重要な政治的争点が関係しているのである。例えば、博物館の役割や文化遺産の商業化の問題は、しばしば、国民的アイデンティティについての論議の一部をなしているが、大衆観光（mass tourism）がこのような論議に巻き込まれることはない（Herbert, 1995；Lowenthal, 1998）。さらに、博物館、美術館、および遺産所在地は、文化観光客を惹きつけるその他の対象とともに、国家の文化政策によって規制されているが、その政策そのものが、よりいっそう広汎な文化に関する政治的論争から生みだされているのである。McGuigan が論ずるように、文化政策は、所与の目標を達成するという技術的な問題として考えられるよりも、むしろ、より広汎な、文化に関する政治という視点から検討され、形成され、批判されるべきである（McGuigan, 1996, 2004）。

本章の枠組みとしては、一方の「文化に関する政治」と、他方の「文化的関心の対象となる名所・名物」（cultural attractions）との架け橋となるのが「文化政策」であるという単純な立場を取ることとする。そして、考察するのは次の問題である：世界中の文化政策の策定過程に影響力を及ぼし、その中でもとくに文化観光に関する文化政策を特徴づけるような文化に関する広汎な政治的影響とは一体何なのか？

この広汎な設問に答えようとするならば、どのようにしても、大ざっぱで暫定的な試論にならざるを得ない。しかし、だからと言ってそれが重要でないわけではない。ここで論じられているのは、単一文化の概念はしばしば国家との関連で語られ、また、教養主義的な人文主義の伝統の中に位置づけられてきたが、それが最近数十年の間に、教養主義的な人文主義につき物と思われているエリート主義に対してしばしば批判的な、多数のアイデンティティと結びついた「複数の文化」によって挑戦を受けている、ということである。これは、社会・政治思想に幅広く浸透している傾向であり、それが文化や文化政策に関する論議を形作ってきた。こうした傾向は文化観光に関する諸政策にも反映されているが、その事例としては、「文化都市」の開発とマーケティングにおける文化的多様性の重視（Landry, 2000）、これまでよりももっと幅広く多種多様な歴史的経験を映し出すような博物館の新たな展開（Walsh, 1992）、ユネスコが世界遺産所在指定地を選択するに際し、経済的先進国をわきへおいて種々の伝統的な文化を優先し多様化を促進する傾向（UNESCO, 1994）などを挙げることができる。

私たちは、まず手始めに、文化政策とは何か、そして文化観光開発に関する文化政策の重要性について検討することとする。

文化政策と文化観光の関係

文化政策は、「美的創造と集団的生活様式の双方を特定の方向に向ける制度的支援」と定義されてきた（Miller & Yudice, 2002: 1）。こうした制度的な支援とは、芸術作品であって、しかも、積極的に文化的な意味合いを提示していると考えられ、それゆえにこれからやって来ると思われる文化観光客を惹きつけることができる土地なり場所の「文化資本」の一部をなすと考えられる作品を、政府が支援したり、支援しそこねたりするやり方であるとみなすことができよう（Throsby, 2000 参照）[注1]。歴史的建造物、文化イベント、美術館、博物館、それに公共の空間の計画やデザインも文化資本のために役立つのであるから、全てが公共部門の所掌範囲の一部である。こうして見ると、政策がいかに重要であるかがわかるであろう。

文化資本には、無形の「土地の持ち味」を育て、売り込むことも含まれている。文化都市では「文化観光客を惹きつけるのは、面白そうな道具立てやイベントよりも人間活動の明暗、多様性、興奮と刺激であるかもしれない」（Richards, 2001:40）。こうして、土地なり場所のマーケティングもまた、文化政策の上でいっそう重要になってきた（Murray, 2001）。

文化観光用の名所・名物を提供することは、国全体のあるいは地域的な文化政策の一側面に過ぎないのかもしれないが、とりわけ余暇を楽しむための旅行者の増加により、重要性を増してきた。つまり、文化政策の対象―博物館、美術館、お祭りなど―もまた観光客の欲求の好対象であり、したがって、経済的な開発と再生の媒体となるという事態が生じたのである。例えば、Picard（1996: 180）は、バリ島州政府の文化観光の促進が「バリ島文化の運命を観光産業の目的に委ねた」やり方を論じつつ、文化政策と観光との緊密な関係について驚くべき事例を報告している。文化観光が国家的アイデンティティに果たす役割については、Steinberg（2001: 41）も手短に論じている。彼が取り上げたのは、インドの事例である。インドでは文化観光の促進は―文化観光収入によってインド農村部の一部が活性化する過程でもあるが―「伝統文化の再生を通じて本来のインド人らしさを回復する」という、より大きな目標に繋がって来た。英国のミレニアム・ドーム（および数知れない世界中のミレニアム名所）もまたこの文脈で言及できよう。というのも、それらは英国文化の「統合を進める」祝典行事と英国文化についての思索の機会を提供する試みであり、同時に観光を通じてイースト・ロンドンの一部を再生させようとする試みでもあったとするのが、大方の見方だったからである（McGuigan, 2004 参照）。

注 1．Bourdieu は、文化資本という用語に、関連はしているが異なった意味を適用している。Bourdieu の見解では、文化資本とは、教養のある人々を他の人々から引き離し、その上に位置づける高級な文化に関する知識である（Bourdieu, 1990）。

事例：ドイツにおける歴史論争

一国の文化政策に関する政治が文化政策と文化的名所にどのような意味を持つかについては、ドイツの興味深い事例がある。ドイツの並外れて問題の多い近・現代の歴史のゆえに、西ドイツでは文化政策を再検討する必要性が強く意識されてきていたが、この点は、1991 年以降の新たな再統一後のドイツにおいても変わりはなかった（Parkes,1997：pt.3)。このテーマに関して次から次へと行われた論争の中でも著名な一例は、1980 年代末の *Historikerstreit*（歴史論争）で、周知のごとく、それは、保守的な歴史家の Ernst Nolte と自由主義的な社会理論家の Jurgen Habermas の間で行われた。前者は、第二次世界大戦における経験とともに、ドイツの進歩的な役割をも強調しつつ、ドイツのアイデンティティはドイツ史の広汎な流れを前提とすべきであると論じた（Furedi, 1992)。Habermas からすれば、第二次世界大戦とホロコーストは、ドイツに対して、その近年の歴史から学び、これに照らしてある種の政治文化を展開させることを義務づけている歴史の特定的かつ最近の局面である（Furedi, 1992）―ドイツ語の *vergangenheitsbewältigung*（過去との和解）は、この見解を一言で表している（Schoenbaum & Pond, 1996)。このように論争は、ドイツの過去に対する、より正確に言えば、現代ドイツの政治文化を形成する上での過去の重要性に対するアプローチが異なるために、ドイツのアイデンティティについての二つの異なる立場をめぐって真っ向から対立することとなった。

この論争のあり方は、また、1980 年代およびそれ以降のドイツの博物館や記念碑についての議論の枠組みを形作ることとなった。国立博物館においてどれだけの空間を第二次世界大戦に割り当てるべきなのか？　ドイツの犠牲者のための新しい記念碑建立のための場所をどこにすべきなのか、またこのような記念碑に誰の苦難を反映させるのか？　1980 年代初め、西ベルリンにドイツ歴史博物館、そしてボンに連邦共和国歴史館を建設しようという計画は、これらの博物館をドイツがその過去に批判的に向かい合う好機であると考える者と、より自信に満ちた国家的アイデンティティを作り上げていくことを強調する者との間の論争を引き起こした（Furedi, 1992）。このような問題は、ホロコーストが現代社会の道徳的踏み絵の役割を果たしているため、難しいものであることがはっきりしていた。このように、文化政策についての論争は、ドイツのアイデンティティについての相対立する概念と結びついており、文化観光名所もまたこれとは無関係ではいられなかった。

教養主義的な人文主義と文化政策

近代において文化政策の基礎となるイデオロギーは、教養主義的な人文主義（liberal humanism）の考え方であったとみなすのが一般的である（Jordan & Weedon,1995: ch.2）。教養主義哲学は、ひとりひとりの自我の完全なる実現を可能とする（しばしば国家に対立する概念としての）個人の権利を強調するのが特徴であり、他方、人文主義は理性がすべての人類の進歩に共通の原動力であると考えている。教養主義的な人文主義において暗黙の了解として存在するのは、文化を以って人間社会が芸術、科学、知識において達成した最高で最良なものとする普遍性の概念である。文化は、さまざまな国家・民族のすべてについての判断の尺度とされ得ると同時に、すべての人々が熱望するような共通の基準なのである。しかし、第二次世界大戦後、この文化観に疑念が呈され、この疑念が、文化観光に関する論議を含めて、現代の文化政策における論議の多くを特徴づけるようになっている。

教養主義的な人文主義者の文化についての見解は、周知のように 19 世紀の教育学者であるマシュー・アーノルド（Mathew Arnold）が 1867 年に出版し、論争を引き起こした『文化とアナーキー』において次のように定義されている：文化とは、「われわれに大いに関わるすべての事柄について、この世で考えられ言われた最高のことを知るようになることによって、われわれの全体的な自己完成を追求することである（Arnold, 1971: 44）」。さらに、アーノルドは、社会は「この世で考えられ、知られた最高のことを普く知らしめるべきであり」、「文化・教養のある個人の目的は」「彼らの時代の最高の知識、最善の思想を社会の隅々にまで」伝えることである、と論じた（Arnold, 1971: 44）。

この洞察は啓蒙主義の伝統に属するものであり、それは、「異なる」複数の文化を原点に置く概念よりも、むしろ人類文化が「普遍的である」という概念を擁護している。博物館、芸術鑑賞、音楽は—国家の支援を得られた限りにおいて—アーノルドの主張にそって、発展途上にあった西洋の国々で発達したし、その遺産は、今日でもしっかりと残っている。例えば、英国における過去の文化政策はこの伝統に沿うところ大であった。図書館や公立博物館の設立に関する議会制定法（それぞれ 1850 年および 1849 年）を嚆矢として、芸術・文化への財政支援は、文化および文化教養ある個人についてのアーノルドの概念の影響を受けてきた (Jordan & Weedon, 1995)。同じような伝統は、米国、フランスおよびその他の工業国においても明らかである（Yudice & Miller, 2002)。

教養主義的人文主義への挑戦

アーノルドの文化概念に対して、これに反対の立場をとる者は、「文化」を複数で持ち出す。最近何十年かの間、多くの人々に論じられてきたのは、教養主義的な人文主義者の世界観は西洋諸国およびそのエリートの権力を合法化するのに奉仕するということである（Jordan & Weedon, 1995)。これらの批判者によれば、アーノルドの文化概念は、西洋の経験を持ち出して、これを「文明」や「進歩」の名の下にすべての国々やその中にあるいろいろな文化を測る普遍的な基準として提示していて（Jordan & Weedon, 1995)、それゆえに「ヨーロッパ中心主義的」（eurocentric）である（32-33 ページ）とされる。アーノルドの概念は、文化を階層的な諸段階として提示しており、そこでの進歩への筋道は、過去も現在も、経済的に最も発展した資本主義諸国を起源とする価値や信仰に向けて歩むことなのだ、と論ずる者もいる。

例えば、文化研究に携わる二人の論客は、教養主義的な人文主義者のヨーロッパ中心主義的な文化概念を皮肉って、以下のように批評している：

> 美…道徳性…美徳…知性…完璧さ…（普遍的な）基準」—早い話、西洋で確立した支配的な文化的制度の価値は、事実上、これで全部だ。BBC、オクスフォード大学、ハーバード、ロンドンの人類博物館、ニューヨークの近代美術館、テート・ギャラリー、ルーブル美術館……などを考えてみた

> まえ。西洋の植民地主義と文化的帝国主義の寛大な制度のおかげで、この啓蒙と自己完成への潜在的な可能性は、西洋諸国に属する個人にのみに限定されてはおらず、世界のあらゆる人々に開かれているのだ（Jordan & Weedon, 1995, 26）。

Jordan と Weedon は、啓蒙主義に影響された「普遍的」文化観に批判的で、これとは異なる見方をしている。彼らはその見解を多元主義的（異なる文化を受け入れ、反映させる）、かつ、包摂的（以前は疎外されていた諸文化がその社会の文化の主流の一部となれるようにする）で、究極的に民主主義的（社会のすべての部分がその社会の未来に貢献できるようにする）と性格づけている（Jordan & Weedon, 1995）。

Raymond Williams は、文化についての多種多様な見方の内容を明らかにしているが、これを、文化政策についての教養主義的な人文主義者の文化観と多元主義者的アプローチとの間の緊張関係を理解する一助として用いることができる（Williams, 1976: 80）。文化には次のようなものがあり得る：

（1）知的、精神的および美的発展の「一般的」過程（教養主義的な人文主義と関連させても良いかもしれない。）

（2）民族であれ、時代であれ、集団であれ、それを特徴づける特定の生活様式（多元主義者的アプローチを示唆）

（3）知的な、とりわけ芸術的な活動の作品や実践

文化観光に関連するのは、普通は第三の定義である。しかし、この芸術的、知的活動が伝統的には美術館の作品や博物館の収蔵品、偉大な建築物などの形で「一般的」過程の典型として第一の定義に関連づけられていた一方で、今日では特定の生活様式、特定の文化的要素を反映するものとして文化の所在地にも力点が置かれている。この後者の見解は、ウィリアムズの第二の定義に合致している。文化政策、そして文化観光地は、この思潮の影響を受けてきた。例えば、英国の有力な芸術監査団体の以下のような発言を見ると、「単一の」教養主義的な人文主義者の見解に異論を唱える多元主義者の見解が主張されている。

> 英国は、単一の文化からなるのではなく、多様な文化的集団や利害関係者からなっている……個人のアイデンティティ意識は、彼らが属する諸集団から生ずる。「英国文化」は単一の概念でもなく、「若者文化」「女性文化」等々のラベルを貼られた、一式のきちんと整えられたパッケージでもない。それは、恒常的に変化し、実に多彩な万華鏡なのである（国家芸術メディア戦略監査グループ、1992年、Jordan & Weedon 1995: 27の引用による)。

もちろん、文化政策は、これまでも常に論争の的であり続けてきた。それは何ら目新しいことではない。過去においては、政治的な右派と左派とのプロジェクトをめぐる対立があり、国家主義と地域主義との、あるいは異なる社会集団間の対立があった。論争の的となったのは、一般的に（文化的とは対極の意味での）政治的なプロジェクトで、啓蒙主義の影響を受けた教養主義的な人文主義の見解に合致するようなものであることが多かった。しかし、今日では、政府の文化政策にも、それに反対する数々の議論にも影響を与えていた教養主義的な人文主義者の伝統そのものが、「唯一の文化」と対極的な「複数の文化」を議論の出発点とするもっと多元主義的な文化の概念によって挑戦を受けている。この結果、社会的諸集団およびエスニックな諸集団、あるいは、これらの集団が自分自身のはっきりした文化的な空間を求めることを根拠に、彼らのために行動するのだと主張する政策立案者による主流派への挑戦が起こった。そして、このことは、経済的先進国や欧州連合（EU）・国連のような超国家的な機関における多民族・多文化から成る芸術文化の増大その他の諸政策によって制度化されてきた。

このような文化に関する政治の展開をもたらした環境は、エリートの手による偉大な政治的プロジェクトやイデオロギーの衰退のみならず、とりわけポスト冷戦時代はエリートに対する反対者の衰退をも、もたらしたのである(Furedi, 1992)。現代人の意識において社会主義とか資本主義のような普遍的な政治プロジェクトは、かつてと同じような影響力を持ってはいない。むしろ、アイデンティティはますます多民族・多文化を包摂した流動的な複数のアイデンティティとして分析され、理解されるようになってきた（Giddens, 1991)。このようなわけで、政治は、「文化」に関する政治問題によりいっそう影響されるようになってきたが、それは政府公認の文化や伝統的な国民的アイデンティティ概念への挑戦を含んでいることが少なくない（Malik, 1996）。Jordan & Weedon（1995）によれば、1960 年代末から主要な文化関連組織はその「エリート主義的な」立場について繰り返し批判を受け、「多様性（diversity）」を大々的に取り上げる新しいアジェンダを採択するようになった。教養主義的な人文主義に対するこのような批判は、文化政策の中で影響力を増大し、したがって、文化観光に関する政策の内容となるようになっている。Smith の文化観光に関する著書（2003）には、これまで大手を振ってまかり通って来た見方や立場からこれまで無視されて来た見方や立場へ、あるいは、教養主義的な人文主義者の見方から多元主義へと均衡を取り戻そうとする政策や構想が数多くの実例で示されている。

事例：米国の文化戦争

米国は、世界中で経済的に最も進んでおり、最も強力な国家であるし、冷戦の主役としても、また、その地球規模での文化的な役割（今日、文化的グローバル化の批判者の多くが世界の文化的多様性にとって有害であると考えている）からしても、上記の教養主義的人文主義への挑戦という観点において、重要な事例である。冷戦の終焉は、共産主義に対する「自由世界」の指導者としての米国の役割の上に成り立っていた米国のアイデンティティを足元からすくってしまった（Furedi, 1992）。米国人であるとはいかなることかという意識を研ぎ澄まさせていた冷戦がなくなってしまったので、保守主義者は、米国の相対的な衰退のスケープゴートとして、多文化主義や政治的人気取りに役立つ政策の正統性を攻撃するようになった（Malik, 1996）。

例えば、保守的な『政治評論』（*Policy Review*）の編集者である Adam Meyerson は、「西洋文明への最大のイデオロギー的な脅威は西側自身の文化関連組織から来ている」と論じている（Malik 1996:181 に引用されている）。米国のそのような著名な組織としては米国芸術基金（NEA）があり、これは 1980 年代およびその後の悪名高い「文化戦争」論争の焦点となった。とりわけレーガン政権の下で、保守主義者たちは、NEA の支援による成行きと彼らが考えた芸術における米国の伝統と価値観の希薄化に罵声を浴びせたが、これに対してリベラル派はNEAの多元主義的なアプローチを擁護したのである（McGuigan, 1996: 7-11）。

この文化戦争は文化観光名所についての論議にも関連している。例えば、スミソニアン博物館が1995年に広島と長崎への原爆投下五十周年記念展を開催したとき、それが日本人の死傷者に重点が置かれ、それゆえに、原爆投下は正当な軍事的な行為、すなわち平和をもたらすための爆撃であったという認識に対して疑問を呈する意味合いを有するから反米的であるとして、多くの者がこれに反対した。しかし、2003年に、日本の退役軍人とリベラル派が広島に原爆を投下した航空機であるエノラ・ゲイ（Enola Gay）特別展に反対したのは、この特別展が原爆投下を批判しておらず、展示されている技術が人類にもたらした破壊的な結果を示していないという上記とは反対の理由からであった（Rennie & Joyce, 2003）。

教養主義的な人文主義者の考え方に対する批判は、これまで脇に追いやられていた人々の見方や立場、ポピュリズムよびポストモダニズムを擁護する観点から、以下に考察することとする。短い教養主義的な人文主義擁護論がそれに続く。

非主流の立場からの別の見方

社会学者Stuart Hallは、「新たな主題、新たなジェンダー、新たなエスニシティ、新たな地域、新たな共同体の出現が、これまで日の目を見てこなかった集団に対して初めて自分自身のために語る手段を」与えたと論じている（Hall, 1991: 34）。従来は主流の文化の中で疎外されて来た者たちの声の出現を、覇権主義的な国家的アイデンティティに対抗する民主的な潮流と見る者は多いが、Hallはその典型である。文化政策における教養主義的な人文主義に反対する者たちは、まずもってHallの見方を受け入れ、国家が支援する文化政策の産物にこれをあてはめる。例えば、Miller & Judie（2002）の考えでは、政府の文化政策は、しばしばエリートによる民衆の中の一つの集団の従属化を内容の一部としており、そのため、このような文化政策に挑戦することは、少数派に対して、また政府公認文化の文化的表現から疎外されている多数派に対してさえも、潜在的に能力開発を行うことになるとみなした。このような見解は、英国、米国そしてその他の国々でも、芸術・文化関係の機関において影響力を持っているのである。

社会学者の Axel Honneth は、ドイツの政治社会学者である Jurgen Harbermas によって展開された考え方に依拠しつつ、本項でも役に立つ分析を提供している。Honneth は、社会闘争は、ますます、少数派集団なり疎外されている集団側による彼ら自身の文化の「承認のための闘争」の形をとるようになって来たと論ずる（Honneth, 1996）。この闘争が成功し、多元的な文化が広く承認されるようになれば、より民主的で、社会一般を代表し、全ての人々に開放された議論を発展させる可能性があるし、このような議論が政策と文化にもっと一般的な影響を与え得る。こうした流れの中で、博物館や文化名所にもっと多様性を反映させようとする議論は、異文化を認め、それに発言権を与える必要性を呼び起こすことが少なくない。こうした運動を進める者、少数者集団、進歩主義的な政策立案者たちは、博物館、美術館、観光客を惹きつける場所、祭り、カーニバルおよびその他の文化的な表現といった文化的な名所・名物を用いて、異文化に対してまさにそのようないっそう幅の広い認知が得られるよう努力してきた。

例えば、近年では奴隷制の問題に焦点を当てた観光客用の名所や博物館の「驚異的な」増加が見受けられる（Dann & Seaton, 2001a:13）。Butler は、そのような場所は米国人が彼らの恥ずべき過去について考え、米国とは何を意味するのかということについての、より批判的な意識を受け入れる機会を提供し得るものであると論じている。つまり、「人々が、個人としてもまた社会の成員としても、自らの過去の誤りを見つめ、それに触れ、それを感じることが必要である。そうすることによって、人々は、現在あるいは将来において同じような悪に直面したとき、それが社会の制度や慣習に取り込まれて、それを取り囲む文化がその危険を感じることができなくなってしまう前に悪に対して挑戦することができる」というのである（Butler, 2001: 174）。このような場所は黒人である米国人の文化的な表現や自尊心を潜在的に高揚させ得るであろうと、論じられてきた。もっとも、これについては時折、過去がどのように描かれるかという問題に商業的な利害が絡んでいることもあるので、きわめて厄介な問題だとみなされている（Dann & Seaton, 2001a）。こうして、文化遺産名所は、これまで疎外されて来た人々を取り込み、国家的アイデンティティを構成している支配的な考え方に挑戦するという大切な役割を担っていると想定されている。

米国の先住民アメリカインディアンのテーマに関連する観光名所の増加、オーストラリアの先住民観光に対する関心や英国の少数民族の経験に焦点を当てた博物館の数の増加は、以前に支配的であった国家的アイデンティティの諸側面に対してしばしば批判的な（もしくは、批判的になる可能性を秘めた）、「主流派とは別の立場からの」（alternative）歴史叙述の供給増加についての他の事例である。

この点において、国家の域を越えた文化政策の策定は、発展途上諸国にとって重要な舞台であり得る。Miller と Yudice（2002: 191）は、「文化は、明らかに、近代の賜物から排除された者による批判の重要拠点となって来た」と論じている。例えば、ユネスコ文化十年（1988 年 -1997 年）キャンペーンでは、普遍的な価値観に基づく文化の定義ではなくて、多様性に基づく多様な要素を包摂するような文化の定義を採択すべきであると要求するなど、発展途上諸国は、ユネスコの会議場を文化的権利を主張するために利用した（Miller & Yudice, 2002）。

しかし、認知への要求が増加することは―それが疎外されているとみなされている集団から出たものであれ、そのような人々の代弁者であると主張している従来のやり方に批判的な政策立案者によるものであれ―困難を生ずる可能性がある。ある著者は、この問題を孕んだ過程について以下のように言及している：

> 誰の文化が正式なものとされるべきで、誰の文化が二次的なものとされるべきなのか？　どのような文化が展示されるに値するもので、どれが隠されるべきものか？　誰の歴史が記憶されるべきもので、誰の歴史が忘れられるべきものか？　社会生活のどのようなイメージが投影されるべきで、どのイメージが全く重要でないものとして扱われるべきなのか？　どんな意見を傾聴すべきで、どの意見をだまらせるべきなのか？　誰が誰を代表

していているのか、そしてそれはどのような根拠によってか？　これが文化に関する政治の領域なのである（Jordan & Weedon, 1995: 4）。

この引用文は、文化政策に関わり、文化名所・名物分野の形成携わっている人々の志気を鼓舞するような、考え方の対立する論点に触れているのである。

ポピュリズム

注目に値するのは、従来疎外されて来た歴史の側面を包摂するために文化政策の幅を拡げようとする主張が、多くの場合、反エリート主義として明白に示されるということである。例えば、ある著者は、「上からのお下がりではない、下から上がって来る文化」が、「新たな文化的企画の機動力、すなわち、コミュニティを豊かにしようということから生ずる新たな運動の重要な特徴」であると論じている（Von Eckardt, Smith, 2003: 153 に引用）。その上、「これによって、民衆の間での人気、多元主義、そして何であれエリート主義の反対を意味するものの存在が確保される」（153 ページ）。このようなポピュリスト的な感情が高まるのと並んで、高級な文化（high culture）と大衆文化（mass culture）との境界線が曖昧になって来た（Urry, 1990）。素晴らしい、あるいは意味があると考えられるものにいっそう幅広く多様な文化形態が関わるようになっており、それらは「民衆」の経験に根ざすところが少なくない。

例えば、フランスのエコ・ミュージアムのモデルは、ポピュリズムの要素を多分に含んでいるが、これは、1970 年代に発展してその後も影響力を保っている民衆の側から見た産業史を博物館の形で提示しようとする試みである。それはいわゆる高級文化ではないが、特定の地域とか産業で民衆が味わった自らの経験を映し出している「民衆」の文化である（Walsh, 1992）。Walsh によれば、そのような博物館は、日常生活で先祖はどんな風に生きていたのかということに来館者を結びつけることを通じて、他の博物館では真似のできないようなやり方で来館者の心を捉えるのである（Walsh, 1992）。庶民や、何ということのない普段の生活に焦点を当てた博物館や観光名所が増えたのは、このような感情の所産である（Miller & Yudice, 2002, 152）。

ポストモダニズム

教養主義的な人文主義からよりいっそうの文化的多様性への移り変わりを眺めるいま一つの方法は、ポストモダンの状況が観光客や政策立案機関に与えた影響を検討することである。現代の社会なり文化を「ポストモダン」と特徴づけることについては社会学者や他の学者たちの間でも意見が分かれているが、ポストモダニズムのいくつかの側面は文化政策と文化一般において現実として—文化的な階層性が崩壊しつつあるという意識や異文化の形態間の境界の曖昧化、文化は流動的で相対的なものであるという意識の増大などに—明らかになっていると考える者が多い（McGuian, 1996: 30)。そのようなものとして、ポストモダニズムは、近代の社会秩序の階層性に対立する存在であり、まさにこの理由で、進歩的な文化的発展であるとも理解され得るであろう。

この流れで、Harvey（1989: 48）は「全ての集団は自分のために、自らの声で発言し、そうした声を正真正銘、誰にも文句をつけられないものとして受け入れさせる権利があるという思想が、（中略）ポストモダニズムの多元主義的な立場にとって（中略）不可欠である」と論じている。それどころか、Harveyの説では、このようにして近代化主義に関する教養主義的な人文主義者の考え方を中心から追い出すことによって、従来は周縁的な地位を占めるに過ぎなかった集団が舞台の中心を占めることができるようになり、より民主的な社会的対話をすることが可能になる、というのである（Harvey, 1989)。そのような感情があるために、政策立案者は、文化的名所・名物を通じていっそう幅広く多様な社会的経験を反映させようと躍起になることになる。

教養主義的な人文主義の擁護

ポストモダニズムに内在している反エリート主義は民主的で、より多くの、より多様な声に「文化」の門戸を開くとみなされるかもしれないが、他方、そこには限界もあると考えられるかもしれない。文化の領域で多様性が持てはやされるということは、全ての文化形態は相対的で、それぞれ独自の文化的特殊性の観点によってのみ判断され得るという見方をとることになり、それにより文化の水準が低下してしまうということになりかねない、と主張する者もいる。もしも私たちがそのような相対主義を採って人文主義を拒けるならば、文化が違いを超えて普遍的なテーマを具現しようと望むことなどどうしてできようか？普遍的な人類の文化という概念と多くの批判精神旺盛な文化政策立案者に好まれているより相対的な方向性との間の緊張は、文化政策を争点とする論議が行われる際の重要な論点である。

この問題は、文化批評家のKenan Malikによって巧みに説明されている。彼によれば、ビクトリア朝イギリス（そして教養主義的な人文主義一般）に特徴的な、文化的な「はしご」が引きずり降ろされ、横に倒されて、全ての文化的な表現が同じ水準となり、それゆえ対等であるとされるようになった（Malik, 1996）。しかし、このやり方は、不平等に取り組むどころか、人々をその差異によって区別し、人間は進歩するものなのだという観念を否定することによって、新たな文化的な形での不平等を再生産するのである（Malik, 1996）。Malikの議論を文化的名所・名物に当てはめてみると、芸術や文化において、いまや、多様な声が聞こえるようになった一方で、それ自身の「特殊」な文化の内容を超えて何かを明確に表現することが全く困難になっていると論ずることもできるであろう。つまり、文化的あるいは経済的背景のいかんを問わず、横倒しにされてしまったはしごを上る機会は誰にもほとんどないのである。

この論理に従って、今日の文化的な体制派の一部となっている反エリート的ポピュリズムは、歴史的・文化的な作品および芸術的表現をはっきりと区分けしてしまい、文化が出自のいかんを問わず、真に普遍的に偉大であろうと切望する可能性を制約していると論じてきた人々もいる（Appleton, 2001）。例えば、ロンドンの大英博物館にあるロゼッタ石は、大衆の需要があると認識されているか、それぞれ異なる社会や文化にとって必要性があると認識されているかには関係なく、普遍的な意義を有し、すべての人類にとって大いに重要性のある歴史的な創造物であることは間違いない。それどころか、大英博物館そのものが、「特定の」複数の文化や歴史ではなくて、（一つの普遍的な）「人類」の文化と歴史を映し出す品々を収蔵するという役割を果たしているから価値がある、というのである。

これとはまた違った議論が、教養主義的な人文主義への批判者に対して批判的な人々の一部で展開されている。すなわち、ポピュリスト的な文化政策における「民衆」は、民衆から断ち切られたエリートが彼らの選挙民との関係をつけようとする虚しい試みを正当化するために口先で動員されたいわば芝居用の軍隊に過ぎないというのである。この意味で、文化批評家 Clare Fox は、英国の場合を論じ、芸術における文化的ポピュリズムは、敢えて取り組んだり鼓舞したりすることがとくに無理な社会的結合を創り出そうという自意識過剰で、パトロン的な試みであることが少なくない、と述べている（Fox, 2004)。

それでは、教養主義的な人文主義は、多元主義やポピュリズムに向かう傾向とどうしてもそりが合わないものなのであろうか？ Miller と Yudice（2002）や最近では大英博物館の前館長 Robert Anderson（2001）によって、美的な基準と普遍的な重要性の意識を結合し得るとともに、文化政策におけるポピュリスト的な（社会包摂的なとも言い得るだろうか？）傾向の有効性をも受け入れる、中間的な立場が考えられて来た。Anderson（2001）は、大英博物館のようなところで歴史的に当然あってしかるべき文化を維持することは重要であるとしながら、他方、それ以外の場所ではもっとポピュリスト的アプローチを受け入れるべきであると主張している。このようなわけで、おそらくこの問題は、タイプを異にする文化的名所の多様性というよりも、むしろ博物館の使命とテーマ・パークの使命との合成（Swarbrooke, 2000）なり伝統的には社会政策に課されてきた諸目的との合成（Appleton, 2001）をどのようにするかということになるのではなかろうか。

事例：英国と社会的包摂

ポピュリズムや社会でこれまで疎外されてきた人々の要求に応える目的によって文化政策が影響されてきた度合において、英国は際立っている。注目に値するのは、この見解が社会的包摂の課題の根幹をなし、そのため、従来さまざまなやり方で疎外されてきた人々を文化政策の上で「社会的に取り込む」ことがますます必要とされていることである（Matarrasso, 1997)。1997 年に成立した「新労働党政府」は、その端緒に「全政府機構一丸」の名の下に社会的包摂のためのチームを設立し、政府各省すべてにわたってそれが促進されることを目指した。とりわけ、文化・メディア・スポーツ省において、文化政策は、社会的包摂を強く打ち出すことによって深く影響を受けた。ミレニアム・ドーム、大英博物館、そしてマグナ（Magna、新種のハイブリッドな「教育用娯楽」志向の公的資金による観光名所の一つ）のように多種多様な文化的名所がすべて社会的包摂の課題に取り組むこととなったが、文化的な名所は、文化の多様性―異なる宗教、異なる人種、異なる公教育達成水準―を反映し、それに繋がりを持たなくてはならないとされたことがその重要な側面であった。かつての文化政策と社会政策の境界は著しく曖昧になり、文化的名所は社会問題に取り組む直接的役割を有するとみなされている。これら文化施設への資金拠出は、こうしたより幅の広い社会的な目的に対処することに関連づけられることが少なくない。

むすび

文化観光の対象となっている文化遺産所在地や美術館、博物館などに関する論議には、多くの場合、より幅広いイデオロギー的な傾向が沁みこんでおり、文化観光の分野はこのようなイデオロギー的傾向によって形作られてきた。文化政策は、教養主義的な人文主義から発展してきたのではあるが、この教養主義的な人文主義が、本流にいない人々の声を疎外して来ており、それにエリート主義でもあるという批判に順応してきた。文化的な多様性と文化的なポピュリズムをより強く反映する文化的名所・名物の分野は、このような潮流の中で生まれてきたのである。

こうした傾向に対する批判は、高級文化の排他性を保存しようとする保守主義者の願望の形をとることもあり得る。しかし、同時に、このような批判は、作品やそれを享受する者の出自に関わりなく、偉大な芸術、科学の進歩、人類の歴史理解についての普遍的価値を擁護したいという人文主義者的な願望をも代表していると言い得る。

このセクションに続く各章では、文化観光に関する政治問題と政策についての多くのテーマを検討する。Catherine Kelly の章は、北アイルランドの Ulster

アメリカ民俗公園の事例研究に焦点を当てながら、文化遺産に関する政治問題を論じている。Barbara Marciszewska の章は、欧州連合（EU）の新しい加盟国であるポーランドの文化観光への取り組みと、この成長分野の社会経済的な意義を検討する。最後に、Arvid Viken の章は、観光名所としてノルウェー唯一の男爵領の開発に関するミクロの政治力学を観察して、興味深い事例研究を行っている。

参考文献

Anderson, R. (2001) The access issue is nothing new. In J. Appleton (ed.) *Museums For the People: Conversations in Print* (pp. 44–46). London: Institute of Ideas.

Appleton, J. (2001) Museums for 'the people'? In J. Appleton (ed.) *Museums For the People: Conversations in Print* (pp. 10–26). London: Institute of Ideas.

Arnold, M. (1971) *Culture and Anarchy.* Cambridge: Cambridge University Press (originally published 1875).

Bourdieu, P. (1990) *Distinction: A Social Critique of the Judgement of Taste* (R. Nice, trans.) London: Routledge.

Butler, D.L. (2001) Whitewashing plantations: The commodification of a slave free antebellum South. In G.M.S. Dann and A.V. Seaton (eds) *Slavery, Contested Heritage and Thanatourism* (pp. 163–176). New York: Haworth Press.

Dann, G.M.S. and Seaton, A.V. (2001a) (eds) *Slavery, Contested Heritage and Thanatourism*. New York: Haworth Press.

Dann, G.M.S. and Seaton, A.V. (2001b) Slavery, contested heritage and Thanatourism. In G.M.S. Dann and A.V. Seaton (eds) *Slavery, Contested Heritage and Thanatourism* (pp. 1–31). New York: Haworth Press.

Fox, C. (2004) The politics of art. *The Liberal* (2), 16–17.

Furedi, F. (1992) *Mythical Past Elusive Future: History and Society in an Anxious Age*. London: Pluto.

Giddens, A. (1991) *Modernity and Self Identity: Self and Society in the Late Modern Age*. Cambridge: Polity.

Hall, C.M. (1994) *Tourism and Politics: Policy, Power and Place*. New York: Wiley.

Hall, S. (1991) The local and the global. In A.D. King (ed.) *Culture, Globalization and the World System: Contemporary Conditions for the Representation of Identity.* Basingstoke: MacMillan.

Harvey, D. (1989) *The Condition of Postmodernity.* Cambridge: Blackwell.

Herbert, D.T. (ed.) (1995) *Heritage, Tourism and Society.* London: Pinter.

Herbert D.T. (1995) Heritage places, leisure and tourism. In D.T. Herbert (ed.) *Heritage, Tourism and Society* (pp. 1–20). London: Pinter.

Honneth, A. (1996) *The Struggle for Recognition: The Moral Grammar of Social Conflicts*. Cambridge: Polity.

Jordan, G. and Weedon, C. (1995) *Cultural Politics: Class, Gender, Race and the Postmodern World*. Oxford: Blackwell.
Landry, C. (2000) *The Creative City: A Toolkit for Urban Innovators*. London: Earthscan.
Lowenthal, D. (1998) *The Heritage Crusade and the Spoils of History.* Cambridge: Cambridge University Press.
Malik, K. (1996) *The Meaning of Race: Race, History and Culture in Western Society.* London: Macmillan.
Matarasso, F. (1997) *Use or Ornament? The Social Impact of Participation in the Arts*. Stroud: Comedia.
McGuigan, J. (1996) *Culture and the Public Sphere.* London: Routledge.
McGuigan, J. (2004) *Rethinking Cultural Policy.* Milton Keynes: Open University Press.
Miller, T. and Yudice, G. (2002) *Cultural Policy.* London: Sage.
Murray, C. (2001) *Making Sense of Place: New Approaches to Place Marketing*. London: Comedia.
Parkes, S. (1997) *Understanding Contemporary Germany*. London: Routledge.
Picard, D. (1996) *Bali: Cultural Tourism and Touristic Culture.* Singapore: Archipelago Press.
Rennie, D. and Joyce, C. (2003) Enola Gay flies into new A-bomb controversy. *Daily Telegraph* archives. On WWW at http://www.telegraph.co.uk/news/main/filed on 21/08/03. Accessed 20.7.04.
Richards, G. (ed.) (2000) *Cultural Attractions and European Tourism*. Oxford: CABI.
Schoenbaum, D. and Pond, E. (1996) *The German Question and Other German Questions*. London: Palgrave.
Smith, M. (2002) *Issues in Cultural Tourism Studies*. London: Routledge.
Steinberg, C. (2001) Culture and sustainable tourism. In *Recognising Culture: A Series of Briefing Papers on Culture and Development*, Comedia, Department of Canadian Heritage and UNESCO, supported by the World Bank.
Swarbrooke, J. (2000) Museums: Theme parks of the third millennium? In M. Robinson *et al*. (eds) *Tourism and Heritage Relationships: Global, National and Local Perspectives* (pp. 417–432). Sunderland: Business Education Publishers Ltd.
Throsby, D. (2000) *Economics and Culture.* Cambridge: Cambridge University Press.
UNESCO (1994) Report from expert meeting on global strategy, Convention Concerning the Protection of the World Cultural and Natural Heritage, 18th session, 12–17 November. On WWW at http://unesco.org/archive/global94.htm. Accessed 20.10.04.
Urry, J. (1990) *The Tourist Gaze.* London: Sage.
Walsh, K. (1992) *The Representation of the Past: Museums and Heritage in the Post-Modern World*. London: Routledge.
Williams, R. (1976) *Keywords.* London: Fontana.

第３章
遺産観光に関する
アイルランドの政治問題

Catherine Kelly

はじめに

遺産（heritage）の中でどのような物を選択し、結びつけ、それについて記事を書いたり、他の人に説明したりするか、そのやり方には政治的な意味が絡んでくる。そのような意味は、これらの物自体から生ずるのではない。つまり、さまざまな歴史的、社会的、文化的な可能性を開いたり閉ざしたりすることができるのは、解釈の枠組みと、このような物がどのように使われるかということにある……見解の相違を公然と認めるようになると、博物館教育を、批判的な考え方を養うための教育に転化する可能性が開ける（Hooper-Greenhill, 2000）。見解の相違を公然と認める立場に立った、洞察力に富み少数者の考え方をも取り込んで行くような文化政策は、アイデンティティについての対立があり多義的な解釈の対象である遺産が存在する地域においてきわめて重要である。「遺産と民族としての文化的アイデンティティ」の概念がバラバラになり、見えにくくなり、それが暴力による挑戦をしばしば受けるようになってしまった紛争地域が地球上で増加している中で、アイルランドは、上記のようなアイデンティティについての対立があり多義的な解釈の対象である遺産が存在する数多くの地域の一つに過ぎない。観光がますます文化的な生産物を追い求めるようになるにつれ、他者との対比において自らのために遺産をどのように説明するかという問題に関する政治は、ますます重要な意味合いを持つようになる（訳者注：英国領北アイルランド６州に居住するアングロ・ノルマン系プロテスタントとゲール系カトリック教徒との間には民族的アイデンティティに関する根深い対立がある。さらに、アイルランド島南部26州のゲール系カトリック教徒を主とするアイルランド共和国国民と北アイルランド住民との間の民族的アイデンティティに関する考え方の違いも存在する)。

本章では、北アイルランド内に位置する特定の遺産所在地（heritage site）の事例研究を活用しつつ、移民の歴史と遺産が持つ意味を世に問うやり方の問題を取り上げる。遺産というのは議論の多い概念であって、「何であろうと、単純に過去から受け継がれたものであって……自然環境と人為的環境との合体物」（Duffy, 1994: 77）から「近代的需要のある生産物として過去からの資源を選択的に利用している商品化された生産物……歴史の特定的な利用方法であって、歴史そのものと同義ではない」（Ashworth & Larkham, 1994: 47）に至るまで、さまざまな定義がある。Ashworth と Larkham の二人はまた論じて、遺産商品は、消費者であって来館者でもある人々によって利用され得る生産物であり、それゆえ特定のメッセージを内に潜ませている、と述べている。「これらのメッセージは、資源、生産物、外部に対する装いと売り込みなどを意識的に選択するところから発するのであって、この選択は、このような選択を行う人々が意識するしないに関わらず、どのような傾向の主観的価値基準を持っているのかということに基づいて行われる」（Ashworth & Larkham, 1994: 20)。過去 20 ～ 30 年の間、文化やその他の問題に関する「支配的なイデオロギーの仮説」について多くの論稿が世に出ているが、この仮説によると、政府および（あるいは）支配的なエリート層は彼らの立場をあれこれ固めるために自分たちの立場が正しいのだというメッセージを投げかけているという。Bourdieu の「文化資本」の諸概念は、遺産をも含むと拡大解釈することができるが、とすると、そのような意味で遺産は、国家的な文化政治的権力関係において、その一部をなしていることになる。

アイルランド島では、「民族的」、「遺産」、「文化的アイデンティティ」の諸概念が論争の的となっており問題が多いので、文化に関わる諸組織や政策作定者、遺産観光地の役割は、よりいっそうの重要性を帯びることとなる。「北アイルランドでは、文化は政治的な闘争が行われている戦場の一つである。文化は、もっと広汎な政治的な闘争が行われ、自らの民族共同体の利益が推進され、他の民族共同体の利益が妨げられ得る一つの戦場とみなされている」（Thompson, 2003:1)。しかし、圧倒的に強力な国家組織や他の組織が「文化」

や「遺産」の双方についての可変的な複数の定義、用法、説明の困難さを「認め」ていないなどと、思い込みで決めつけてはならない。著しく異なる多種多様なイデオロギーは存在し得る（現に存在する）し、それは、いかなるものであれ、社会の明確に支配的な見方を支持することを目論んでもっともらしく見せかけた特定の政治的な計画などよりも、むしろ同一の遺産の多義的な解釈を通じて、人々の心に伝えられるのである。民族紛争が、前向きで少数者の立場を認めるような先見性のある文化遺産政策を通じて融和できるかどうかには議論の余地があり、紛争の行われている場所の多くについていまだ結論が出ていない。しかし、アイデンティティとその相異の問題は、現代政治理論のいたるところで扱われているように思われる（O'Neill, 2003）。遺産の意味を世間にどのように伝えるかという問題についての対立は、アイルランドのような分裂した国家だけに生ずることではない。すなわち、Graham 他（2000）の指摘するところでは、民族というのは内部では同質でまとまっているのだとの幻想が—それは遺産の持つ意味を世間に伝える特定のやり方および歴史の一貫性と正当化を主張する歴史神話に必然的に依存するのだが—過去 2 世紀以上の間、西洋で政治問題を概念的に捉える際の大前提となってきたのである。

概念の議論から実際の話に移ると、遺産のある（それから遺産はなくても「観光客が来る」他の）場所、展示のデザインやレイアウトという実践的な場面で、世間にどう訴えるかということに関わる政治問題がきわめて重要になる。Harrison（2000）が強調しているのであるが、遺産解説の過程とは、知識を明快で効果的なやり方で専門家から一般大衆に移転させるだけのことであるはずだが、その背景が複雑になると、何が語られ何が語られないかは、重要な意味を持つようになり、発するメッセージを「どのような」内容にするかがまたさらに重要になってくる。博物館の学芸員、教育者、展示専門家の仕事は、来館者にとって意味のある体験を提供することであるが、そのためには、来館者が現在展示されている物に対してどのような見方をしようとするのか、その傾向と関心の範囲にある事柄を引き出して、拡大適用させ、彼らの既存知識や好きな学習スタイルを活用させ、専門家をはじめとする他の人々の仮説に対して彼らの仮説を試させる必要がある（Hopper-Greenhill, 1995）。文化と観光の分野で、教養ある人々のエリート主義による政治が展開されることがよくあるが、その過程では高い文化資本と影響力を持つ人々によって支配的なイデオロギーが強化されることが少なくない。O'Neill（2003）はさらに論じて、民族的アイデンティティに関わる紛争では、国家の正統性、国家の主要な諸機関の公正さ、そしてこれらの機関の母胎となっているエートスが少数者の考え方を包摂しているのか否かを問題とするのがごく当たり前のことである、としている。この考えをGrahamらはさらに発展させて、「遺産は複数の声を持つが、どのようなメッセージを選択し、伝達するのかということに関しては、特権的な立場にある者の見解が反映されるのではないかという問題が生ずる」と指摘している（Graham他、2000: 96）。国家は、単に複数のでき合いの文化的アイデンティティを取り上げ、それを公的な場で明示するだけではなくて、文化の形態を形作るに当たっての共同責任を負っていると見なされなくてはならない、というのがThompson（2003）の論評である。この点を充分頭に入れた上で、博物館、遺産、観光の活動空間が文化的アイデンティティを「創造」し、その真の姿を反映するのに果たす役割を評価しなくてはならない。グローバルな関心の的となっている若干の地点では、博物館やその他の文化的な意味を有する遺産所在地は、和解を進める過程において先駆的な役割が与えられてきた。それは、このような博物館やその他の文化的名所にこれまで長い間付されていた目的をはっきりと定義し直すということである。このようなきわめて重要な機能に関して中央政府からどの程度の責任を移管すべきかということについては、実務家や研究者の間で意見がさまざまに分かれている。

Chappell（1989）の考えでは、来館者には過去と現在の主要な論点についての議論に参加する心構えがなくてはならず、また、良質な博物館や遺跡所在地などは、受身に回るとか後ろ向きになるような姿勢であってはならず、それは、むしろさまざまな社会関係や経済構造についての議論を究極的に前進させるような発信力を持つべきなのである。さらに、Ellis（1995）は、博物館が社会問題に切り込む展示を行う際にはどのような政治的な立場を取るのかをはっきりさせるべきであるという意見がかなり多い、と述べている。Karp（1992）もこれに同意して、アイデンティティについての論争があり、それをめぐっての衝突がある場合に、博物館がいずれにも偏らない傍観者ではあり得ない、としている。もしも、文化を理解するということが、少数者の視点を取り込んだ公正な社会がどのようなものなのかを描き、世間に示すという重要な役割を博物館に担わせることを意味するのであれば（Sandell, 2002）、文化の伝達にかかわる組織や機構をつぶさに吟味しなければならない、ということになる。もっとも、主に観光を推進力とする動機で成り立っているところが多い文化的名所にこのような期待を抱くのが妥当なのかどうかについては、依然として問題があるといわざるを得ない。

文化遺産政策の背景

アイルランドの文化遺産に関する組織の歴史を詳細に再検討し、批判的に評価することは本章で扱うべき範囲を超えているが、以下に続く事例研究のための文化的背景として、現時点でのこの組織の概略を承知しておくことが必要である。北アイルランドの文化問題を所管する政府の部局は文化・芸術・余暇省（the Department of Culture, Arts and Leisure, 略称 DCAL）である。DCAL は、政治的な権限委譲（訳者注：英国政府から北アイルランドの地方政府への）の結果として創設されたのであって、北アイルランドで初めて、文化、芸術、余暇を集中的に扱う拠点が行政府の手で作られた。本研究に関連するのは、DCAL による「博物館および遺産」（建築物遺産、景観、考古学、郷土史、遺産の上に成り立っている観光名所を含む）行政である。DCAL の文書（2001）は、文化そのものの価値を認める一方で、文化が「人々を引き合わせ、地域社会に属する人々が自分自身やお互いについて学び、理解を深めるのを支援することを通じて、少数者あるいは社会の主流から疎外されている人々の社会への取り込みを促進し、社会関係の改善を図る」一助となり得る、と認めている。その他の機能の中では、地方の文化、芸術、余暇総合計画を開発する上での地元の地方議会との協力が、DCAL の戦略の一部をなしている。DCAL 以外の政府系団体および非政府系の団体の中で、このような開発計画に関して DCAL と協力関係にある団体が数多く存在する。

この仕事に当たるのが、北アイルランドの博物館および美術館を所掌する MAGNI（Museums and Galleries of Northern Ireland の略称）で、それは DCAL の文化・創造的産業課に所属している（図 3.1）。MAGNI の設立は

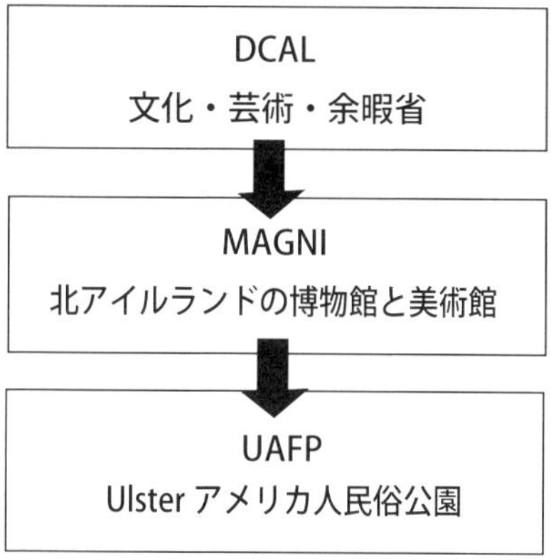

図3.1　文化担当機構組織図（北アイルランド）

1998年で、地方の主要な博物館、美術館および遺産所在地（本章の事例研究対象であるUlsterアメリカ民俗公園もその一つ）からなっている。MAGNIの主要な役割は、「その収蔵品を通じて、芸術、歴史、科学、人々の文化と生活様式、人々の移住と定住についての一般大衆の認識、評価、理解を促進すること」である（DCAL, 2004）。

DCALのもっとも重要な執行計画と文書には、上記の「地域文化戦略」や最近出版された『地方博物館・遺産評論』（*Local Museum and Heritage Review*, 2002）が含まれている（2002）。後者は、北アイルランドの新しい文化担当省の枠組みの中で、将来の博物館および遺産の発展のために、既存のものの棚卸を行い、戦略を練る試みであった。この結果生じた主な新しいアイデアの一つが、所掌範囲が広い「文化フォーラム」の中に「遺産分科会」を新たに設置してはどうかという提案である。この提案が実際に展開されるに当たっては、再び「遺産」の意味をめぐって定義や概念をどう扱うかという困難な課題がきわめて重要な意味を持ってくることであろう。この提案に対するDCALのとりあえずの反応も（DCAL/DoE, 2002）、「遺産についての所管が重複する以上、定義が博物館、遺産、観光、文化の各分野のさまざまなニーズを反映することを確保するためにDCAL以外の機関の関与が必要である」と認めている。さらに、博物館や遺産所在地が社会の文化教育という新たな役割を担うにつれ、社

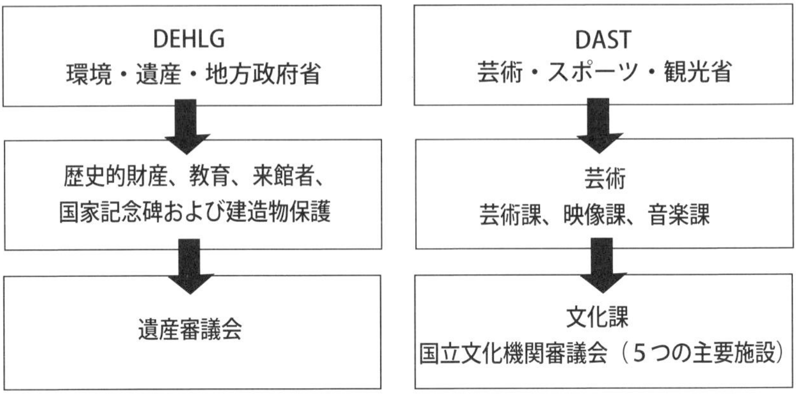

図 3.2　アイルランド共和国の文化および遺産に関する政府機構図

会的包摂と社会の主流から疎外されてきた人々の見解なり立場の表明に関わる政治問題への取り組みが必要となるし、またそれにどう取り組んでいるかが何ほどか目に見えて分かるようにならなくてはならない。「寛容の文化：統合教育」(1998)、「寛容の文化に向けて：多様性教育」(1999) など、近年の教育コンサルタント機関の報告書は、文化的多様性の価値を認め、「寛容の文化」を推進する方法を提案している。DCAL 自体の報告書である、「文化はあなたのために何ができるか」(2003) は、博物館が「人々にその歴史を教え、それを通じて人々にその個人的なアイデンティティについての情報提供を助ける」ことによって教育的な成果を達成する、と明言している。政府の他の省庁と共同作業をすることが、文化・遺産・博物館分野が上手く一つに統合されて機能するために不可欠の要件のようである。

「敬意の均等性 (Parity of esteem)」は北アイルランドの和平過程において現われた重味のある表現である。この用語は新しい、透明性のある政治構造のみならず、話し合いが再び行われた文化の分野において、観光地でお互いに相手の立場に敬意を払うという良き慣行を確立しようという戦略についても適用可能である。北アイルランドで初めてできた文化を所掌する省として（もっとも、権限委譲によって士気が上がっているとはいえ、政治的な争いと妨害と戦わざるを得ないような政府の中の省ではあるが)、DCAL は膨大な課題をその双肩に担っている。

アイルランド共和国においては、文化遺産に関する事項は、数多くの政府各省庁にある程度分散している（図3.2）。かつての芸術・遺産・ゲール語地域・島嶼省は、この前の総選挙の後に解体され、遺産を管轄するのは、新設の環境・遺産・地方政府省（DEHLG）となった。他方、芸術と文化は、芸術・スポーツ・観光省（DAST）が管轄している。これらの機能を異なる省に所掌させたため、定義上、概念上の問題が再燃する。この場合、「遺産」とは、大ざっぱにではあるが、アイルランドの自然遺産と建造物遺産のことを言っており、他方、「芸術」、映像、音楽、主要な博物館と美術館（「文化機関」課）は、別の大臣が所管している。DEHLGは、「アイルランドは豊かな遺産に恵まれている……遺産は私たちのアイデンティティ意識と切っても切れない繋がりがあり、私たちが祖先から受け継いだ歴史、文化、自然を確認するものである」と述べている（DEHLG, 2003）。

（DEHLGの下にある）半官的機関である遺産審議会は、「民族的遺産の確認、保護、保存および増進のための政策と優先順位を提案する」ために存在する（Heritage Council, 1995; Starrett, 2000）。機構組織としては煩雑になっていて、遺産基金（Heritage Fund）はDASTによって管理されているのではあるが、共和国の五つの国立文化施設（国立公文書館、アイルランド国立美術館、アイルランド国立図書館、アイルランド国立博物館、アイルランド現代美術館）には財政的な支援を行っている。新たに設立された省において観光と芸術・文化が一緒に扱われるようになったことは、芸術・文化の商品化に関わる政治問題についての興味深い論争を新たに生みだしたのであった。

アイルランドにおける観光の枠組み

アイルランドの観光には変わったところがある。それは、外からアイルランドに来る人々の中で観光目的地を一つの単位―「アイルランド島」―として認識している者が多いのに、実際にはこの目的地が二つの別の民族国家とそれぞれの所管省によって管理されている点である。議論の余地はあるにせよ、北アイルランドで政治的な暴力沙汰が起こるため、紛争は東北部の一隅に限定されているにもかかわらず、旅行目的地としての安全性の観点からする島全体の評判を散発的に損なっている。とりわけ、北アイルランドは、「グッド・フライデイ和平合意（1999 年）」以降、さまざまな経済・協力計画を通じて、南との関係で少しでも釣り合いがとれずマイナス面があればこれを是正しようと努めてきた（訳者注：グッド・フライデイ和平合意とは 1998 年の Good Friday—復活祭前の金曜日—である 4 月 10 日に発表され、翌年アイルランド共和国および北アイルランドにおける人民投票に付され、各々圧倒的大多数をもって可決された北アイルランドにおける和平合意を指す。北アイルランドの英国帰属派—プロテスタントが多い—と独立を唱える共和国派を当事者とし、英国、アイルランド共和国も参加。合意内容は、（1）当事者による武力使用中止（2）IRA などの武装解除（3）政治犯釈放（4）北アイルランド新議会および行政府設立（5）アイルランド共和国は北アイルランド領有を国是としない（6）北アイルランド住民の過半数が賛成なら英国に帰属、等）。欧州連合（EU）は、この地域に対する投資計画に多額の資金を投じてきたし、社会文化的な平和構築の計画のみならず、観光と一般的な経済開発を目指す島全体にわたるイニシアティブを目的とする国境を越えた南北間の協力を奨励している。こうした計画には、「持続可能な繁栄建設のための北アイルランド計画」、「北アイルランドとアイルランドの国境地域における平和と和解のための EU 計画」、INTERREG（Ⅰ - Ⅲ）および EQUAL が含まれている。

「グッド・フライデイ和平合意」の下で、北アイルランド議院（ある程度の立法権を有する、権限を移譲された自治権のある「議会」）の閣僚とアイルランド（共和国）政府の閣僚からなる南北閣僚評議会が設立された（訳者注：北アイルランドは議員 108 名の新議会を作り、この議員の中から 12 名で行政府を構成することとなった）。この評議会の目指すところは、両国相互にとっての関心事項についての協議、協力、実施を進めることである。観光は、現存する政府各省やその他の団体間の協力分野として確認された六つの主要な分野の一つである（他の分野の中には運輸と環境が含まれているが、いずれも全島的な持続可能な観光開発にとってきわめて重要な役割を果している）。

北アイルランド観光局（NITB）と *Bórd Fáilte*（BF、アイルランド共和国観光庁）は、北と南それぞれの政府各省の実務的な職務を遂行する半官的団体である（表

表3.1　アイルランドにおける政府観光機関

北アイルランド	アイルランド共和国
DETI 企業・商業・投資省 ↓ 北アイルランド観光局	DAST 芸術･スポーツ・観光省 BF

3.1)。この職務には、生産物の開発、産業マーケティング、戦略的研究・開発とともに消費者情報 / 連絡役（観光情報センター、宿泊設備認可など）が含まれている。この二つの団体の仕事の範囲は、とりわけ英国本土と北米への移民の里帰り観光によって大枠が決められる。「友人、親類訪問」（Visiting Friends and Relatives、略称 VFR）が、アイルランド共和国の観光実績の三分の一を占め、北アイルランドでは、それがほぼ半分に達する。米国からの観光客の場合、ニューヨークの 9/11 テロリスト攻撃の影響が大きかった。議論の余地はあるにせよ、過去に政治的な抗争の中心となってきた、世界各地からの訪問者を受け入れているこの旅行目的地における観光は、このような危機の間—その後でもかなりの期間—あっと驚くほどの打撃を蒙ったのである。

観光客数とその財政的貢献は、北と南の双方で 2003 年に増加しており、また観光客は地域別供給市場全てについて微増した(表 3.2)。興味深いことだが、NITB はその統計においてアイルランド共和国からの観光客を他とは別に仕分けしているが、BF は北アイルランドの観光客を一般の「英国人」の数に分類している。

「遺産観光生産物」の観点からすると、アイルランドが売りにする傾向があ

表3.2　アイルランドの観光収入と来訪者出身地の概要

2003年（入手可能な最新数値）	アイルランド共和国	北アイルランド
観光の経済価値	41億ユーロ	274万ポンド
来訪者総数	620万人	195万人
主たる市場地域別の来訪者	（対2002年比％変化）	
英国	350万人（＋3%）	130万人（＋16%）
Eire		34万人（＋3%）
欧州（独、仏が半数）	140万人（＋8%）	11万5千人（＋5%）
北米	90万人（＋6%）	9万7千人（無変化）

資料：北アイルランド観光局および *Fáilte* アイルランドの数値を基に作成したデータ

るのは、歴史的文化、風景、伝統とアイルランド人そのものである。国境を隔ててもこのような点に関しては南も北もあまり変わらない。北アイルランドでは、ジャイアントコーズウェイ（Giant's Causeway）がユネスコの世界遺産に登録されており、最も人気のある観光名所である。共和国ではニューグレンジ（Newgrange, 新石器時代の埋葬墓）が最大の集客力を有する世界遺産指定地である。博物館や遺産センターでは、アイルランドの多分に農村的な文化や伝統（ダブリンやベルファストを離れた場所にある）に焦点を当てているところが多く、自然の景色の魅力が大変な力の入れようで宣伝されている。音楽、踊り、お祭りなどを通じての無形文化遺産の表現する魅力がますます観光客数を増加させている。O'Connor（2003）はアイルランドの踊り―とくにリバー・ダンス（Riverdance）―がアイルランド文化のグローバル化に果たした役割について言及し、McGovern（2003）は「アイルランドのパブ経験」が前近代的な郷愁を人々の胸にジーンと感じさせることを強調しつつ、その世界的な人気の高まりについて論評している。近年は政治的な抗争が幾分か沈静してきたが（「アイルランドらしさでご機嫌」（'feel good Irishness'）観光キャンペーンが飲み物と音楽に焦点を当てていたことがアイルランドのマイナスのイメージを幾分かは緩和するのに役立った）、他方、「アイデンティティ」は、依然として、アイルランド人自身が論争しなければならない錯綜した概念である。文化遺産と観光と真正性との間の諸関係は、現代の文化観光分析に不可欠な要素である。しかし、アイルランドの場合には、商品化、選択、文化遺産の持つ意味の表現方法に関わるさまざまな過程に、さらなる政治的な意味合いが絡んで来る。とりわけ、論争の的となり、また（あるいは）一方に偏した社会文化的な歴史を好んで語ると受け止められている遺産所在地は、錯綜して混み入った状況に陥ることが少なくない。旅行者の訪れる場所がそれぞれ独自のアイルランド遺産に関する企画によって国内、里帰り移民、海外の各観光客を呼び集めることになると、文化の場また（あるいは）観光の場でもある空間が含み持つ政治的な意味を考慮に入れることが決定的に重要になる。本章では次に、北アイルランドにおける特定の観光地が文化遺産観光において遺産の持つ意味をどのように伝えるかということに関わる政治問題について、南北混成の来館者グループ間でどのような論議が誘発されたかという特定の事例を見ることとする。

多義的な解釈の可能な遺産をどう評価するか：Ulster アメリカ民俗公園

Tyrone 州の Omagh に位置している Ulster アメリカ民俗公園（the Ulster-Amerikan Folk Park、略称 UAFP）を、最近の国境をまたがる一研究で取り上げたのは、公共の観光遺産空間でもある場所でどうやれば一筋縄ではいかないアイルランドの歴史とアイデンティティの持つ意味が最善の内容と形式で世間に伝えられ得るのかということについての討論と話し合いを誘発するためであった。この民俗公園は 1976 年、米国建国 200 年を記念して北アイルランドによって設立された。それは米国への移民の足跡を描くことを主題としているが、とくにメロン一族の物語―新世界での長老派教会信者の成功達成物語―に基づいている。アイルランドから北米への大規模な移民は 1720 年代に始まり、その後 18 世紀を通じて土地と新しい生活様式を求める植民者が、数多く北米に渡った。初期（Ulster）の開拓者の多くは長老会派教会信者で、受け入れ国ではスコットランド系アイルランド人と呼ばれるようになった（訳者注：プロテスタント中のカルヴァン派がスコットランドに根を生やし、長老派と呼ばれた）。米国独立戦争（1775-83 年）とナポレオン戦争（1793-1815 年）によってわずかに遮られたが、アイルランドのありとあらゆる地域から移民が米国に吸い寄せられるにつれ、巨大な移民の波が続く中で 19 世紀を迎えた。

アイルランドの大飢饉（「ジャガイモ飢饉」あるいは単に「飢饉」として知られている）は、1845 年から 1849 年まで続き、アイルランド島の人口構成に永続的な変化をもたらした。飢饉以前の 17 世紀と 18 世紀における米国への移民はおよそ 150 万人台であったと考えられている。飢饉は 5 年間続き、このわずか 5 年の間に、少なくともさらに 150 万人が米国へ移民したと考えられているが、これには移動の途中で死亡した者の数は入っていない（UAFP ウェブサイト、北アイルランドの博物館・美術館ウェブサイト）。UAFP は、その案内用パンフレットによれば、「もともとの建物やそれを模した建物を再建することを通じて、これら移住者とその日常生活を知らせる」と記されている（UAFP ウェブサイト）。「飢饉前と飢饉中」の移民の数に関するデータが対置されており、その後に上述の説明が続くとなると、博物館が移民の歴史全域を扱うことに関心があるような感じを与える。しかし、UAFP でそのようなことを行っているかどうかは疑問である。「もし博物館なり遺産所在地が教育的な価値を持ち得るとするならば……それらは我々の過去のもっと恥ずべき事件をも赤裸々に世間に示さなくてはならない……もしこのような事件の解説が社会に役立ち得るものであるならば、それは、過去を通して未来に向けて我々に警告を発しなければならない」(Uzzell, 1989, Tunbridge & Ashworth, 1996 に引用)。

UAFP の移民物語はトーマス・メロン判事の事業での成功を大きな目玉にしている。彼はもともと Tyrone 州出身で、ペンシルヴァニアで巨大な産業帝国を築き上げたのだった。UAFP の案内パンフレットは、「彼の経験は*多くの移民の典型である*」とし、「彼が少年時代を過ごした家を Ulster アメリカ民俗公園の中心的な展示物とするのは適切である」と述べている。過去 25 年以上の間に、この公園は拡張され、今や「欧州最大の移民博物館であり、何世紀もの間にしっかりと築かれたアイルランドと米国との数多くの連繋を永遠に象徴するものとなっている」(UAFP ウェブサイト)。戸外と室内の民俗公園と並んで、この場所では「移民」と銘打った補完的な室内の博物館展示も行われており、移民研究センター（CMS）もある。このセンターは、移民の記録と古い文書のための研究手段を提供している。

1998 年、UAFP は、Ulster 民俗・交通博物館、Armagh 博物館および Ulster 博物館と一体となって、北アイルランド国立博物館・美術館機構（MAGNI）を形成した。2003 年には、UAFP は北アイルランドの上位 20 の観光名所中第 9 位を占め、12 万 6,170 人の来訪者を記録した（NITB, 2004）。

調査事例研究

アイルランド共和国における遺産研究という生成途上の分野における研究に従事している一学究として、本稿の筆者は、おそらく他の国ではそれほどには問題となっていないと思われる「民族的遺産」という用語について絶えず議論し、評価し、正当化する必要を感じている。UAFP が事例研究実施の場として選ばれ、二つの来館者グループ―アイルランド共和国あるいは「南」アイルランドからの１グループと北アイルランドの１グループ―を一堂に会させ、遺産の持つ意味の表現には異なったやり方が複数あるということと文化的アイデンティティの諸問題についての議論や批判を行わせた。この時の訪問グループ参加者は、南北アイルランドの諸大学に在籍する地理・遺産研究科の最終学年生であった。アイルランドにおいて、「教育目的の観光客」はどこの遺産や博物館でも来館者数の中で重要な部分を占めているが、これは世界全体でも全く同じことである。国境を越えての協力や教育においてアイルランドの大学が果たす役割は重要であるが、ここでは、「現地訪問 - 研究」が平和構築過程と文化を新たに表現する、あるいはそのような表現が生成過程にするという関連において、さらなる意味を帯びることとなる。Buckley と Kennedy（1994:129）は、その北アイルランドに関する論考において同様の意見を述べ、「学校と博物館は、異なる民族に属する個々の人間が、自分自身の‘文化遺産’とお互いの‘文化遺産’を研究できるようにすべきものである」としている。

とりわけ、この現場研究の目的は次の４つであった。(a) 多義的解釈が可能なアイルランドの遺産が公共の遺産空間においてどのように表現されるのが一番良いのかという問題について、国境の両側から来た学生の間で意志の疎通と意見交換が行われる場を提供する、(b) 困難で、政治的に微妙であることが少なくない問題について、安全な環境で、率直で忌憚のない議論を戦わせる、(c) 南北の異なる学生からなるグループの内側から複数の視野への理解と認識を深める、(d) 遺産観光名所と来館者との関係および知見水準の改善を見た上での文化［観光］政策立案の双方にとって、このような意見交換がどのよう

表3.3　Ulsterと米国の違い（Brett,1966による）

Ulster	アメリカ
石	木
藁葺き	こけら板
くしゃくしゃでもつれた（shaggy）	滑らかな（smooth）
密生した（dense）	開放された（cleared）
自然の	理性的な
絵のように美しい	近代的な

訳者注1：shaggyには「粗野な」、smoothには「洗練された」の意もある。
注2：denseには「愚鈍な」、clearedには「文句のつけようもない」の意もある。

な潜在的な価値を有するのかを評価する。

この実習で難しかったのは、出自、性別、宗教、それほど問題ではないが年齢の点で、参加者が混成であるというグループの特性であった。事例研究は、訪問前の指導と遺産・文化政策の関連文献についての議論と、それに続く、上記の目的に即して考案された長めの週末の滞在プログラムなどから構成されていた。この内容として含まれているのは、具体的に言うと、一連の講義やワークショップ、民俗公園自体、移民美術館、CMSの訪問などで、訪問は案内人つきのこともあれば、学生たちだけで行うこともあった。二つのグループは、現場での遺産の持つ意味の内容、形式両面にわたる発信方法を観察し、評価する機会を与えられ、その後にアイデンティティ、文化の表現方法や解説内容を中心とする多種多様な論点について議論するため、南北双方の学生混成のワークショップグループに配属された。

アイルランド遺産に関する文献にはUAFPについて触れている参考文献（例えばBrett, 1996）も若干あり、この調査では南北双方の学生からなる一グループに他の著者が提起した考えのうちの幾つかを自分なりに論評することを許した。Brett（1996）によれば、UAFPの現状である「神話的な構造」は、表3.3に示されているように、視覚化され、かつ、模擬実験の対象となった二元的対立構造となっている。

Brettの言わんとするのは、この公園のやり方では移民の過程には何一つ問題がなかったような印象を与えるようになっており、階級や宗教の問題は言わずもがなの当然のこととして扱われている。この公園が伝えようとしているように思われる象徴性とは、単なる後進性と近代性との対比になっている。Brettの関心の的は、UAFPの一見中立的な表現方法ともっと広義のUlster（さらに拡げてアイルランドとする者も中にはいるであろうが）の移民社会が正しく表現されているかという問題である。Brettの言によれば、同公園は地理的な意味でUlster出身の米国人を不偏不党に示すものではなく、信仰という意味でUlster出身で長老会派教会信者である米国人のものである（Brett, 1996)。その他の考慮すべき問題点としては、文化・教育と娯楽（観光）の二つの機能を果たす公共的な遺産空間における真正性と神話の対立がある。境界のある同一の空間においてですら実に多種多様な集団が、遺産、アイデンティティおよび特定の場所の文化的な意味づけや表現方法を生産し、たまそれを消費しているのである（Graham 他、2000）。

学生来館者グループの活動は、多くの異なるレベルで行われた。文化遺産と来館者の相互関係についての多くの調査（例えば、Uzzel & Ballantyne, 1998）によれば、どれ程知識を獲得し、どのように態度が変化するかが、望ましいと考えられる文化的な反応を示す指標である。本事例においては、一般的な調査目的がきちんと果たされただけでなく、触れ合い体験の一部として学習が深まるという成果もあった。これらの成果には、以下の認識が含まれている：

・学生の知識の正当性
・権威の多元化
・学習の深化（これを受け入れる気持ちのある者について）

UAFP の調査には一つの教育上の大前提があって、学生たちは自主独立で勉強し、公園の物的な内容について自ら深く理解することに加え、複眼的な視点を理解するという観点から、自分と一緒に公園を訪れている他の学生たちに対する深い理解を主体的に進めるように指導されていた。その場の情況の下でどのような知識が得られ、どのような立場を取るかという問題は、自分とは異なる意見や自分たちとは異なる集団に属する「他者（the Other）」をさらに深く理解するのを助けるために「まさにしかるべき場所」で生じた基本原則であった。意見を異にすることが政治的な意味合いを持つことは、研究グループの少なくとも半数が日々直面する、口には出さないまでも皆が知っている問題である。つまり、安全で文化的な空間の内部でこのような懸念を見極める能力は、実習にとってきわめて重要な要素であった。

ワークショップでの演習（文章および口頭での）と学生である来館者グループ（60 名）に対する公園視察前と後での質問表によって、遺産の持つ意味がどのように表現されているのか、個人と集団の期待、獲得知識、理解はどうかという主要なテーマに関して幾つかの興味深い結果が明らかになった。以下では演習についての質問に対する学生たちの回答と彼ら自身が演習から得た成果を一部選んで紹介することとする。

グループ参加者の期待

この遺産公園にやって来る前に、このような演習によって何を得るであろうと考えていたか、彼らの期待は何であったか、という質問が、参加グループに対してなされた。回答は前向きであったが内容は一様ではなく、以下のようなものもあった：

- 「移民についての他の人々の見解を聞き、移民とはどういうことなのかについて正しい認識を得る。」
- 「公園全体を見て回って……ワークショップに参加して、自分自身のためになる知識を深める、―試験の役に立つかも！」

遺産の表現方法と真正性

UAFP の内容、レイアウトおよび歴史の解説内容についてのさまざまな見解についての質問に対する個々の回答には以下のようなものもあった：

- 「表現の仕方の中にはもっともだと思われるものもあるが、当時の惨状と苦難の真相など、抜けている点が多々ある。」
- 「公園は実生活がどうであったかを物語っていた。」
- 「長老会派の教理は、長老会派教会の信者にはぴったりなのかもしれないが、私には関係のないことだ。この地域で長老会派信者が圧倒的に多いので、そのような話の筋にならざるを得ないのであろうが、それは他の者にとっては博物館の魅力を減ずることになっている。」
- 「博物館の表現の仕方はもっともで、真の姿を伝えていると思う。調査は充分に行き届いている。いろいろな状況があっても、そのすべてを描出することはできないのだし、だから、こうした制約の枠内ではきわめて正確だ……。」

全体的に見て、回答の内容は、さまざまであった。予想通りであったが、南からの学生グループは飢饉についての説明が欠けていることに驚いていた。というのも、彼らにとっては飢饉が移民教育と遺産についての教育の中で大きな比重を占めていたからである。他方、北のグループは、この問題についてそれほどには気にしていない。幾つかの回答では、「正しいとされていることを言いたい」し、政治的に変に思われたくないという要素があるようであったが、概して、学生たちの公園に対する批判から正直で率直な態度が伝わってきた。アイルランド移民の物語の語り部であるという公園の主張と「典型的な移民の体験」としてのメロン一族の選択の正当性については、南北のグループ双方の多数の学生が以下のような疑問を呈した。「長老会派教会信者に焦点を合わせるという観点からすれば、公園側の表現方法にはもっともなところがあるが、移民一般の観点からすれば、そうとは言えない。」

グループの間で出された改善案の中にはさまざまな方策があるが、そのうちの若干例を紹介しておこう：

- 「公園は、明快な焦点を定め、それに専念すべきである。現在、公園は途中で考えを変えようとしているように思われる。移民一般の物語を描き出していると主張しているが、長老会派教会信者に焦点を当てることに専念し、それを公然とそれを認め、公園をそのようなものとして宣伝すべきである。」
- 「公園が他の国々への移民についての情報を提供し、ことと次第によっては、帰還移民や現代の移民についても焦点を当てていれば、もっと目配りの利いた、現代に即したものになり得るであろう。全てを包含するような、もっと普遍的な手法が必要である……。」
- 「公園は、私たちが今やっている演習のような、現在関心が集まっている問題についての行事や南北アイルランド双方を対象としたことをもっとやるべきだ。公園のおかげで、物事をどう考えたらいいのかということについて開眼。多々得るところがあった。」

成果

訪問の成果は、「一般的な知識の獲得、話し合いの技術、越境、架橋」に大まかに分類することができる（表 3.4）。

表3.4　UAFPでの経験

知識の獲得	「南からの学生と交流し彼らの見方を知ったことは有益であった。」 「私にとっての主たる学習成果は、移民について異なる視点から―Ulster長老派教会信者の視点から―学んだことである。」 「アイルランドの生活がその当時どのようなものであったか、そしてなぜ人々が国から出たいと思ったかを学んだ。」 「この民俗公園の全般的なイメージと公園が伝えようとしている話の筋書を見聞して、アイルランドの移民とアイルランド社会全体についてさまざまな見解に接した。」
話し合いの技術	「遠慮なしに話せるということはなんと素晴らしいのだろう。」 「私たちの滞在の間に提起されたさまざまな論点についてどのようにして北の学生と人間関係を損なわないやり方で意思疎通するか。」 「南北双方のグループが共同作業をし、それぞれ独自の技能と知的能力を以って問題と演習に対処した。私たちは共同作業をなしとげた。」
越境	「私たちはお互いに相手を疑っていた、少なくとも始めは。」 「南の学生があのように友好的だとは思ってもいなかった。」 「南北双方のグループはお互いに知り合いになったが、そんなことを私は想像もしていなかった。」
架橋	「私は、まずは人脈を作ることであろうかと思っている。」 「怖れないこと、しかし、それでも気配りを忘れないこと･･･私たちの中では怖いという感じを持っている者が大多数であった。しかし私たちは皆、お互いから、そして実施中の課業から学びたいと思っていた。」

「架橋」の概念をさらに少し進めて、学生グループは、UAFP のような遺産所在地が国境を越えた文化教育に果す役割について意見を述べるようにと依頼された。以下の回答は圧倒的に前向きで、学生たちが参加した演習は物凄く有益であったというのがほとんどの参加者の感想であった。

・「同公園は、普通では北との関係では取り組めないような移民その他の論点に関する人々の認識につき万人を教育する一助となっている。」

- 「この場所の果たすべき役割は物凄く大きいし、実際に南北の関係を改善するのに役だつ可能性もある……」
- 「北の、南に対する優位性を確立することを求めない限りにおいて、この場所は優れた施設である。」
- 「遺産所在地は、異なる社会を一緒にし、民衆全体の認識を創りだし、アイルランドにおける平和創造に貢献し得る。それは、信じる宗教の違いに関わりなく全てのアイルランド人を教育することができる。私の考えでは、この民俗公園の教育上の価値はきわめて大きいし、そればかりか、このことを世界に対して発信することもできるであろう。」
- 「UAFP のような場所は小学校から、そしてその上の教育においてきわめて重要な役割を果たすことができる。なぜならば、国境の両側の学校など、さまざまな団体のための教育の場となる可能性があるからである。このようにすれば、異文化理解に本当に貢献することができる。」

この調査で分かった結果がおおよそ示しているのは、南北双方のグループとも、程度の違いはあるにせよ、UAFP に対して批判的であり、これらの批判は、アイルランドの移民についての歴史的な情報を世間に対してどのように知らせているのか、何を選び、何を捨てたのか、違う内容のものをどの程度取り込んでいるのか（あるいは全く取り込んでいないのか）という問題に主として基づいていた。

UAFP ではこの公園をさらに発展させて、その中に新しい「国立移民博物館」（National Museum of Emigration）を設立しようという計画が進行中である。しかし「国立」という呼び名にも関らず、開発に関してやり取りされている文書には、相変わらず「Ulster 移民を世界に紹介する」博物館および「Ulster を世界に示す」移民関連収蔵品の収集が言及されている。この開発はいまだ企画の段階で、日の目を見るかどうかは多分に財源次第である。興味深いことに、南北双方の学生混成グループに課された研究ワークショップの演習の一つが国立移住博物館を UAFP で展開する可能性を議論することであった。これらのグループにとってこの演習は判断が極度に困難なものとなった。彼らは、また、「国立」という用語を採用するのに正当性があるのかどうか、そのような博物館を南に対抗して北に設置するのは係争問題になるとして疑問を投げかけた。参加者の一人に面白いアイデアの持ち主がいて、南北双方を含み、博物館の所在する場所にも公平を期するための政治的に間違いのない試みとして、船上に（移転を象徴するため）相互交流のために移住博物館を建て、国境を越えて Shannon 河をあちこち運行させてはどうかという案をひねり出したのであった！

むすび

本調査で行われた調査事例研究は、単純だが有効であった。本事例研究からきわめてはっきりと分かるのは、それぞれ異なる利用者グループが遺産に異なる目線で向かい合いながら、しかも、あり得る他の解釈の観点をも理解することができる、ということである。本事例研究は、文化遺産公園が世に問わんとしているところについての公園側自身による既存の主張の正当性に疑問を投げかけ、文化的多様性と解説内容について率直で、しかも危険にさらされる懸念のない意見交換が行われることを可能にした。

この種の調査は、一回限りで、一定の空間内に限定された実践的な性質のものであるが、さまざまな関係者にとって大きな価値を生ずる可能性があるはずである。関係者とは：（1）遺産所在地の設計者や博物館の学芸員。来館者の反響を知る手法として極くありふれた量的な計測である「面白かった順番」についてのマークシート式記入方法ではほとんど分からない、もっと深い考えを素直に反映するこの種の反響調査をこの人たちは歓迎するはずである。（2）意見が対立する対象となっている空間、場所、文化、遺産、観光に関する諸問題を調査したり教えたりしている研究者。学生（将来、職業としてこれらの分野で専門家になる可能性がある）のグループを見解の分かれる遺産の現場に連れて行くことによって、時として複雑なように思われる学問上の理論的な諸問題も日常活動の上での気配りと実用主義をもってすれば、単純化され、解決を求めて取り組むことが可能であるということをかつ然と悟らせる。（3）文化政策作定者や文化観光の助言者たち。文化に対する新しい、これまで支配的であった考えとは異なる考え方を容認する概念が北アイルランドやアイルランド全島に生じるにつれ、文化担当省や関連機関、博物館、遺産や観光の専門家は、政治的な問題を生じがちな過去の建造物の意味をどうやれば一番良い方法で世間に伝えられるのかということにもっと注意を払わざるを得なくなるであろう。

政治的な主張がどのように表現されているのか、また「真正な歴史」とは何かという現実の争点についての議論を北と南のアイルランドの消費者グループが行うよう誘導するために文化遺産観光地を活用した結果、立派な洞察と理解が両グループの参加者に生まれた。文化的アイデンティティや文化の持つ意味をどのように世間に訴えるかということに関する理論的で複雑な問題を優れた教育上の実践、学識ある博物館学芸員としての職責、これまで主流から外れていた考え方をも取り込もうとする文化政策形成に繋げれば、文化分野の調査研究に裨益するところがきわめて大きいはずである。現代的な文化的生産物を創造する上で文化観光が果たす役割を過小評価するのは好ましくない。つまり、文化観光についての調査研究の内容として、遺産とそれが世に訴えるべき主張に関する政治的問題をめぐる難しい論議について、文化観光の分野で公然と取り組むべきなのである。文化の果たすべき機能がある結果を目指すこと（例、教育と社会的包摂）が適切なのかどうかについては現在かなりの賛否両論がある一方、北アイルランドのように場所が特定されている状況では、文化的な意味を有する場所はアイデンティティ創造（再創造）と世に訴えるべき主張の重要な構成部分をなし得る。そのような役割は、暴力の場よりも政治的敵対の程度が少ない別の表現形式を提供するのである。

もしも遺産所在地が余暇、文化への参加、アイデンティティ形成のための現代的な空間として利用されるべきであるとするならば、おそらく時には厄介なこともあるかもしれないが、境界に変化が生じて、新しい方法を前向きに取り入れるようになければならない。しかし、Sandell（2002）の言うところでは、博物館が収集と展示を行うことを通じて社会的不平等を再生産したり、強化したりすることが多かったという認識が広がっているにもかかわらず、博物館館員の中には、平等の問題について積極的な政治的立場をとるために、自分たちが認識している客観性や中立性の追及をやめてしまうという考えにはいささか馴染めない者が多い。北アイルランドの場合には、「こう動いたらどんな縛りを遺産所在地が受ける可能性があるのか、そして実際、そのような行動の結果としてどのような影響が出るというのか」を私たちは問わなくてはならない。Buckley と Kennedy（1996: 145）は、これらの遺産所在地が「社会的な不平等を癒す」ことはできないと認めている。つまり、「遺産所在地が脅迫、宗派による殺人、民族浄化をなくすことはできない。遺産所在地それ自体には、旧教徒と新教徒に彼らの望む、相互の'社会的分離'を断念した方が良いと思わせる力はないが、中立的な領域を提供することはできる。……この領域では、もっと仲良くできるような関係を作り出す希望を持って、双方に共通する点とお互いの立場の相異を生ずることとなった原因について学ぶことができる」と認めている。アイルランドでは、どのようにすれば中立的な文化空間を巧みに創ることができるのだろうか、あるいは、実際のところそのような試みは現実的に実現可能であろうか、はたまた、このような試みは常に妥当性があるのか議論が続いており、結論は出ていない。文化、アイデンティティ、遺産に関する諸問題が、地方で新たに生まれつつある政治文化的な政策の場で挑まれ、衆人環視の中で出番が来ることになると、Frazer（1995）が提唱したように、文化の脱構築（deconstruction of culture）がこれまで不動のものと考えられていたアイデンティティの全てを揺るがし、それゆえ意見や立場の違いは、多義的解釈の可能な、非二元化的で、流動的な、絶えず変化するものになっていくのであろうか？

謝辞

この調査に協力参加いただいた Catriona Ni Laoire 博士（前クイーンズ大学、ベルファスト、現ユニバーシティカレッジ、コーク所属）と本プロジェクトに対して財政的な支援を賜ったアイルランド基金に対し、特段の感謝の意を表する。

参考文献

Ashworth, G.J. and Larkham, P.J. (1994) *Building a New Heritage: Tourism, Culture and Identity in the New Europe*. London: Routledge.

Brett, D. (1996) *The Construction of Heritage*. Cork: Cork University Press.

Buckley, A. and Kenney, M. (1994) Cultural heritage in an oasis of calm: Divided identities in a museum in Ulster. In U. Kockel (ed.) *Tourism and Development: The Case of Ireland* (pp. 129–149). Liverpool: Liverpool University Press.

Centre for Migration Studies (2000) *Second Annual Report*. Omagh: CMS.

Chappell, E.A. (1989) Social responsibility and the American history museum. *Winterthur Portfolio 24* (Winter), 247–265.

Department of Culture, Arts & Leisure, Northern Ireland (DCAL) (2003) *What Culture Can Do For You*. Belfast: Government Publication.

DCAL (2001) *Guidance to District Councils on the Development of Cultural Strategies*. Belfast: Government Publication.

DCAL (2004) www.dcalni.gov.uk. Accessed 12.11.2004

Department of Environment, Heritage and Local Government, Republic of Ireland (DEHLG) (2003) *Statement of Strategy 2003–2005*. Dublin: Government Publication. (Also On WWW at www.environ.ie/DOEI.)

DCAL and DoE (2002) *Local Museum and Heritage Review. A Joint Response by the DCAL and the DoE*. Belfast: Government Publication.

Duffy, P. (1994) Conflicts in heritage and tourism. In U. Kockel (ed.) *Culture, Tourism and Development: The Case of Ireland* (pp. 77–87). Liverpool: Liverpool University Press.

Ellis, R. (1995) Museums as change agents. *Journal of Museum Education* Spring/Summer, 14–17.

Estyn Evans, E. and Evans, G. (1996) *Ireland and the Atlantic Heritage – Selected Writings*. Dublin: Lilliput Press.

Failte Ireland (2004) *Tourism Fact Card 2003*. Dublin: Government Publication.

Fraser, N. (1995) *From Redistribution to Recognition? Dilemmas of Justice in a 'Post-Socialist' Age*. London: Verso.

Graham, B. (1998) Ireland and Irishness: Place, culture and identity. In B. Graham (ed.) *In Search Of Ireland: A Cultural Geography* (pp. 1–19). London: Routledge.

Graham, B., Ashworth, G. and Tunbridge, J. (2000) *A Geography of Heritage: Power, Culture and Economy*. London: Arnold.

Harrison, J. (2000) The process of interpretation. In N. Buttimer, C. Rynne and H. Guerin (eds) *The Heritage of Ireland* (pp. 385–393). Cork: The Collins Press.

Heritage Council (1995) *The Heritage Plan*. Dublin: Government Publication. (Also on WWW at www.heritagecouncil.ie.)

Hooper-Greenhill, E. (ed.) (1995) *Museum, Media, Message*. London: Routledge.

Hooper-Greenhill, E. (2000) *Museums and Interpretation of Visual Culture*. London: Routledge.

Karp, I. (1992) On civil society and social identity. In I. Karp, C. Kreamer and S. Levine (eds) *Museums and Communities: The Politics of Public Culture* (pp. 19–34). Washington and London: Smithsonian Press.

McGovern, M. (2003) The cracked pint glass of the servant: The Irish pub, Irish identity and the tourist eye. In M. Cronin and B. O'Connor (eds) *Irish Tourism – Image, Culture and Identity* (pp. 83–104). Clevedon: Channel View Publications.

Museums and Galleries Northern Ireland (website) On WWW at www.magni.org.uk.

NITB (Northern Ireland Tourist Board) Visitor Tourism Performance (2003) (On WWW at www.discovernorthernireland.com.) Belfast: Government Publication.

O'Connor, B. (2003) Come and daunce with me in Irelande: Tourism, dance and globalisation. In M. Cronin and B. O'Connor (eds) *Irish Tourism – Image, Culture and Identity* (pp. 122–141). Clevedon: Channel View Publications.

O'Neill, S. (2003) Are national conflicts reconcilable? Discourse theory and political accommodation in Northern Ireland. *Constellations* 10 (1), 75–94.

Sandell, R. (2002) Museums and the combating of social inequality: Roles, responsibilities, resistance. In R. Sandell (ed.) *Museums, Society, Inequality*. London: Routledge.

Starrett, M. (2000) The Heritage Council. In N. Buttimer, C. Rynne and H. Guerin (eds) *The Heritage of Ireland* (pp. 534–554). Cork: The Collins Press.

Thompson, S. (2003) The politics of culture in Northern Ireland. *Constellations* 10 (1), 53–74.

Tunbridge, J. and Ashworth, G. (1996) *Dissonant Heritage: The Management of the Past as a Resource in Conflict*. Chichester: Wiley.

UAFP (website) On WWW at www.folkpark.com. Accessed April 2004.

Uzzell, D. (ed.) (1989) *Heritage Interpretation* (Vol.2). London: Belhaven.

Uzzell, D. and Ballantyne, R. (1998) *Contemporary Issues in Heritage and Environmental Interpretation: Problems and Prospects*. London: Stationery Office.

第 4 章
遺産観光と
ノルウェーにおける貴族的生活の復活

Arvid Viken

はじめに

本章では、19 世紀後半に文化活動の一中心地であったノルウェーの Rosendal 男爵領が当時さながらに復興された経緯（いきさつ）を扱う。旧男爵家の相続人たちは、1920 年代にこの地を離れ、土地と屋敷はオスロー大学に譲渡された。1920 年代から 1980 年代までの間、この男爵領は、ぱっとしない博物館であった。それは、今でも博物館であるが、舞台芸術の会場でもあり、観光名所ともなっている。男爵領は、ベルゲンから車で 2 時間、ハルダンゲンフィヨルドの Rosendal にある（図 4.1 参照）。Rosendal 男爵領は、ノルウェーに存在したことのある唯一の男爵領で、男爵家はデンマーク貴族の一員であった。というのも、ノルウェーは 1536 年から 1814 年までデンマークの植民地だったからである。デンマークから独立の後（とはいうものの、1905 年までスウェーデンとの連合国家であったが）、ノルウェーでは貴族制度は廃止され（1821 年）、男爵領はその特権全てを失った。しかし、その後 80 年にわたって、Rosendal 男爵領は重要な施設としての役割を果たし続けた。

本章の論拠となっている情報は、観光名所と周辺地域社会との関係について行われた一調査から得られたものである。この研究の結果、両者の関係について何らかの明快な仮説が提示されたわけではないが、地元の地域社会における社会的および文化的変化の媒介変数としての商業的観光が論点の一つであった。Rosendal 男爵領を事例として取り上げたのは、ここが近年、目覚しい成功を収め、その知名度も上がっているからである。この研究プロジェクトで用いられた方法は、フォーカスグループ面接（ Morgan, 1988, 1996）（訳者注、focus group interviews とは、事前に質問票を提示して同質の人々のグループ―普通 10-20 人―に対して行う面接）であり、それは個別の深層面接（in-depth

図 4.1 ノルウェー南部の地図

interview）によって補われた。いろいろなフォーカスグループは、それぞれ性別、年齢、職業などの共通の特徴を持つ人々からなる層に区分けされた。この方法の意図するところは、予め決められたテーマについての議論に対する調査を行う側の介入を最小限にとどめながら議論を進めさせようということである。それによって、調査を行う側の言葉ではなく、むしろ被面接者の言葉で、「現実」の何たるかが表現されるようになる。統計学的に言って、フォーカスグループ面接で集めた情報だけから一地域社会の全般的な状況についての結論を導くことはできない。しかし、さまざまな集団の間に意見の一致を見る場合には、はっきりと認識されるに至ったものは何であれ、全般的な傾向を反映していると信ずるに足る根拠がある（Macnaghten & Jacobs, 1997）。

本章では、まず始めに男爵領とその周辺に発展した観光について、次に、文化遺産としての男爵領観光をめぐっての議論を紹介することとする。続いて、男爵領に関する地元住民の意見と男爵領を支持する人々がどのように地元の地域社会との関係を処理しているかを報告する。さらにとりあげるのが、観光が社会的差別をもたらす原因になるというテーマである。結論として、男爵領が現在利用されているやり方が、およそ150年前に世間の目にさらされていた様子とよく似ているという見解が提示されている。

Rosendal男爵領

（スコットランド系で）女性としてはノルウェーでもっとも富裕な遺産相続人であるKaren MowatがデンマークＫ貴族Ludvig Rosenkrantzと1658年に結婚した時、花嫁の両親からの結婚祝いとしてHatteberg荘園が贈られた（Hopstock & Madsen, 1969; Vaage, 1972）。若夫婦は荘園主の館をこの地に建設し、それは1665年に完成した（図4.2）。この荘園は、1678年には男爵領に昇格した。「男爵領」および「男爵」は、国王によって定められた若干の権利と義務を指す法律用語である。「男爵」の称号の保持者は、国王への税金の支払いが免除され、また、明文化されてはいないけれども、教会に対する財産権、教区司祭の指名権を有し、司法組織全体と徴兵の監督を行うことが当然と考えられていた。男爵領の資産は売却することも抵当に入れることもできないという束縛もあった。18世紀にこの荘園は同一家系相続財産に指定された。その意味するところは、当時の男爵の資産は、彼の家族が存続する限りこの家族の所有に留まる、ということである。その当時の男爵は、かつて下級聖職者を務めたことのあるEdvard Londemannで、彼は、社会的地位を向上させるために近隣の教区の司祭の娘と結婚し、続いて主教の肩書きを金で手に入れていた。荘園を購入した後、「男爵」の称号も得て自分の名前にRosencroneをつけ足した。彼の後を継いだ人々の中で最も魅力に富む人物がMarcus Gerhard Hoff-Rosenkrone（スペリングは‘k’を使う）である。貴族制度が廃止された2年後に生まれたため、彼は正式の男爵ではなく、「荘園所有者」と自称していたが、地元では「男爵」（もしくは「元男爵」）と呼ばれていた。この後、男爵領は、所有者にとっても目に見えてますます時代錯誤的なものと化し、最後の所有者も1920年にはこの地を去った。

男爵領は、1980年代に観光名所として市場に登場してから、大きな成功を

図 4.2Rosendal 荘園（Havard Satrevik 撮影）

収めてきた。来訪者数は、1980 年代初めの入場券購入顧客数が数千人の状況から 2002 年にはおよそ 6 万 2 千人にまで増加している。建物とそれを囲むバラ園と公園は、景色を楽しむ観光客にお誂えむきの場所となっている。加えて、努力の甲斐あって、二つの分野で人気が高まった。第一に、コンサート、演劇上演、美術品展示、朗読、講演といった幅広い多彩な催し物が企画された。これらは、対象となる市場が地元というよりもっと広くその地域全般であるような活動である。第二に、会議やセミナーのための施設がある。宿泊と朝食を提供するだけの施設の中には古い荘園領主館と農園の建物（*Rosendal Avlsgård*）の中の 26 室が含まれており、この他に食堂もある。荘園は、夏の観光シーズンには一般公開されているが、私的で参加者が限定されるさまざまな会合には一年中場所を提供している。

観光需要を満足させることになって、当然のことながら、男爵領には変化が生じた。過去においては、男爵領である荘園は家族の住居（すまい）の場であったが、今日では、文化的な施設であるとともに観光名所でもある。今日、男爵領は、観光に典型的な徴候を示すようなもので覆われている。つまり、車、切符を買うための行列、バスの集団、幸せそうな案内人たち、皆が同じ物をじっと見るその眼差し、開館時間という組織に即した枠の中でアイスクリームを食べたり写真を撮ったりする人々、切符窓口、喫茶店、土産品屋などである。観光客がまじまじと眺める対象となった男爵領の有する意義は、かつての意義とは全く異なるものである。これらの目に見える徴候は、ひどく目障りなわけではないが、現に存在しているのであって、その土地柄に何らかの影響を与えているという点では他の場所の場合と同じことである（Hubbard & Lilley, 2000）。

大部分の来訪者にとって、男爵領は、浪漫主義的で耽美的な生活への欲求に応え、他のほとんどの文化名所と同じように余暇や娯楽を提供し、さらに特段に思い出深い体験をさせてくれるかもしれない施設でもある。男爵領は、ノルウェーにおける貴族制度とその消滅の象徴であり、さらに、ノルウェーにおけるきわめて数少ない荘園領主館の一つでもある。そのようなものとして、男爵領は一連の国家的象徴の一つとなっている。男爵領は、観光客には見物などの活動対象を提供し、地元の地域社会に対する収入源と雇用と、また、現存の文化的重要遺物として今後のいっそうの開発と経営のための財源をもたらしている。そうした点では他の多くの文化遺産名所と同様である。

文化遺産としての男爵領

文化遺産の概念には、文化についてのさまざまな表現が含まれている（Herbert, 1997; Lowenthal, 1997）。比較的一般的なのは、文化遺産を物的なものと非物的なものに分けるやり方である。物的遺産は何かと言えば、最も単純な形では、石器時代の居住跡、ヴァイキングの墓所とか城、あるいは特定の文化とか時代に由来する人為の品々の収集で、博物館という名の施設の中に置かれ、保存体制の下にあることが多い。Rosendal 男爵領もその一例である。しかし、どのような社会でも、過去の社会的遺風というものが存在するもので、それは、歴史、伝統、習慣、伝説、神話、人間の生活や人間関係についての他の形での表現や結果などの非物的遺産である。歴史や伝統は、多くの博物館と観光名所の母体である。歴史や伝統の非物質的な特質のため、このような施設にとっては、どのように説明するかという側面が常に基本的な重要性を有する。歴史は何らかの方法で叙述されなくてはならないし、伝統についての理解を得るためには伝統の何たるかを実際に見せた上で説明する必要があることが少なくない。

もう一つは、Kirchenblatt-Gimlett（1998）による、「本来の場所にある」（*in situ*）文化遺産と、「背景を有する」（*in context*）文化遺産との区別で、前者は、原型のままの文化的環境あるいは原型のように再建された文化的環境の下で生まれながらの場所に存在するゆえに自らの歴史を物語っているものであり、後者は、その本来の環境からは切り離されてはいるが、専門家の手になる資料を通じて特定の意味を伝えるものである。背景を示すにはさまざまな方法があるが、ラベル、情報を伝える看板、その他の視聴覚補助教材なども、その手段の一つである。「本来の場所にある」と「背景を有する」との区別は、大まかに言って、エコミュージアムと伝統的な博物館との間にある違いに相応する。明らかに、両者の間の妥協が計れるような解決方法が存在するのであって、情報提供と背景理解のための技法の中には、「本来の場所」での展示でも利用されているものもある。「本来の場所にある」および「背景を有する」施設の双方においてもっとも多く利用されている情報提供の手段は、説明用の看板と案内人である。「本来の場所にある」と「背景を有する」の二つの項目を物的と非物的の二つの項目とを組み合わせることが可能であり、これらの組み合わせによって文化遺産の見せ方には四種類の類型があることが分かる（表 4.1）。

施設はいろいろあるが、その大多数は、程度の差こそあれ、四つの類型全ての要素を持っている。Rosendal 男爵領は、今でも屋敷が最初に建築されたところにあり、建物とそれを囲むバラ園や公園は男爵家の相続人たちが 1920 年代にこの地を離れた時そのままの姿をとどめている。しかし、男爵領は博物館という立場にもある。伝統に関する限り、貴族制度があった時代以降、途中で途絶することなしに続いてきたものはほとんど何もない。しかし、教区の子供たちのためのクリスマスの催し、パン焼き、それに、これは少なからず重要なのだが、芸術家との関係を結ぶことなど、かつての伝統を復活させた事例がいくつかある。庭園や屋敷、邸宅での来訪者に対する案内を除けば、来訪対象と

表 4.1　文化遺産の見せ方（演出・意味づけ）の形態

	本来の場所にある	背景を有する
物的文化遺産	文化的重要遺物、すなわち保存されている物からなる物品	博物館の収集物
	保存されていない過去の文化的な諸表現	
	特定地での復旧建造物	
社会的（非物的）文化遺産	生きている伝統	説明を通じての意味付け、文章、写真、口頭説明（例えば、案内人による説明）
	企画・演出された行事または生活様式	
	復活した伝統および（または）生活形態	

来訪者の間に故事来歴などの説明が割って入る度合いは、比較的少ない。男爵領の文化遺産でもっとも興味深い側面は、疑いもなく「本来の場所にある」非物的側面であり、それには、関連表の中で、復活した生活形態という言葉が充てられている。

文化遺産名所の中には、例えば、来訪者が中世の服装をするとか、ヴァイキング式にヴァイキング料理が供されるとか、あるいは贅沢な休暇をお城で過ごせるとか、まるで過去に戻ったような疑似体験の世界に入り込めるような企画を創り出したところもある。しかし、Rosendal 男爵領では、こうしたことはやっていない。その代わり、150 年前そのままの生活形態を構成していたさまざまな局面が現代に生かされることになる。モデルとしているのは 1800 年代後半の荘園所有者であった Marcus Gerhard Hoff-Rosenkrone である。彼は、知識人で、公務に参加し、農業の近代化に貢献し、荘園の周りに公園を設けた。芸術家や知識人の後援者である彼の邸宅はあたかも文化の一中心地の観を呈したのであった（Hopstock & Tschudi Madsen, 1969）。Hof-Rosenkrone の周りに集まった人々やその当時男爵領の客人となった人々はノルウェーの文化生活の上で重要な役割を果たしたが、そのなかにはヴァイオリニストの Ole Bull や作曲家の Halfdan Kjerulf、画家の Anders Askevoll や Hans Gude、作家の Jørgen Moe、Peter Christian Asbjørnsen、Alexander Kielland、Bjørstjerne Bjørnson、Knut Hamsun もいた。これらの人々全員が、ノルウェーの生み育んだ最も著名な芸術家の列に連なっているとみなされている。また、そのほとんどが、ノルウェーの国家的アイデンティティの構築にも貢献したが、彼らが会合を持ち、そのような事柄について議論をたたかわせた場所の一つがこの男爵領なのである。Marcus Gerhard Hoff-Rosenkrone は、国家形成に貢献した人々を客として迎え入れる主人役を務め、また彼らの後援者でもあった。そればかりでなく、彼自身がフランス共和制にいたくはまり込んだともいわれている（Sunde、2002）。これは、一つの逆説のように受け取られるかもしれない。つまり、実際のところ、男爵領は、できて間もない国家が今やしがらみを解き放ち、自由になるべき体制の象徴であったからである。他方、Rosendal は、ノルウェー農村部の中心に位置し、国造りを行った人々の思想的な基盤をなしたいわゆる「国民的浪漫主義」の中心的テーマである、壮大な自然と農村文化の両方に囲まれているので、そのような議論を行うにはもってこいの場所であった（Søernsen, 1998）。

今日、男爵領は再び文化の一中心地となった。現在男爵領が関りを持っている人々としては、Leif Ove、Andsnes や Truls Mørch のような国際的な名声を有する音楽家、ノルウェー国内で著名な芸術家、知識人そして有名人等々を挙げることができる。ノルウェーの文化的エリートに声をかけて、Rosendal で公演や展示を行ってもらう事業は大成功であった。男爵領には一般の人々が群れ集まり、レジをお金で満杯にし、他の場所がただただ羨むばかりのメディアの注目を集めてきた。1990 年代末以降ずっと、シェークスピアを専門とする英国の劇団が毎年夏になると男爵領にやってくる。今日、文化人が荘園で自分たちの芸術を演じ、そこに居住しているのだが、これは 1800 年代の芸術家がしたのと全く同じなのである。今日の芸術家は、Hoff-Rosenkrone の時代の芸術家よりも外向型なのかもしれないが、過去にも、公開の行事が催されていたことはある。そして、有名人たちが現われることを通じて、文化的、芸術的な問題にとどまらず、時としては政治的な問題にも関わりを生ずることになる。芸術家の中には、男爵領地域を流れる川の水力発電開発計画に反対してバリケード作りに参加した者もいる。こうして見ると、生活形態の復活は、文化的な活動だけに限って行われているわけではない。芸術家や知識人は、現代社会に関わる者として出現する。それは過去においても同じことであった。加えて、男爵領は、芸術家やその作品を売り込む場所として素晴らしいところである。

男爵領では、この舞台に足を踏み入れた者に対して浪漫的な連想と厳粛な雰囲気と芸術の醸し出す香気に浸ることを可能にするからである。

地域開発の媒介変数としての文化保存と有名人たち

男爵領は、最盛期には強大な組織で、この地区内の数多くの農園や森林を所有していた。貴族制度の廃止（1821 年）に伴い、男爵領はその公的な統治機能を喪失した。1900 年代に、総じて農場はそれを実際に経営している小作人たちの手に渡ったので、男爵領はその富の大部分を失った。今日、男爵領は再び権力の座の一角を占める途上にあると地元の人々は感じているが、それは、男爵領が保存関連法令の執行者としての地位を有し、また、さまざまな保存関係官庁、とりわけ文化遺産局を支える一勢力であるということがその主たる根拠である。

この荘園には、1920 年代に保存令が適用された。1990 年ごろ、文化遺産法（the Cultural Heritage Act）が改正され、それに基づいて以前よりもはるかに包括的な保存が行われるようになった。その結果、現在では、ある特定の場所全域が文化的重要遺物とみなされるようになっている。この文化的重要遺物が「それよりも大きな規模の全体もしくは背景の一部」（文化遺産法、第二項第二節）を構成するような地域として、さらにもっと包括的な保存を進めようという計画がある。文化的重要遺物よりも大きな規模の全体とは何かと言えば、それはおおよそ村全体を指す。これは既に所管官庁が荘園を管理する際に依拠する原則になっているようである。保存の目的に反する近隣の活動はいかなるものであれ阻止可能である。中央の所管官庁によって定められた男爵領保存の他に、法によって地方自治体に義務づけられているのは、文化財が近くにあるという事実を考慮に入れて近隣接地域に対する地域規制計画を策定することである。2005 年には、村の背後にある巨大な氷河や山々を含めた国立公園が、山と教区の間の「景観保護地域」とともに創設された。こうした体制は、今後も引き続き、樹木の伐採、放牧、狩猟、漁労、戸外での気晴らし、観光の可能性を変えてしまい、当然のことながら、産業発展の機会をも限られたものにすることになろう。

保存体制のためにこれまで中止された地元の計画がいくつかある。男爵領を眼下に見下す場所に建設されることになっていたライフル銃射撃練習場や近所の農場での家屋や諸施設の建設、地元の墓地の拡張計画などである。男爵領は道路の建設に際し、道路が自領の中庭を貫通するのを好まず農民の所有地の上を通したいと考えているのであるが、農民たちはこれに反対した。男爵領の報道担当者によると、かつて農地が解放された時に男爵領はそこに道路を建設する権利を留保していたものの、その土地の主たちと友好的な取り決めを結ぶよう努力してきたとのことである。農民たちとの関係は、荘園の中庭でシェークスピアの芝居を上演する直前に最悪となった。その時は、トラクターを持ち出しての示威運動が計画されており、もし実行されたならば芝居の邪魔になったであろうから、そのような事態を防ぐために警察の出動を要請しなければならなかったほどである。しかし、最も良く知られた争いは、Hatteberg 水路の水力発電開発計画に関するものである（図 4.3)。

Hatteberg 滝は、男爵領の公園が拡張される前には荘園の領主館から眺めることができたのであるが、争いは、この滝についての誤解に基づいていたようである。もし電力会社と市当局の考え通りになっていたら、この水路は水力発電のために開発され、遠くにある滝にはパイプによって水が供給されることになったであろう。しかし、男爵領に近い Hatteberg 滝に及ぶ影響というのは、滝の水位が自然の周期以外のリズムによって決定されるということに過ぎなかった。「タービンを通過した後、水は海に流れ込まなくてはならないのであって、これは以前と何一つ変わるところはないのだ」というのが推進派の主張であった。男爵領とその多くの提携者たち—そのうちの数人はノルウェー国内でよく知られている有名人—は開発に反対し、続いてその努力が成功を収めた。ノルウェー国内でよく知られている歌手、俳優、著述家、学術研究者が水路を守るために続々とメディアに登場したことは、地元の人々の気持ちを逆撫でした。「この連中ときたら、三時間しかいなかったくせに、保護主義者を代表する報道担当者みたいにメディアで振舞うのだから、彼らのしゃべるのを聞いていると頭にくるよ」というのが面接に応じた者の一人の言である。もう一人の主張は、「この連中は地元のニーズや我々の日常の生活など何も知っちゃいない」し、「有名人とメディアは、偽の証拠を持ち出すところまでやったんだ」というこ

図 4.3　Hatteberg 水路（Willy Haraldsen 撮影）

とであった。水路を保存した結果、市当局は、数名の人々の主張通り、土地使用税に関して損害を蒙ることとなるであろうが、これは何人かの人々が指摘した通りである。

情報提供者の中では、保存のための政策と規則が地元の開発を精力的に行う上での障害となっているとする者が大多数を占める。それは、とりわけ、農業の復活、後背地にある畑の耕作、教区における新しい住宅地域の建設を妨げている。地元の住民には、保存と公園の運営のおかげで教区の人々の就職先が多くなるとか、観光地として格別の繁栄を遂げるなどということへの期待がほとんどないように思われる—もっとも、公園が有名なので、観光宣伝の役には立っているという位の認識はあるのだが—。土地の人々は、地元の発展にはもうブレーキがかけられてしまったのだ、と感じている。回答者の一人は、「新しい産業活動に適した地域が、保存の名の下に手出しができない状態になっている」と言っている。

現在進行中の保存政策は、現状の「凍結」を必ずしも意味するものではないのだが、景観に関していえば、保存政策は、何もせずに景観が悪化するのを放置しているとみなされている。近年の農業政策の結果、牛・羊・山羊を飼育する農家はほとんどなくなって、後背地にある畑と放牧地は草ぼうぼうの状態である。伝統的な農業が廃れるにつれ、景観の保存が、地元では縁のない、学問的な知識や近代的な技術に基づく活動となる過程が進行中である。農民から見れば、伝統的な農業を続けられれば、その方が景観保存の上でもっとましな成果を上げたはずだ、ということになる。「景観を保存するためには、その土地が活用されることが必要なのだ」いう発言もあった。それゆえ、情報提供者の中には、保存計画は農業もその一環として組み入れるべきであると考えている者が数名いた。現状では、「いつも新しいことを考え実行するという地元の伝統の意味が取り違えられている」という意見もあった。もう一つ言及されたのは、現行の開発は Marcus Gerhard Hoff-Rosenkrone の精神に即していないということで、その理由は、彼は「創造力に富んだ人物で、公園や中学校を設立し、開発や近代化の旗手でもあった」からである。彼が今日生きていたとすれば、きっと鹿や駝鳥の養殖を実験してみたり、ゴルフ場を造ったり、おそらく保存に関するいろいろな政策に口を出したことであろうに、という見解もあった。

政治的・社会的対立を生ずる母胎としての文化遺産

ノルウェーの一般の人々は、自分の国が平等な社会であると考えたがる。しかし、情報提供者の中の数名の考えでは、Rosendal には社会的対立という長く続いた伝統がある―この村は「常に、気取った人々と庶民との二種類の人々がいる場所であった―。男爵領が文化の一中心地として復活したため、男爵領に繋がる高級なお歴々―主としてノルウェーの他の地域から来た人々―と地元の「庶民」との溝が広がり、対立が激化する結果をもたらした。「男爵領に集って、お互いにおべんちゃらを言いながら日光浴をして良い気分に浸っている連中がいるのよ」という意見もあった。男爵領を保養地として利用する高級なお歴々とは、文化関係の経営者、芸術家、学術研究者、そして基金提供者―金持ちの実業家であることが多い―などをはじめとする人々で、彼らは男爵領を中心として密接な提携関係を結んで人脈を形成しており、男爵領の経営・管理の任にある人々も、この中に入っている。それゆえ、地元の人々が、男爵領の現在の経営責任者とその仲間の人々を「女男爵とその宮廷」と呼んでいるのもおそらく驚くにはあたらないであろう。男爵領がこの地区の人々に公的権力を振うなどということは、もはやないのであるが、現行の「再貴族化」は、あたかも地元地域社会におけるかつての悪感情を想起させ、社会・文化的に対立しているという考え方を生み出したかのようである。これには、否定的な過去の回想（negative reminiscence）という言葉を充てることができる（Urry, 1996）。それは過去の社会生活で問題があったいろいろな側面についての記憶が再び呼び起こされる過程であり、このような生活は、それによって過去に被害を蒙った人々の集団にとって問題であったよりも、今日において、おそらくよりいっそう問題視されかねないように思われる。ワインが溢れ、退廃が横行しているのではないかという疑念を生じさせる環境は、一般大衆の憤激と怨嗟を涵養する肥沃な土壌となるのが常である。それが正しい見解であるか否かは別として、Rosendal の住民は、男爵領の内側にいる人々と外側にいる人々との間に対立が存在すると感じている。この研究調査プロジェクトで面接対象となった男爵領の歴史専門家によれば、「Rosendal の地元民は、彼らが一度たりとも享有したことのない権利にこれからも預かれないように排除されている、と感じていることが少なくないようである」。過去 10 ～ 15 年にわたる男爵領の変容は、疑いもなく大成功であったので、このような男爵領の経営・管理の任にある人々は「背高ヒナゲシ症候群（the tall poppy syndrome）」を患っているのではないか、という考えを完全に捨て去るのはいかがなものかと考える。（訳者注：「背高ヒナゲシ症候群」を患っているというのは、経済的、社会的、政治的に自分が上位に属していると不当にも思い込んでいる、つまり、自分を不当に高く評価しすぎていることをいう。）

情報を提供してくれた人々が全て、開発に対して否定的であったなどということはない。大部分の者は、男爵領の経営責任者によって行われた膨大な作業の量とその実績、つまり、男爵領が見捨てられた荘園から今日のような活動的で知名度の高い精力的な文化施設であると同時に観光名所に変容したことを認識している。人々は、男爵領のある場所の出身であることに誇りを持っている。しかし、男爵領によって提供される豊かな文化的プログラムといえども問題がないわけではない。というのも、何十年もの間、地元の人々の文化的活動は非常に高い水準にあったのに、現在では大衆的な文化は以前に比べてずっと低調だからである。「かつては自分たちが人を楽しませていたものだが、いまでは人に楽しませてもらおうと思っているんだ」という声も聞いた。

上記のような反対意見や愛憎相半ばする感情は、今日の経営が男爵領を地元のあるいは地域の施設としてよりも全国的な文化施設として確立しようと鋭意努力を重ねてきた手法と関係があるだろう。このような手法に関連して用いられてきた戦略は、国の保存担当官庁やノルウェーでよく知られている芸術家や有名人と強力な連携関係を樹立することであった。大部分の情報提供者たちの目には、男爵領と国の諸官庁が緊密な提携関係を形成していて、地元地域社会は両者の連携関係から除外されているように見える。形の上では、地元の利益を代表する市当局との関係においてこの連携関係は適切な役割を果たしている。地元の人々は、一般大衆がいろいろな事柄に関与する程度やそのあり方について不満を抱いているのである。情報提供者の中には保存指定地域の拡大について一般の会合で知らされてはいたが、にもかかわらず、その件について自分の意見が求められてはいなかったという点に何よりも不満の気持ちを抱いている者が数名いた。情報提供者の一人は、「男爵領と役所は一体となって、我々との対話はしない。一方的に通知するだけで、交渉にも応ぜず、一方的に行動するだけだ」と述べたが、情報提供者の間ではこのように感じているものがきわめて多いことが分かった。情報提供者の中には、事柄がもっと柔軟に、地元の人々の気持ちを斟酌して処理されていたならば、男爵領と地元住民はもっと良好な関係を保ち得たであろう、という感想を述べる者も数名いた。

歴代の男爵の多くが領民の面倒を良く見たので、領主が死んだ後、後世の人々は彼らを称えてきた。とはいえ、過去の Rosendal 男爵領に対立・反目がなかったわけではない。しかし、それは歴史上の別の時代のことで、その時代には社会的階級やその他の階層的な社会制度に従って人々の地位が決められるということが、現在と比べれば、おそらく、もっと当然視されていたのであろう。それとは対照的に、今日のノルウェーで一般に受け入れられているのは、平等主義的で民主的な思想である、と考えて良いであろう。それゆえ、男爵領や保存当局が依怙地だとか、一般の人々よりも高い地位を持っているのだから言う通りにしろなどといわんばかりの行動を取っていると受け止められると、反発が生ずることになる。男爵領が地元地域社会における関与者と認められている度合いは、貴族制度下の時代よりも多分少ないであろう。今日、男爵領の経営管理の任にある人々は、国家的、国際的、専門的、保存関係利害の、視点を判断の基準としており、このような環境に対して第一義的な責任を負っていると彼らは感じている。しかし、かつての男爵たちは地元の住民や男爵領に関係する他の人々の面倒を見たのに対して、今日の男爵領は地元地域社会に裨益しないと考えられるような利害基準に従って経営が行われているという事実があるわけで、男爵領に対する否定的な態度にはこのような事実が原因になっているとも考えられる。

学問の世界では、体験された現実を多かれ少なかれ一つの社会的な解釈――一種の定番となった説明―と見なす傾向がある。男爵領にまつわる有名人の生活形態、「気取った人々」とそれに属していない人々との間の社会的な対立についての情報提供者たちの考え方、男爵領の経営手法がこのような対立を激化させているという認識、保存のための政策や措置の重要性などについても、これと同じことなのかもしれない。真実かどうかが問題なのではなくて、人々の感情、行動、反応の基となる「現実」とは、物事をどう解釈するかということなのである。地元の人々は、Marcus Gerhard Hoff-Rosenkrone の精神と彼によって象徴されるものがいまや復活しつつあるという事実にも腹を立てているのかもしれない。彼は、芸術に関心のある知識人で、文化的エリートと交流した一人のエリート主義者である。今日、彼がもてはやされているのは、彼の精神が現在のポストモダン社会にぴったりだからであって、このポストモダン社会において審美的な趣味や知的な紳士気取りが甦ったのである。しかし、この手の文化は、Rosendal の庶民の日常生活とはほとんど無縁なものである。

むすび

Rosendal 男爵領は、文化遺産の分野に新たな可能性、すなわち、生活形態の復活をもたらしている威勢隆々たる文化遺産施設である、というのが本章の結論である。現在の経営陣がモデルとしているのは、1800 年代の最も著名な

表 4.2　男爵領の過去と現在

	Hoff-Rosenkrone時代の男爵領	現代の文化的中心地・観光名所としての男爵領
権力と権威	大規模私有地で荘園	国立の文化的重要遺物
	豊かな大規模私有地	オスロー大学管理の国家所有
	農業・工業・銀行業開発の創意工夫者	文化保存は地元が政治的な行動を起こす余地を限定している。
	社会的関心を有する大規模私有地所有	経営責任者と来賓は政治的に活発
	ノルウェーの民族国家としての発展についての論議に参加	国家の象徴としての男爵領、同時に、国家的な観光名所
社会的・文化的諸側面	階層的な社会にあって大多数の人々とは社会的な距離を置く	平等主義的な社会にあって大多数の人々とは文化的な距離がある
	文化的中心地、芸術家の後援者・パトロン、学生への支援	文化的中心地、芸術家の売り込み、学生への支援
	権力の中心：正統性に基づく伝統による	権力の中心:抵抗を挑発し、地元住民との数多くの緊張関係
	領民に対する配慮	多くの住民が政治的敵対勢力と認識

荘園保有者であったMarcus Gerhard Hoff-Rosenkroneの生活である。現在とその時代との間には、類似点も多々あるが、興味深い相違点もいろいろある。このような類似点と相違点のうちの幾例かを要約したのが4.2. 表である。

Rosendalのような小規模な場所で公共の文化遺産施設を経営するのに問題がないということは到底あり得ない。多くの場合、文化の国家的重要性への配慮は、地元の利益と—多くの人々の考えでは—地元のこれからの開発の展望との対立関係を生じる。それは権力闘争の観を呈することがよくある。結局のところ、最終的な決定権が誰に帰属するのか、国家なのか地元の地域社会なのか、地元の人々になり代わって言えば、男爵領の責任者なのか、それとも地元の地主と市役所なのか、という問題に帰する。

男爵領が観光名所として全国的に知られており、知識人や有名人との繋がりがある結果として、男爵領と繋がりのある「気取った人々」と庶民との間の歴史的・社会的な対立が再燃する過程にある、というのが地元の人々の受け止め方である。このような訳で、当面のところ、文化遺産の名の下に、社会的対立までもが復活し、醸成されているように思われる。文化遺産の経営は、過ぎ去った時代を活人画的に再現するだけでは不充分である。現代社会に即したものになっているとはいえ、それは文化遺産のある場所で今日営まれている日常生活の一部なのである。男爵領に繋がる仲間集団の内部にいる者とその外部にいる者との間の社会的な対立に基づく生活様式としての文化遺産も、その特別な保存利益のために闘争することを厭わない文化遺産も、ともに地元住民には受け入れることが困難であるが、その困難の度合いは、保存するに値する建物や物品、過ぎ去った時代の活人画や他の娯楽を受け入れるのに比して、はるかに大きい。

参考文献

Herbert, D.T. (ed.) (1997) *Heritage, Tourism and Society.* London: Pinter.

Hopstock, C. and Tschudi Madsen, S. (1969) *Baroniet i Rosendal.* Oslo: Universitetsforlaget.

Hubbard, P. and Lilley, K. (2000) Setting the past: Heritage-tourism and place identity in Stratford-upon-Avon. *Geography* 85 (3), 221–232.

Kirschenblatt-Gimblett, B. (1998) *Destination Culture: Tourism, Museums and Heritage.* Berkeley: University of California Press.

Lowenthal, D. (1997) *The Heritage Crusade and the Spoils of History*. London: Viking.

Macnaghten, P. and Jacobs, M. (1997) Public identification with sustainable development. *Global Environment* 7 (1), 5–24.

Morgan, D.L. (1988) *Focus Groups as Qualitative Research.* Thousand Oaks: Sage.

Morgan, D.L. (1996) Focus groups. *Annual Review of Sociology* 22, 129–152.

Sørensen, Ø. (ed.) (1998) *Jakten på det norske: perspektiver på utviklingen av en norsk nasjonal identitet på 1800-tallet*. Oslo: Ad notam Gyldendal.

Sunde, J.Ø. (2002) 'Den duftende lavendel'. Baroniet Rosendal og konstruksjonen av Noreg og det norske. *Syn og Segn* 108 (3), 26–37.

Urry, J. (1996) How societies remember the past. In S. Macdonald and G. Fyfe (ed.) *Theorizing Museums* (pp. 45–65). Oxford: Blackwell.

Vaage, E. (1972) *Kvinnherad. Bygdesoge.* Rosendal: Kvinnherad Bygdeboknemnd.

第5章
ポーランドにおける
文化観光と社会経済的発展

Barbara Marciszewska

はじめに

観光はいつでも文化・景観・娯楽・先住民の商品化と関連づけられてきた（Marciszewska, 2000）。ポストモダン社会にあっても、変革過程にある社会にあっても、文化の商品化と社会経済的発展をもたらす力としての観光の役割が近年新たに関心を集めるようになっている。本章は、二つの部分に分かれている。第一部では、筆者はポーランドの全国的および地域的な観光開発戦略における文化観光の位置づけに焦点を当て、この分野で国際的な視野から行われた全国的な調査研究の中から資料を選抜して提示する。

第二部では、文化と観光との関係および両者が社会経済的発展に及ぼす影響が分析される。ここでは文化観光が人々に基礎を置く活動であって、国家や地域のアイデンティティに影響を与える一要因と見なし得るものとして説明が試みられている。

他方、文化・観光市場部門における労働問題へのグローバル化の影響は単純に次のように述べることができよう：グローバル化によってもたらされた国際的な競争激化に対応するために、知本主義経済とでもいうべき経済（knowledge-based economy）が出現して、これまで支配的であった民族的な文化と置き換わるようになった。この知本主義経済は、文化面における働き手の技量を活用するので、その結果、組織による人的資源の管理に対して新たな反応を生ずる（Marciszewska, 2004: 28）。この新たな組織的な行動の特徴は、新機軸、多様性、柔軟性であって、その結果、文化政策においても充分に意味のある変化が必要となり、このような変化が生じて初めて、観光にも影響が及ぶのである。

ポーランドにおける文化観光開発は、国家の観光行政当局と文化部門の双方が認識しなくてはならない数々の障害に直面している。グローバル化の過程において、部分的には国家間の文化的な交流に際しての国境の敷居が低くなり障害も少なくなる。しかし、このグローバル化の過程は、国家政策に新たに複数の分野を生じてもいる。「グローバル化は、国家や組織のそれぞれの間にある境界を広げようという考え方を超越するのみならず、時間、空間、活動範囲、地理、機能、思想、文化的な仮説といった伝統的境界をも越えるのである」と断言する者もいる（Knowles 他、2001: 176）。このため、一方では市場経済によって、他方では社会的なニーズによって形成される文化と観光の双方に対する新たな政治的手法が自ずから必要とされているのである。つまり、文化は、「慎重な配慮を要する」特質を持つので、全国的、地域的、そして特定地方の各レベルにおける長期的な政策が必要になる（Marciszewska & Fache, 2004: 248）。ポーランドにおける文化の消費は、高級文化（high culture）から大衆文化（popular culture）への移行過程にあり、このため、新しいインフラストラクチャー開発の機会が生じている。宗教的な場所、歴史的な遺産、美術館、博物館、劇場は相変わらず観光の定番であるが、それらはとりわけ若い学生や外国人観光客の需要に影響を与える重要な要素となっている。これらの文化的な観光名所は小規模な文化祭やスポーツ行事—「大衆文化」—によって部分的に取って替わられつつあり、舞台興行も若者や子供のいる家庭にとっての重要な呼び物（attractions）になっている。それゆえ、地域や各地方の開発戦略には、新しいインフラストラクチャー（テーマパークや余暇センター）を建設し、既存の建物を文化活動に使えるようにする仕事がある。そのような仕事は間接投資による支援によって可能となるが、ポーランドの社会経済的発展の現段階においてこの種の融資は存在しない。

観光の経済的な影響を計測する問題に関する文献では、数多くの手法が用いられている。伝統的手法では、国内総生産や雇用のような国民経済変数に対する乗数効果（multiplier effects）が中心となってきた（Mules, 2001: 312）。他方、経済的にいって、観光によって生じた費用とそこから観光によって生み出された利益を一般条件の下で比較するために、その手法の基礎を投入 - 算出モデルに置いて論考している研究者もいる（Archer, 1996）。観光客の数と観光客の支出額が観光の経済的な影響を計測する基礎的な経済的指標として用いられる。

伝統的な定量分析的手法では、文化が観光を通じて社会経済的な発展に果たす役割がどのようなものなのかを充分に確認することができなかった。Mules（2001: 313-314）が間接的に明示しているところでは、例えば、投入 - 産出モデルは、環境や社会コスト、経済のその他の分野との関連を通じての帰還効果（feedback effects）、あるいは、乗数過程の範囲外でしか評価され得ない他の影響に焦点を当てようとする場合には役に立たない。

文化そのものが本質的に複雑で、定性的な手法を必要としているのであるから、このような定量的指標が文化観光の経済や社会環境に対する影響を充分に示すわけがない。このような状況下で、Dann および Philips（2001:251）の手法を一つの基準として用いることが可能である。いわく、「……かなりの程度、定量的方法もしくは定性的方法（あるいは、可能性として、両者の混合）のいずれを選択するかは、概して、今扱っている論題の性質やその論題を解明するために通常用いられている手段である媒体の形質に基づいて決定される。」

文化観光は、定性分析的方法と定量分析的方法との双方に基づいて分析され得るのではなかろうか。文化が「……観光と余暇消費増加の主決定要因の一つである」（Richards, 2001: 8）と確認することができるのも数字のお蔭である。しかし、定性分析的方法を使わずにそのような成長のさまざまな側面の全てを確認する道はない。社会経済的発展には多様な特徴があり、その特徴を評価するためには定性分析的手法が必要なのであって、したがって、文化観光の分析もこのようなやり方で行われなければならない。

ポーランドの文化観光開発における政府の役割

文化観光は、「観光」と「文化」という二つの異なる単語と二つの異なる様式の人間活動から成り立っている。これらの領域の特徴の違いは、それらの単語の意味の違いと同じく隔たりがある。この二つを組み合わせて（観光客にとっての）一つの人間活動分野であり同時に一つの分野として管理可能なものとするに当たっては、政府の介入をどのように説明するかという問題が生ずる。つまり、政府の介入は、顧客に対する生産物の商業的機能と社会的機能の双方に基づいて行われるのである。文化に対する公費支出額の削減、文化インフラの私有化、展覧会・博物館・美術館来訪への需要喚起の必要性からして、文化観光の旗印の下で仕事をしている経営部門において一種独特な衝突が生じることとなる。観光関連企業は短期の経済的利益を期待する。文化的な施設にとっても同じことではあるが、しかしそこでは、社会的・教育的役割の重要性に留意せざるを得ない。そのような衝突は、政府の介入があって初めて解決可能である。というのも、ポーランドの市場経済はきわめて弱体かつ不安定なので、文化に関する価格が社会集団のすべてに受け入れられるような程度にまで文化関係の価格に対して影響力を及ぼすことができないからである。このような状況下では、明らかに「……国家は、一歩退いて、今日の市場経済を運営するのに必要な自らの核心的任務を果たすべきである」(Wanhill, 2001: 224)。

文化的消費：ポーランド北部における観光・余暇教育協会(ATLAS)質問表調査に基づいて確認された若干の特徴

ポーランドの文化観光についての、国としての取り組み方としては、ポーランド文化が、一方では観光開発に、他方では社会経済的諸条件に、果たしている役割について啓蒙することを目指してきた。欧州全土について文化観光の開発やその傾向についての比較研究をさらに行うに当たって、ポーランドの例はその研究目的のために役に立つことであろう。「……文化観光は、過去の文化的な生産物の消費だけではなく、現代の文化やある民族なり地域の“生活様式”の消費をも対象とする」(Richards, 2001: 7)という考えはなるほどもっともであるけれども、このことは、ポーランドでは欧州先進諸国ほどには当てはまらない。というのは、文化的に提供しうるものの幅が同じでなく、ポーランド人の可処分所得水準が低いため、文化的消費のための枠組みの成長が抑制されており、これはとくに高級文化の面で著しいからである。文化観光名所の見物に関連するポーランドの文化的消費についてのいくつかの特徴が、関連文献において以下のように確認されている(Marciszewska, 2001: 224)。

- ポーランドの文化観光は専門的で教育水準の高い市場として定義され得る。
- 「大衆文化」の呼び物は、主に中央から離れた地方の人たちの要望に応えているのかもしれないが、1997 年の調査によれば、それはかなりの数の観光客をも集めていた。

- 回答者の職業的水準が高いからといって、彼らが高い水準の収入を有するとは限らない。
- 文化観光名所を見物するのは、主に若い人々と 40 歳以上の人々である。
- 文化関連施設の来訪者の訪問の動機は、新しいことを学ぶ、新しいことを経験する、他の人々に同行する、のんびりする、などである。

その他のさまざまな側面―文化観光の社会経済環境との関係を含む―が近年のポーランドの出版物（Karczewska, 2002; Marciszewska, 2002; Sikorska-Wolak, 2002）で論じられている。これらの論考は、主に二次的な資料に基づいており、有形・無形の文化が観光開発にどのような役割を果たすのかに焦点が当てられている。文化観光と社会経済発展との相互関係についてはほとんど注意が払われてきていないが、この関係は主に定性分析的な視点から分析されるべきであろう。

良く知られていることだが、消費者が広義の意味での文化の価値に焦点を当てた新しい型の観光客体験を求めているので、ポーランドの諸都市の観光開発においては遺産観光と文化観光が突出している。しかし、過去 10 年かけてポーランドの公共部門と私的部門は新たな娯楽生産物市場の穴場がどこにあるのかを確認したのだが、このような娯楽生産物を文化観光生産物から切り離すのは適当ではないだろう。両者が相互に補完し合う性質のものであるということから、より高い水準のサービスと新たな観光客体験を提供し得る新しい可能性が拓けてくると考えられるからである。

観光客が休暇についての決定を行う際には新たな体験が重要であることが、北ポーランドで行われた調査において集められた情報によって示されている。この調査は、観光・余暇教育協会（the Association for Tourism and Leisure Education、略称 ATLAS）の標準質問表のポーランド語訳を使って行われた[注1]。

注 1．ATLAS は 1992 年以来標準化した質問表を使って、定期的に文化観光調査を実施している。これらは多数の欧州言語に翻訳され、全国的に、地域または特定の地方に、それぞれの言語を母国語とする人々によって配布されている。

表 5.1　観光名所訪問の動機

動機	与えられた理由に同意した回答者	
	1997	2001
新しいことを学ぶ	28.1	46.3
珍しいこと、他では得がたいことを体験する	34.2	44.4
のんびりする	32.9	62.7
土地の歴史について学ぶ	-	45.5
土地の雰囲気を体験する	-	43.3
地方文化についてもっと多くのものを発見する	-	45.0

13の形態別の文化観光名所を訪れた総計2,195名の回答者に対する聞き取り調査が1997年に行われ、2001年には六ヶ所の文化名所で561名の回答者に対する質問がなされた。この結果得られた情報の中の幾つかを選んで示したのが表5.1である。

表5.1に示されている情報から分かるのは、回答者が文化名所を訪れる理由は主にのんびりするため、何か新しいことを学ぶため、あるいは得がたい体験をするためであるということである。1997年と2001年の両方の調査から分かったのは、文化観光に参加するのは、何か新しいことを学びたい、また、体験してみたいという消費者側の熱望としばしば結びついているということである。この意味するところは、もし長期的な収入の増加を期待するならば、観光経営者は積極的に先手を打つ考え方で、いつも創意工夫をしていなくてはならないということである。創意工夫の精神で、時流に先んじる手法を採るには、企業内部においても、その環境においても、経済的な基礎がしっかりしていなければならない。残念ながら、ポーランドはこういう状況にはない。中小規模の観光企業は、経済的な観点から最上の販売戦略を見つけ出さなくてはならないし、そのため、これら企業のある地域に人を呼び込もうとするより、むしろ、海外（例えば米国、地中海、アジア）休暇の販売を推進する傾向にある。観光市場が経済的に安定していないこと自体は、ポーランドの緩慢な社会経済的発展の結果としての不満足な生活水準と相俟って、ポーランド国内での観光に悪影響を与えており、それは、長期的に見ると、ポーランド人の民族文化への取

表 5.2 目的別の文化観光支出

支出の目的	回答（%）	圧倒的に多い支出水準（ポーランド通貨）[1]
旅行	10.8	50.00
	10.6	100.00
	6.1	150.00
	9.9	200.00
	6.1	300.00
宿泊	6.1	20.00
	5.4	50.00
	12.9	100.00
	9.3	150.00
	8.2	200.00
	5.0	300.00
	4.7	500.00
食事と飲み物	56.4	100.00以下
買い物	65.2	100.00以下
出し物と切符	67.8	100.00以下
支出総計	57.3	> 500.00

出典:ATLAS質問表調査、ポーランド、2001
[1]ポーランドのズローチ。 1ユーロ=4.75ズローチ

り組みに対して損害を与える原因となりかねない。

ポーランド人の休暇旅行や宿泊に対する支出（表5.2）も彼らの経済状況によって決まる。それゆえ、ポーランドの観光客の半分以上が一回の旅行で支出する金額は 500 ズローチ以下であるという数値は驚くにはあたらない。というのも、回答者の 43.2％が最低所帯収入グループ（5,000 ユーロ）に属しており、しかもこれは平均的なポーランドの家族としては典型的だからである。2001 年の平均月給額はおおよそ 2045.11 ズローチで（統計年鑑、2002: 190）、平均的可処分所得は（一人当たり）620.44 ズローチ（統計年鑑、2002: 190）である。これらの数値によってポーランドの平均的な文化観光客の経済的状況が痛いほどはっきりと分かる。

文化観光と経済的環境との関係

文化的な活動と文化遺産所在地が、休日における他の形態の余暇活動と組み合わせが可能であることを考慮に入れると、文化消費は低い所帯予算に基づいて行われており､経済成長が緩慢なのでこれが足枷となっていると想定される。

文化的設備、文化遺産所在地、芸術センター、歴史博物館、自然資源などのある観光目的地が文化と余暇が組み合わさった観光生産物を創り出し得るとするならば、このような観光目的地にとって文化観光は興味のあるテーマとなり

得るであろう。残念ながら、このためには、さまざまな余暇施設（スポーツや娯楽開催地などの）の開発と長期的投資が必要である。経済成長の低さについては今しがた力説したばかりであるが、この低成長がこのようにして文化的消費の足枷として作用する。「今日、文化的なテーマに関わる観光の成長は、経済的辺境に利益をもたらす可能性を秘めている」（Butcher, 2001:11）という主張がポーランドにも当てはまるとしても、現状では、部分的にしか適用できないであろう。文化そのものと文化観光、とりわけ観光客に提供されている史跡に基づくあれこれの場所は、継続的あるいは定期的な投資を必要としている。政府や地方行政当局の措置は、少なくとも移行期のある段階においては、社会経済的な発展に決定的な意味を持つように見受けられる。

文化観光を経済的な要因に関連するものとして、あるいは経済的要因そのものとして分析するためには、ポストモダン社会におけるアイデンティティの社会的構築のみならず、人々が欲望を概念化するための潜在的な手段とそのような欲望の社会的過程との結びつきを考慮に入れなくてはならない。このことは、先進的資本主義の枠組みの中でも、最近欧州連合に加わったばかりのポーランドのような国々においてもあてはまる。このような背景の中で、文化観光と社会経済的発展の関係についての最も重要な特徴を確認する試みにおいては、次の点が強調されるべきである。

- 長期的発展をもたらすためには、政府の介入および（もしくは）官民合同の連繫による起業の必要がある（Marciszewska, 2001: 217; Marciszewska & Miecznikowski, 2003: 86）。
- 文化的名所・名物は、お祭りのような生きている文化とともに、所得を増大させ、労働事情を安定させ、文化遺産を持続させるための経済発展の重要な要因となり得る。
- 国家、地域および中心部から離れた地方のアイデンティティは、グローバルな観光市場における競争の観点から見て一つの要因とみなされるべきである。
- 社会の一機能としての文化（Butcher, 2001:12）は社会や政治が創造性を有するための前提条件とも考えられるが、それは個々の人間の創造性いかんで決まるのである。ポーランドにおける観光の発展を見ると、無形の意味での文化が刺激的要因として社会経済の発展に影響を及ぼしている良い事例を幾つか挙げることができる。

・大衆観光と、消費者に対して他では得がたい「特別な」体験を提供する文化観光分野での新しいセット旅行を創り出す必要性との間には衝突の可能性が潜在しているが、衝突は経営者側の時流に先んずる行動によって回避されなくてはならない。

・政策開発領域としての文化の重要性は国家的なレベルで認識されてきた。社会経済の発展において文化が創造的な役割を果たせるように―消費するのは地元の人々と観光客の双方であるが―、政府は一丸となってこのような政策開発を行う必要がある。

文化観光は文化消費のさまざまな側面に対して大きな影響を及ぼすが、その結果、文化観光は文化そのものを支える手段とみなされてきた。その意味するところは、文化観光が、一つにはより多くの人々が文化活動に参加する機会を提供し、また一つには文化に資金を提供することを通じて間接的に社会の発展を刺激するということである。ポーランドの市場経済が現段階でどのような特徴を有するかは、表 5.3 に示した文化活動参加の指標を一見すれば理解できるであろう。

表 5.3 の数値は、文化活動参加の伸び率が文化施設の伸び率に及ばないことを示しているが、これは人々の可処分所得の額と関係している。1,000 人当たりの劇場観客数は 2002 年でも 1995 年とほぼ同じである（およそ 130 人）。この種の文化活動はポーランド人に余り人気がないようであるが、しかし、欧州連合の他の国々についても同じような状況がある。欧州連合統計（Eurostat、欧州人の文化活動参加、2002: 9）によると、欧州の市民は、過去 12 ヶ月間に何回文化的な活動に参加したかとの質問に対し、観劇は 1 から 5 の尺度（1 は「一回も参加しない」、5 は「12 回以上」、中間の 3 は 4-6 回の観劇）のうち 1.33 であった。

ポーランドの転換期における諸般の困難を考慮すると、文化活動への参加が 1990 年代に衰えなかったという事実は、文化に対する補助金の削減や文化活動提供価格の上昇にもかかわらず、生活様式が比較的安定し続けた社会集団も

表 5.3　文化活動への参加

内訳	1995	2000	2001	2002	1995	2000	2001	2002
	興行（単位1,000）				観客（単位1,000）			
劇場とミュージカル施設	47.9	50.1	48.5	46.7	10,197	10,533	10,143	9800
コンサートホール、オーケストラと合唱	17.6	17.4	16.9	15.9	3325	3167	3189	3302
娯楽興行	4.6	4.4	5.2	4.5	1149	2047	1495	1252
	施設の数（1,000単位）				観客（1,000単位）			
美術館	0.209	0.253	0.266	0.268	2318	2644	2667	2685
展覧会	2.6	3	3.4	3.3	a	a	a	a
博物館	0.6	0.6	0.7	0.7	17,060	16,612	15,137	15,259
博物館訪問学生	a	a	a	a	6547	6537	5908	5541
映画	0.7	0.7	0.7	0.6				
映画観客（百万人中）					22.6	20.9	27.6	27.1

出典：GUS

存在したということを示すものである。

公共図書館からの本の貸し出しについての各年の数字も似たり寄ったりである。2002 年の状況は 1995 年とほとんど同じで、約 7.0 - 7.5 百万冊の本が貸し出されているが、これを平均すると、ポーランド市民の五人に一人が本を読んでいるということになるであろう。欧州人全般について言うと、過去 12 ヶ月に図書館に行ったのは 1 から 5 の尺度基準のうちの 1.67 で、これは映画鑑賞についで第二番目の位置を占めている（Eurostat, 2002: 9)。

人々がなぜ、ある種の文化活動を別種の文化活動より好むのかを説明するための調査研究はポーランドでは本格的に行われていないのであるが、映画を好むのは、劇場やコンサートホールの入場券よりも映画館の入場券の方が比較的低価格であるということから部分的には説明できる。所帯所得の低迷が考慮されるならば、経済的な要因が第一で、これに流行が二次的な要因として加わるかもしれない。ある調査研究の示すところでは、1972 年と 1990 年代との間にポーランド人の文化の好みに変化が生じた（Jung, 1996: 185-186)。それによると、映画、芝居、オペラ、博物館、コンサート、展覧会は人気がなくなって、大衆文化がそれに取って代わった。このような状況になったのには、以下の要因の影響がある。

・余暇の時間に利用されるテレビ、ビデオその他の形態のメディア
・市場経済が実施される前には補助金を受けていた文化活動の役割が減退した。新たな社会経済的状況（文化に対する補助金の削減、新しい魅力的な文化生産物を提供する外国企業との競争激化、社会のニーズをすべて政府が提供するという制度に変化が生じた）の結果として、自宅中心の文化活動に重点をおく度合いが高まった。

これらの変化は、ほぼ全ての社会集団にある程度は起こった共通の特徴であり、職業上文化に関わる者にも該当するのである。

余暇と観光生産物の主要な構成部分として文化を維持するための新たな好機を迎えることをきわめて近い将来に可能にする要因として、次のようなものを挙げることができる。

・文化および歴史遺産が有する教育的な機能の推進
・文化観光の構成要素としての学習の推進
・文化インフラの開発
・面白い特注観光セット旅行の工夫
・観光サービス市場に向けた販売・宣伝の手法
・全ての社会集団が物理的、経済的に文化に近づけるようにする。
・一つには余暇時間に当てられる予算、また一つには可処分所得を判断の基準として、これに従い文化観光生産物を多様化する。
・感情に基づくと同時に来訪者のための感情の源泉としての役割をも果たす体験を生む要因としての文化を認識する。

これらの要因が今日のポーランドで文化の消費にどの程度影響するかといえば、それは、観光組織なり文化組織の枠組みの中だけの話でなく、それらの組織が活動する場である市場や社会経済的・政治的状況において文化・観光活動がどのように計画され・手配されるかによって決まることであろう。ポーランドにおける文化運営上の主たる課題の一つは、文化サービスに対する需要の増大と、多様化である。文化活動に参加する人々は、文化行事の企画者に対して、単なる文化的活動の供給以上のものを期待している。彼らが望むのは、休んだり、のんびりしたりする機会を享受するために、文化行事が高い水準で組織されていることをその目で確かめたいということである。文化活動に参加する

人々の中で、文化関係の仕事についている者の期待は、何か役に立つような体験をして愉しむことである。そのような体験をすれば、雇用市場の需要に自らの仕事を適合させるような新たな機会が生まれないものでもないからである。これらの要因が、現存する財源の中央および地方のレベルにおける分配に影響し、文化活動の責任者たちはより柔軟で、積極的に時流に先んずる気持ちを持たなくてはならない（Marciszewska, 2003）。文化活動の責任者たちは、文化に対する伝統的な資金源に頼ることがもはやできない。新しい経済的風土の下で、市場経済、新しい財政政策、労働市場での苛烈な競争が活動の場を支配しているが、このような経済的風土の中で文化活動の責任者たちは、文化の発展のために必要な資金的援助を確保するために、これまでよりも新機軸を生み出し、頭の回転を早めるよう努力せざるを得ない。文化政策に対して、このようなさまざまな相互作用と影響が加わるため、文化活動についての好ましいイメージ、文化組織にとっての財務上の利益、文化活動への参加者にとって満足の行く経験をもたらすような文化の販売、宣伝と文化活動の展開に対する創造的な手法が必要となる。そこで雇用されている人々は、自分の仕事には、販売促進、宣伝および市場調査などの技術面での経験をしっかり積んでいることが必要であると理解する覚悟がなければならない。文化の販売促進、宣伝、市場調査分野での研修のもたらす利益は、下記の機会を受講者に与えることと考え得るであろう（Marciszewska, 2003）：

（1）なぜ、いかにして、何のために働いているのかということに関して、運営責任者としての見識を明らかにする。

（2）文化活動への参加者の文化についてのニーズ、期待、欲求が何であるかを明らかにし、それに応える。

（3）商業的文化団体および（または）非営利文化団体にとって入手可能な人的、物的資源や財源の程度を明確に把握する。

（4）質を強調した文化に関するサービスの基準を定める。

（5）文化活動への参加者を満足させ、文化団体に利益をもたらすために、文化施設の顧客受け入れ体制を改善する

（6）望ましい顧客サービス水準を維持するための革新的な戦略を開発する。

いわゆる「文化産業」（Smith, 2001:229）がポーランドの観光開発過程に寄与する潜在的可能性については、文化政策と観光政策とを関連づけようとする試みが幾つかなされてきたことを指摘しなくてはならない。行事の中には二つの側面を持っているものもある。つまり、商業と文化の側面（琥珀市、Amberif）、歴史と文化の側面（「連帯」の歴史の一面である「自由への道」展覧会がこの一例）、文化とポスト工業時代の環境再生（旧グダニスク造船所所在地での舞台芸術、「青年芸術家大学」、Mlode Miasto 都市計画）（訳者注：Mlode Miasto は商業街、ホテル、高級アパートなどを含む新しい都市計画）、観光と文化（音楽、聖ドミニコ祭、文化祭を含む観光祭りと舞台興行）などである。これらの行事と並行して、宣伝、写真産業、印刷とビデオなどの文化産業に属するその他の「派生部門」も発展しつつある。このようなさまざまな行事の組み合わせから独特の生きた文化的呼び物が発展し、地元または（および）地域の財政を潤す可能性をももたらしている。とくに言及しなくてはならないのは、これらの文化的呼び物の大部分が長い伝統を持っており、観光客が開催地を訪れる主な理由となっているということである。この一例は、グダニスク市の聖ドミニコ祭であって、8 月前半に開催され、いつも多数の観光客で賑わっている。

文化的な行事がさまざまな生産品の消費を刺激し、社会経済的発展にプラスの影響を与えることは疑いない。文化的行事は長期的な新規雇用源、投資要因、観光それ自体の核心的な構成要素とみなすことができる。加えて、そのような「いろいろな要素が混合した」行事によって国家的、地域的アイデンティティが脚光を浴び、特別の観光需要を生み出すこともあり得よう。

文化観光は、観光目的地の開発に貢献する潜在的可能性を有する社会経済的な活動になりつつあり、地域的に受け入れられている全ての社会経済開発戦略の中で論じられているが、このことは最辺境地の社会経済開発戦略についても同じである。その理由は、ポーランドのほとんどの観光目的地には観光対象となる名所がたくさんあるだけでなく、いっそう高水準の消費を可能にする条件を創り出す過程にあり、また、余暇サービスの質と量の改善途上にもあるからである。

需要については、個々の人間のニーズと欲求が消費を生む主な理由であると言い得る。このような個人のニーズと欲求は可変的で、経済発展を刺激するために販売促進、宣伝、市場調査などの手段によって個人の選好にどこまで対処することが可能かとい言うことは、常にはっきりしないままにとどまるであろう。

グローバル化の状況にあって、強力な国家的アイデンティティが観光客受けする一つの要因として重要であることは強調されなくてはならない点で、これがまた、さまざまな集団における財貨の消費に関係してくる。アイデンティティ、創意工夫、プラスになる経験（観光客と地元の地域社会の双方にとっての）、知本主義的社会は、質を重んずる社会経済的発展のための最良の好機を創り出すのである。

むすび

いまだ充分に安定していないポーランド経済の特殊性のみならず、観光生産物の多面的な性格やその文化（遺産、娯楽、高級文化、生活様式、ポップカルチャー）との関わり方を考慮に入れると、もし政府や公共部門が持続的開発の諸原則に即して市場の過程を「統制」もしくは調整するならば、文化観光は今世紀の主要な経済的推進力の一つとなり得る、と想定することができるであろう。ポーランド政府は、市場経済を運営しながら、これと並行して文化部門に介入すべきである。これら全てを照らし合わせて、政府が取り組むべき課題を以下のように特定することができる。

・マクロ経済の安定
・国家予算の中に文化発展のための財源を計上する。
・文化遺産（有形および無形の双方について）を維持し、新たな文化行事を創り出すための強力な官民連繋体制の確立。これは、力強い社会経済的発展のための強力な推進力となるであろう。
・全ての社会集団が文化サービスと文化教育を受けられるようにする。
・市場経済との関連における政策調整。政府は、公私双方の文化団体を支援するための制度を整えるべきである。

とはいえ、はっきりしているのは、政府の介入なるものは社会経済発展の特定の段階ごとに異なる行動であると考ええられなくてはならないということである。現段階において、政府による基本計画モデルはもはや機能しなくなっており、情報、知識、とりわけ文化的価値は政府の計画立案者の統制下にはない。このような状況の下で、いまだ文化発展のための刺激は充分に生み出されてはいない。新たな生産 - 消費手段、柔軟な制度と、中央、地方、上下の別なくあらゆる政策策定者の働きが、文化環境に影響を与えるために必要とされている。現在のポーランドの観光開発のあり方としては、このような手段をどのように動かしていくかが、地域や特定の地方の観光開発戦略に託された課題である。

参考文献

Archer D.H. (1996) Economic impact analysis. *Annals of Tourism Research* 23 (4), 704–707.

Butcher J. (2001) Cultural baggage and cultural tourism. In J. Butcher (ed.) *Innovations in Cultural Tourism* (pp. 11–18). Tilburg: Association for Tourism and Leisure Education.

Dann, G. and Philips, J. (2001) Qualitative tourism research in the late twentieth century and beyond. In B. Faulkner, G. Moscardo and G. Laws (eds) *Tourism in the 21st Century. Lessons from Experience* (pp. 247–265). London and New York: Continuum.

Eurostat (2002) European's participation in cultural activities. A Eurobarometer survey carried out at the request of the European Commission. Brussels: European Commission.

GUS. On WWW at http://www.stat.gov.pl/servis/polska/2003/rocznik11/teat.htm. Accessed 15.3.04.

Jung, B. (1996) Leisure statistics during the period of reforms in Poland. In J. Cushman, A.J. Veal and J. Zuzanek (eds) *World Leisure Participation* (pp. 262–276). Wallingford: CAB International.

Karczewska, M. (2002) Udział społeczności lokalnych w ochronie i popularyzacji dziedzictwa kulturowego wsi jako elementu rozwoju turystyki. *Problemy Turystyki i Hotelarstwa* 4, 35–39.

Knowles, T., Diamantis, D. and El-Mourhabi, J.B. (2001) *The Globalisation of Tourism and Hospitality: A Strategic Perspective.* London: Continuum.

Marciszewska, B. (2000) Turystyka kulturowa a rozwój społeczno-gospodarczy. *Teoria Ekonomii.* Gdansk: Wyd. Uniwersytetu Gdanskiego, 5/6 (21/22), 77–87.

Marciszewska, B. (2001) Consumption of cultural tourism in Poland. In G. Richards (ed.) *Cultural Attractions and European Tourism.* Wallingford Oxon: CABI Publishing.

Marciszewska, B. (2002) Społeczno-ekonomiczne uwarunkowania rozwoju turystyki kulturowej. *Problemy Turystyki i Hotelarstwa* 3, 5–9.

Marciszewska, B. (2003) Marketing of culture: The Polish perspective. Paper presented at the Annual IFEA Conference, Vienna, March.

Marciszewska, B. (2004) Kreowanie wiedzy warunkiem racjonalnego wykorzystania potencjału turystycznego Pomorza. In B. Marciszewska and S. Miecznikowski (eds) *Usługi a rozwój gospodarczo-społeczny* (pp. 24–31). Gdansk: AWFiS &GTN.

Marciszewska, B. and Miecznikowski, S. (2003) Partnerstwo publiczno-prywatne a rozwój turystyki w regionie. In *Unia Europejska a przyszłość polskiej turystyki* (pp.75–88). Warszawa: Szkoła Główna Handlowa.

Marciszewska, B. and Fache, W. (2004) Europejskie trendy wpływajace na funkcjonowanie sektora kultury. In B. Marciszewska and J. Ozdziński (eds) *Rekreacja, turystyka, kultura. Współczesne problemy i perspektywy wykorzystania czasu wolnego* (pp. 239–249). Gdansk: Wyd. AWFiS.

Mules, T. (2001) Globalization and the economic impacts of tourism. In B. Faulkner, G. Moscardo and G. Laws (eds) *Tourism in the 21st Century. Lessons from Experience* (pp. 312–327). London and New York: Continuum.

Richards, G. (2001) Development of cultural tourism in Europe. In G. Richards (ed.) *Cultural Attractions and European Tourism* (pp. 3–29). Wallingford Oxon: CABI Publishing.

Sikorska-Wolak, I. (2002) Popularyzacja dziedzictwa kulturowego regionu i jej znaczenie w rozwoju turystyki (na przykładzie Beskidu Śląskiego). *Problemy Turystyki i Hotelarstwa* 4, 17–23.

Smith, M. (2001) Bridging the gap through cultural regeneration: The future of London's north/south divide. In *North-South: Contrasts and Connections in Global Tourism*, Proceedings of 7th ATLAS International Conference (pp. 227–338). Savonlinna: ATLAS and Finnish University Network for Tourism Studies.

Statistical Yearbook of the Republic of Poland (2002) Year LXII. Warsaw: Central Statistical Office.

Wanhill, S. (2001) Issues in public sector involvement. In B. Faulkner, G. Moscardo and G. Laws (eds) *Tourism in the 21st Century. Lessons from Experience.* London and New York: Continuum.

第二部

地域社会の参加と能力開発

第 6 章
文化観光、地域社会の参加、能力開発

Stroma Cole

はじめに

第二部では、文化観光とエスニック観光（Ethnic Tourism）ならびに両者間の誤った区分についての検討に続いて、地域社会がどのように社会経済的統合と文化的特性との釣り合いを取り、文化のさまざまな側面がどのように利用、販売され、あるいは商品化されているのかということを検討する。この過程は、プラスであるとかマイナスであるとかいう観点から把えられているのではないが、関連するさまざまの過程が吟味されている。文化の商品化のお蔭で、保存が推進され、地域社会の意識や郷土の伝統に対する認識が高まって来た。文化の商品化過程と切っても切れない重要な側面としてアイデンティティの確認と自尊心が検討される。

第二部では持続可能な観光について広く受容されている基準、つまり、地域社会の参加についても検討を加える。地域社会という陳腐になってしまった概念を解明するのは、現存する欠点―地域社会の非均質的な特質、どのようにして地域社会のメンバーの間で中に入れてもらえるものと、どうしても疎外されてしまうものが出て来るのか、複雑で流動的な地域社会構造の特質、それに加え、地域社会の概念を考慮するに当たって政治的、心理的要因がどれほど地理的、社会学的、領域的側面と同じぐらいに重要なのか―を検討するためである。

「参加」には種々の解釈があり得ることは分かっているが、第二部の各章では能力開発への積極的な参加を検討する。観光開発イニシアティブに積極的に参加すれば、地域社会のメンバーの能力が開発されるかのように見えるが、多くの場合、必ずしもそうなってはいない。能力開発にとってプラスになるものとマイナスになるもの双方の要因が多々存在することが判明しており、プラスになるものとしては、例えば、尊敬されること、自尊心、自信、外部との接触などがあり、他方、マイナスになるものとしては、例えば、観光に関する知識の欠如、自信に欠けること、あるいは技術・技能の欠如などが挙げられる。

第二部に含まれる四つの事例研究は、これらの論点の多くとそれ以外の論点をも解明するものである。事例研究の焦点は、ラップランドにおける工芸観光開発、アイルランドの Kiltmagh における故郷（ふるさと）づくりと地域社会の参加、南ア Soweto の黒人町（township、訳者注、南アのかつてのアパルトヘイト政策の下で黒人居住地区として指定された地域）観光およびケニアとタンザニアにおけるマサイ族観光である。

文化観光

「文化観光」という用語には数多くの定義がなされており（Sofield & Birtles, 1996)、また、はなはだしい混乱に見舞われており（Hughes, 1996)、Tribe（1997）の言う観光の「学問分野としての未成熟」という症状を示している。Valene Smith は、その画期的な著書『受け入れ側とお客』（*Hosts and Guests*, 1978:4）においてエスニック観光と文化観光とを区別して、「エスニック観光は、土着民（indigenous people）—それもエキゾチックな土着民であることが多いのだが—の一風変わっていて物珍しい慣習の角度から公衆に売り込まれる」と述べている。Wood（1984:361）は更なる定義をして、エスニック観光とは、文化的アイデンティティを何とか持ちこたえ、この文化的アイデンティティの特異な物珍しさが観光客に売り込まれているような人々を主目的とする観光である、としている。Wood によれば、観光客の見物の目玉は文化的な慣習であって、「土人の家や村、踊りや儀式の見物、骨董品漁り」である（Smith, 1978: 4)。

第一に、Wood（1984）も Smith（1978）も、エスニック観光と文化観光を区別しているが、他方、実際には、両者の繋がったものが存在する（Cole, 1997)。第二に、エスニックという用語を用いることには問題がある。エスニックという用語は、一般に用いられる場合、少数民族、「（自分とは違う）他者」を思い浮かべることを匂わせている。観光客の胸中にある「……無垢の未開の諸民族に対する郷愁とも言うべき憧れ」（Mowforth & Munt, 1998: 69）が､「他別化」（othering）の過程の一部なのである（MacCannell, 1984)。このようにして、「他別化」は、観光の前提を成す側面でもあり、観光の結果でもある（Cole & Viken, 1998)。観光客の大部分には、自分が訪れる社会や文化に対して自分の社会の優越を信じ他を見下す考え方がある（Laxon, 1991)。Selwyn（1996:21）は断じて、「現代の観光の多くが“他者探究”を基として成立しているということは､きわめて多くの観光関係人類学者によって承認されている」としている。この「他者」なるものは、前近代的な、商品化以前の、想像上の世界に属し、夾雑物の入っていない社会生活を営んでいる、ということになっている（Selwyn, 1996: 21)。

観光のお蔭で、観光客と違っているということが拡大を続ける消費対象についてのグローバルな検討の材料に転化する。これが「他者性」（otherness）が消費されるべき商品となる過程である。観光客が貧しい人々のイメージを積み重ねることによって苦しみと貧困が美化されるため、これは、「未開性を祝賀する一種の組織的人種差別」である（Munt & Mowforth, 1998: 270)。観光客が文化的な差異に触れ、地元それぞれの文化的特色があることが確認されるにつれて、人々の慣習が商品として再定義されるようになる。この結果、差異が明瞭になり、文化と種族性（ethnicity）が復活する（Walters, 1995)。

エスニック観光は「未開の他者」用であり、文化観光は先進諸国の高級芸術用であるというこれら二つの観光についての二分法（例として Richards, 1996 の用例）は、金持と貧乏人との間の不平等を確固不動のものとする。MacIntosh と Goeldner（1990）は、観光客自身の文化が観光先の文化と異なっている程度を意味するものとして「文化的距離」概念を用いている。現在、西洋の学者は、「エスニック観光」という用語を文化的な相違がはなはだしい場合に用い、文化的相違がそれほど違わない場合には「文化観光」という用語を用いている。どこの地域社会にも全て文化が存在する。ただ、その文化が観光客から遠く離れていればいるほど、エギゾチックに見えることになる。文化的な違いを認める人々に、ヨーロッパのはじっこにあるラップランドでの観光（本書中の Miettinen 執筆の章参照）をエスニック観光と考えるかそれとも文化観光と考えるか聞いてみたら、面白いことになるであろう。アフリカの中でもっとも貧困ないくつかの地域社会の家庭訪問と、同時に、黒人居住が指定されていた町に暮らしている新興の黒人中産階級社会についての理解をプログラムの中に含む黒人町へのツアー（本書のBriedenhannとRamchander執筆に関わる事例研究参照）に関しても、同じような質問が成され得るであろう―確かに、種族的（ethnic）という用語が思い起こさせるような単一の種族集団など全く浮かび上がって来ない。

さらに、種族集団という用語は、通例、特定の人種的あるいは言語的集団を定義するために用いられる（例えば、Ata Mokoに関するHitchock, 1993:307の用法参照）。種族性とアイデンティティが進行過程の中にあり、異なる立場から争われる論議が戦わされる対象であり、変化しつつあるものであるとするならば、これらの集団とその種族の名称が観光によって具体的な形を与えられるのは、適切とはいえない。中心部から遠く離れた所にいる集団は、人口に膾炙している種族の名称を他の人たちが思いもよらないやり方で自分たちの利益になるように活用する。van der Duim他の本書における報告によれば、タンザニアにおける18の文化観光プロジェクトの中で4プロジェクトのみがマサイ族の土地に所在するに過ぎない。「マサイ族」という強力な種族的名称が利用されているのは、Chagga, JuhundiあるいはUjaamaの諸族には売り込みの上でのマサイ族と同じような利点が無いからである。

MacCannell（1984: 386）は、エスニック観光を分析して、次のような考え方をしている。「観光化された種族集団は、過去長い間搾取されて弱体化し、資力と力に乏しいことが多いし、観光客の関心を種族の細々とした日常生活の詳細からそらすだけの巨大建造物、機械、記念碑あるいは自然の驚異も持っていない」。さらに、エスニック観光の経済構造は、観光に関わる金銭の大部分について現場で持ち主が変わらないようにできており、その結果、このような種族集団にとってほとんど何の経済的利益をもたらさない。Cohenが最近行った分析で強調しているのは、後進性こそが種族集団の資源だ、ということである。Cohenは、しかし、これだけではなく、他の数多くの重要問題をも指摘している。どういうことかというと、種族集団が観光客を惹きつける魅力の主要な源泉は、その種族が端牌的存在（はじぱいてきそんざい）（marginality）ということであって、自分たちが他とははっきり違っているという特徴を保全することが彼らの観光を長持ちさせる上での緊要な前提条件である。こういう種族は、はっきりした、すぐに認識できる特徴で人目を惹く単一種族社会であることがその本質であると見せかけようとする方向に行きがちである（Cohen, 2001: 28）。

エスニック観光の発展を考察した上でのCohen（2001）の考えでは、観光される側は、経済的な報酬にほとんどあずかっていないが、主に工芸品の販売を通じてある程度の能力開発を成し遂げ、積極的な行為主体となる。彼はさらに論じて、観光が成熟すると、住民の中には若干の資本を蓄積し、観光客の好みを熟知し、観光客が使うお金のうちから自分の手に入る部分を次第に増加させる者もあらわれる、というのである。こうなると、客のもてなし方、客相手の実演、美術は商品化されるか、あるいは少なくとも外来者用に再編成される。MacCannell（1984）の考えでは、一つの集団が自分自身を種族的な観光名物視すると、その集団のメンバーは、自分たちが種族の生活様式を代表するものなのだと考え始め、生活様式をちょっとでも変えると集団全体にとって経済的、政治的な影響を及ぼしかねないということになる。こうして、「この集団は自分自身のイメージの中に凍り付いてしまうというか“博物館化”するのである」（MacCanell, 1984: 388）。Butcher（2001）の論ずる通り、文化観光は地域社会の自由な発展を妨げる桎梏となり得る。その文化は、石像と化する。これにとどまらず、経済発展水準は文化の一部であると考えられ、不平等が「文化的多様性」として再解釈されるようになると、観光は貧困を恒久化する役割を担うようになる。

社会経済的統合と文化的特性をバランスさせるという難題

辺境における文化観光開発の核心をずばりとつく逆説がある。開発とは近代化である。ところが、僻遠の地にある文化観光地が近代化すると、それは最早「未開」ではなくなって、魅力を失ってしまう。社会経済的統合と文化的特性をバランスさせるという課題（Li & Butler, 1997）は、矛盾に満ちた難題である。文化資産が観光客消費用に磨きをかけられるにつれ、文化は商品化される。観光目的地が近代化するにつれて、つまり、西洋観光社会にいっそう似てくる—そうではないかと思う人々が少なくない—過程を経ると、この観光目的地は、その違いや特徴があまり目立たなくなる。観光目的地としてあまり本物に見えなくなり、したがって、観光生産物としての価値が低下する（Dearden & Harron, 1992; Go, 1997; Swain, 1989 ）。

文化的なグローバル化は、世界中のさまざまな文化を単一化する結果をもたらす一方で、同時に、文化的多様化をますます増加させている。文化の商品化には、人々が自らのアイデンティティ確認手段、自分自身の過去と現在を説明する手段、中心部から離れた地方で生じたことの意義をしっかりと把握するための手段として活用する道があり得る（McDonald, 1997）。

商品化は、文化を浅薄で無意味なものにするどころか、却って、「人々が自らの歴史を再評価し，どん百姓の恥辱を払い落とし始める上でのきわめて能動的な過程の一部」である（Abram, 1996: 198）。Miettinenの記述（本書）するラップ人地域社会の場合では、村立博物館によって古物や昔の物語りの収集が促進された。村人たちが自分の地元文化と文化遺産を保存したばかりではなく、彼らの間に一体感が生まれ、地元の伝統についての理解が深まったのである。アイルランド西部のKiltimaghでは、町の外観の改善として19世紀の市場町の再生が「郷土を誇る」気持ちを盛り上げる上での重要な側面であったし、McGettigan他（本書）によれば、こういう気持ちを住民が持つことが地域社会能力開発にとって核心的重要性を有する部分なのである。Sowetoでは、過去における抑圧についての住民の心の中の想いと自由を求める闘争で住民が果たした役割をともに分かち合えるという機会をこの人々に与えた点において、観光は救いの神のようなものであった。住民は、その「闘争」遺産を誇りとするようになったし、また、観光客がそれを理解し、分かち合うことを望んでいる（本書中のBriedenkann & Ramchander論文）。

観光をもその一環とするグローバル化の力の結果として文化がどのように変容するのかを把握する上で助けになるのは、伝統というものが進行中の過程で社会的に築き上げられ、現時点で作り出されるのを認識することである（Wood, 1993）。文化は、必要に応じて人々が使用する道具箱か洗面台のようなものである（Wikam, 1990）。問われるべき疑問とは、観光がどのように文化に影響を与えるか、ではなく、観光はどのように利用されているのか、また、肥大する観光を前に文化のさまざまな側面がどのようにして明瞭に表現されるのか、ということである。Wood の論ずるところでは。「問われるべき核心的疑問は、過程についてであり、既に進行中の象徴的な意味づけ、特定の用途への充当の過程に観光が入り込み、その一部となる複雑な態様についてである」（Wood, 1993: 667）。

論者の多くにとって、グローバル化は、精神に動揺と不安定を創り出し、個々の人間をして自らのアイデンティティと自らの居場所の安全性を強調するに至らしめる（例、O'Riordan & Church, 2001）。特定の地方なり地方化をこのように強調することは、グローバル化と「絶対にほどけないように結びつけられている」（Featherstone, 1996: 47）。これらは，同じ硬貨の裏と表なのである。アイデンティティの探究は、伝統、歴史、郷土、地域社会についての考え方の角度から行われる（Robertson, 1992）。アイデンティティ、郷土、地域社会、伝統の間の繋がりとこのようなものがどのようにして地域社会とその開発に誇りと希望をもたらす一助となるのかということが McGettingan 他執筆の章で分析されている。

郷土のアイデンティティを確認し、種族の特性を創り出して行くことが、相違と「他者性」（otherness）が消費可能な観光商品化することに対する反応であり、帰結でもあり得る。種族の特性を「文化的な違いが伝達される手段たる一連の社会関係と社会過程」として理解するならば（Hitchcock, 2000: 210）、種族の特性は動員されるべき資源であることが分かるであろう。このようにして、観光はアイデンティティと種族の特性に対し重大な結果を生ずる。「はっきりとした文化的アイデンティティは、観光目的地にとって売り物になる資源である」（Scott, 1995: 385）。観光を通じて、文化を構成するさまざまな要素は商品化されるかもしれない。しかし、伝統文化が地元民のまんざら捨てたものでもない所有物で、観光客も集められる、という自意識的な認識から、政治的正統性（伝統文化とそれに結びついたアイデンティティは、従来、低くみられてきた）が生じ得る。このようにして、端牌的な地域社会は、観光のおかげで、操作可能な政治資本を手に入れることが可能になる（de Burlo, 1996）。

地域社会の参加

Murphy（1985）の『観光・地域社会的手法』（*Tourism a Community Approach*）は、地域社会の役割を強調した重要な先駆的著作である。彼の著作の目的は、「工業諸国における観光開発の諸問題と企画上の選択肢を検討する」ことであった（Murphy, 1985: 118）。Murphy の眼目は受け入れ側の地域社会で、その観光についての目標と願望ならびに観光吸収能力の何たるかを確認しようというものであった。生態系手法ないし生態学的地域社会モデルと社会的収容力概念を用いつつ、彼が強調したのは、企画システムはミクロの水準まで、地域社会まで降りて来なくてはならない、ということであった。開発には地域社会の参加が不可欠であるとの考え方について、今日、コンセンサスが存在する（Botes & van Rensburg, 2000; Porritt, 1998）し、公衆には企画に参加する権利があるという点でも同様である（Simmons, 1994）。

観光開発に地域社会が参加する理由については、観光関係の文献で繰り返ししっかりした論述がなされており、地域社会の参加の有無は、持続可能な観光を吟味する際の拠りどころとして広く受け入れられている。サービス産業として、観光は受け入れ側地域社会の善意と協力に多くを依存している。サービスが客をもてなす雰囲気への鍵であり（Murphy, 1985:120）、地域社会が参加すれば、その結果、社会的収容力が増加する可能性もある（D'Amore,1983）。実際上、全ての観光に関する調査の結果、地元の人々の親しみのある態度が観光目的地についてのプラスになる特徴リストの上位にランクされていることが分かっている（Sweeny & Wanhill, 1996: 159）。観光開発を支援したり、これに誇りを持ったりするのは、地域社会が観光生産物の一部となるような文化観光の場合、とくに顕著にあらわれる。その上、企画に関わると、結果として、いっそう適切な決定が行われ、地元の人々の側にやる気をもっと出させるようになる公算大であるし（Hitchcock, 1993）、環境保護に対する支持が集まるのはまず間違いない（*Tourism Concern*, 1992）。地元の地域社会の参加は企画書の中で見栄えする（Mowforth & Munt, 1998; Kadir Din, 1997）。つまり、このような地域社会の参加が資金を確保するために不可欠であることが多いからである。地域社会の参加が必要だと考えられるのは、観光開発プロジェクトに対する地域社会の支持と承認を取りつけるためであり、得られる利益が地域社会のニーズに関連するよう保障するためでもある。Tosun と Timothy（2003）

は、論を一歩進めて、地元の地域社会は地元の諸条件の下でこうすればうまく行き、ああやればしくじるということをまず間違いなく知っているし、地域社会の参加は民主化過程を増幅し、地元や地域全体の諸問題についての意識と関心を増大させる可能性を有する、と述べている。さらに、彼らの考えでは、民主主義は個人の権利を含んでおり、そのために多様な形態の公平さと能力開発が促進されるのである。

地域社会の観光参加の理由は多々あるが、その実際の例については大論争がある（Mitchell 2001）。議論の中には「地域社会」と「参加」をどのように定義するかを問題にする者あるが、研究者の多くが問題としているのは、地域社会の非同質性を考えると、地域社会の参加が実際にどのように実効をあげ得るであろうか、ということである（例、Braden & Mayo, 1999; Harrison, 1996; Joppe, 1996; Warburton, 1998）。東アフリカの文化観光に関わっている地域社会の非同質的特性は、van der Duim 他の手になる章の中の重要な一つのテーマである。

参加するかあるいは支配権を持つはずの地域社会を定義するための手法には多数の解釈がある。Murphy の生態学的モデルは、地域社会についての四つの基本的な解釈の一つである（Pearce 他、1996）。この手法では、地域社会を特定の場所と同じことであると把えているので、意思決定と支配に焦点を合わせ損ねている。この手法は全ての当事者が政治過程に等しく参加する機会を有するという仮定に立脚している。領域によって定義されるこのような地域社会概念は、固定的で、他とはっきりと区別され、比較的安定している。しかし、地域社会をもっと複雑で流動的なものとして把える必要がある。地域社会集団間および地域社会集団内部における権力と意思決定に対し考慮を払う必要がある。地域社会の非同質的特性に関して多々論じられてきているにも関わらず、血縁、性別、年齢、種族、富の現時点での程度の線に沿って地域社会にどのような亀裂が生じているかを解明している分析はほとんどない（Crehan, 1997）。Van der Duim 他がアフリカ地域社会との関連において論じているように、アイデンティティ、空間、場所相互間の繋がりによってダイナミックで流動的な地域社会概念が生まれてくる。

地域社会の中の誰が地域社会の参加に関与すべきなのかを明確にすること

は、あるものは参加し、あるものは除外されるということに関わってくる。限られた資源をめぐる争いの結果、観光が不和をもたらす力として働く可能性があるので、誰が地元の人間で誰が参加するのかということは、きわめて重要な考察対象である。Soweto における黒人町観光に関する事例研究の結果明らかになったのは、非居住者がツアーの主導権を握っていることが原因で、どのように憤懣の念が高まってきたか、ということである。Kiltimagh の事例では、経済的再活性化と能力開発を促進するために、移民した人々までもが「郷土感覚」と参加の対象に組み入れられた。この事例からはっきり分かるのは、地域社会が環境領域や地理的領域をはるかに超えている姿であり、私たちは、地域社会を心理的で無形の側面と政治的側面をも含めて理解する必要がある、ということである。例えば、「町（村）の郷土魂」（community spirit）は、元来は、「場所」に根ざしているかもしれないが、価値観は形成過程にある人々の集団の間で共有され、議論される対象となる。

参加についても多種多様な解釈があり得る。Arnstein（1969）、Pretty（1995）と France（1998）の明らかにしたところであるが、参加といっても「相談にあずかる（既成事実を告げされるだけのことが少なくない）」から開発過程の全ての局面を決定しうる状況に至るまでの幅があり、参加の度合いに上下が存在する。どの地域社会も、見るも無残な状態になった自然環境を分かち合うとか、下っ端の仕事にありつくとか、国立公園入場料の何パーセントかをもらうとか、程度の違いはあっても参加しているのではあるが、第二部の各章ではもっと包括的な理解を試みている。つまり、能力開発にどれほど積極的に参加しているか、という視点である。Warburton（1998）の指摘のとおり、参加することが必要だということについては疑問の余地が無いが、参加することを通ずる能力開発の行き着く先がどうなっているのかということについては観光開発関係文献でほとんど扱われていない。

第二部の事例研究では、さまざまな異なる地域社会が、観光開発イニシアティブにどのように積極的に参加してきたかということが検討されている。フィンランドの事例では，工芸品についての協力参加を通じて女性たちの能力が開発された。アイルランドの事例では、資金と努力の両面における地域社会の自発的貢献が開発イニシアティブにとって決定的に重要であって、このイニシアティブの結果として皆がやる気を起こし、開発プロジェクトは自分たちのものだという気持ちを抱くようになったのである。

自発的に協力した結果、関与しているという気持ちが地域社会に出でて来たのであって、この気持ちと強い郷土感覚があわさって誇りが生まれ、地域社会の能力開発がなしとげられたのである。

アフリカの事例から映し出される状況は、それほどぱっとせず、複雑であって、地域社会のメンバーの中で参加する者もいれば、ほとんど参加しない者もいる。タンザニアとケニアの双方において、地元エリートは権力を独占し勝ちであり、地域社会を結束させるというよりはむしろ分裂させている。これを観察して、van der Duim 他は、地元の人々が参加し関与しても、それ自体が直ちに個人の人々の能力開発に繋がるわけではない、との結論に達した。

何が問題なのかをはっきりさせることがもっと容易であり、地域社会がそれ程複雑ではないと仮定した場合でも、積極的な地域社会の参加を実際上困難にする理由が数多く存在する。開発の主体でもなく、資本、技術、技能、知識、資源を持っていないことなどは、全て、地域社会が観光開発に対し、自分の思い通りに参加する能力を制約する要因となる（Scheyvens, 2003）。その上、西洋における都市観光目的地で、住民側に関心がないとなると、これまた参加の制約要因となると考えられるであろう（Goodson, 2003）。Cole（1999）と Sofield（2003）は、二人ともに、世界の端牌的地域社会では知識に欠けることがどれほど制約的要因となっているかを論じている。Van der Duim 他執筆の論考は、知識を得る上での難易度がタンザニアでどのように参加に対し影響を及ぼしたか、ということを取り扱っている。観光についての専門的知識やプロジェクトの経営についての知識は、皆に同じように行きわたっているわけではなく、知識を手に入れやすい立場にいる者の方が参加の機会に恵まれることが多い。Cole（1999）の所論の通り、外交辞令や口先を超えた本当の参加は物事が分からなくては無理である。観光の企画と経営に関する決定に参加したいのであれば、まずは観光についての知識を持っていなければ話にならない。自分たちが何についての決定を行うことになっているのか本当には全く分かっていない地域社会が多々存在する（Sofield, 2003）。Kadir Din（1996: 79）の考えでは、無知であることが参加に対する最大の障害であるが、それは住民だけにとどまらず「実施の任に当たる企画機構と役所にも影響を与える」。

文化観光と能力開発

能力開発とは、個々の人間あるいは集団が自分自身にかかわる問題を決定する能力のことである。それは、自分の生活に影響を及ぼすさまざまの要因を人々が思うように動かすのを助ける過程である。地域社会のメンバーが変革の能動的な行為者であり、自分たちの問題の解決策発見、意思決定、行動実施、解決策評価などの能力を有するような場としての参加の過程での行き着く先が、能力開発なのだ。能力開発と雇用に関連する文献は山のようにあるが、(Lashley, 2001; Wynne, 1993 参照)、「企業部門外での能力開発と観光開発に特定して焦点をあわせた」研究はほとんどない（Sofield, 2003: 96)。

南アでは、歴史的にハンディキャップをおわされた人々を経済の本筋に統合するため、黒人経済能力開発（Black economic empowerment, 略称 BEE）がいろいろな面ですすめられている。南ア政府は企業に呼びかけて、株主にしたり、責任のある地位につけたりすること、経営管理、雇用、職員研修、企業の社会的責任をはじめとする数多くの仕組みを通じて、能力開発を企業の戦略的経営の一環と考えるよう働きかけている。若干の成功例が報じられているものの、調査して分かるのは、能力開発をもっと促進するためには――監査報告書の活用を通ずることも一案かもしれないが――モニタリングや情報公開がもっと必要である（*The Cluster Consortium*, 1999)。ケニアとタンザニア両国における観光から生ずる収益の公平な分配に関する透明性と説明責任についての懸念と観光を通ずる地域社会能力開発への影響が、van der Duim 他執筆の章で論じられている。

Scheyvens（2003）は、能力開発の四つの問題をめぐる枠組みを作り上げている。観光関係文献によくデータが出ている観光による経済的利益は、経済的能力開発の印である。心理的能力開発は、文化的伝統における自尊心と誇りから生ずる。誇らしい気持ちを地元民にもたらす力が観光にあることは、多くの研究者によって論じられている（Adams, 1997; Boissevain, 1996; Cole, 1997; Crystal, 1978; Erb, 1998; Mansperger, 1992; Van den Berghe, 1992)。

観光イシアティブが外部の人々から認められると、個々の人々や地域社会にもたらされた自尊心が増幅されることになる。アイルランドの事例では、企業開発賞を多数獲得したことが地域社会の誇りを高揚させた（本書の McGettigan 他の執筆した章）。タンザニアの事例では、同じように ‘To Do!’ 賞獲得の結果、自信が高まった。（本書中の van der Duim 他の執筆した章）。

観光イニシアティブを通じて地域社会のメンバーに一体感が生まれると地域社会はいっそう団結するようになり、その結果、社会的能力開発が行われる。地域社会の団結強化についての事例論考としては、バリ島関係では Sanger（1988）、Ngada 関係では Cole（2003）、Ashley 他（2001）、本第二章でも McGettigan 他の手になるものがある。お祭りによって、郷土（ふるさと）のアイデンティティを祝う機会が得られるだけでなく、地域社会に一体感が生まれ、地域社会の能力開発が促進される可能性が出て来る（Razaq, 2003 参照）。

Scheyven（2003）の第4の問題は政治的能力開発であって、これは Sofield（2003）の論ずる意味での能力開発と見なし得る。Sofield（2003）に拠れば、能力開発は、関係者間の力の均衡が変わることにかかわる問題である。つまり、強力な者と非力な者との間、支配している側と従属している側の間の均衡が変動する問題である。Sofield を引用すれば、それは、

> 外部の専門的知識導入を多くの場合特徴とする協議の過程を地域社会に提供する多次元的過程と見なすことができる。具体的には、選択する機会、決定能力、これらの決定を実施・適用する能力、これらの決定と行動ならびにその結果についての責任を負うこと、成果が他の地域社会と（あるいは）そのメンバーに持っていかれるとか入れ込まれるのではなく、当該地域社会とそのメンバーを直接に裨益すること（Sofield, 2003: 112）。

Scheyvens（2003）が彼女の著書の結論部分で指摘しているところであるが、能力開発は、地域社会が関与することになる前の段階で促進されるべきなのである。地域社会は、観光に関する広範な情報を手に入れられるようになっていなければならない。既に論じたところではあるが、情報提供が不可欠の第一歩である。つまり、自らが何について決定しようとしているのかという

ことを地域社会が理解したあとで初めて、意味のある参加が成り立つ（Cole, 2997;Sofield , 2003）。情報が必要であるが、それだけではなく、意思定過程に参加する自信がなくてはならない。端牌的な地域社会、とりわけ、植民地化と（あるいは）権威主義的な支配の歴史が長いところでは、意思決定に参加する自信が地域社会に欠けていることが多い（Cole, 2007; Timothy, 1997）。地域社会が情報を入手し、外部と接触する機会（Ashley, 2001）や新たな語学技術の修得やグローバル化したメディアとの接触の機会をふやす上で、観光は重要な役割を果たし得る（Williams, 1998）。

Ngadaの事例において、遠隔地との接触や「外界」からの情報は、村人たちが観光客を好む所以として自ら認めたきわめて重要な理由であった（Cole, 1997）。個々の人間や地域社会が自信をつけ、自らのアイデンティティを強化する上で、観光は重要な役割を果たしうるし（Johnston, 1992; Sewain, 1990）、このようにして、意思決定の場で積極的に振舞うために必要な自らを信ずる気持ちが育ってくる。これらは能力開発の兆（きざし）であると同時に地域社会が観光目的地における外部者とエリートの利害に挑戦し得る過程の一部をなす。Kaliseh（2000:2）の考えでは、地域社会が社会的、経済的能力開発を求める強力で充分な情報を有する勢力として組織されているような観光目的地では、人々を移転させるとか土地と資源を取り上げるなど、多国籍企業や政府はよくよく思案を重ねない限り、行い得ないであろう。

参加が意味のあり得ることで、能力も開発され得るのだという確信を植えつけるためには、研究者の多くの認識するところでは、公衆をかなり教育する必要があり、それだけの価値がある（例えば、Connell, 1007; Pearce, 1994; Simmons, 1994）。Ashley他（2001）の調査したところに拠れば、貧しい人々[注1]の間では、観光客と観光産業の運営をざっと理解する能力が低い。観光客と観光を理解することは、地元の地域社会が自らの観光開発について情報を得られるようになり、適切な決定をなし得るようになる第一歩である。Di Castri（2003）は、離島の地域社会の能力開発のために、電子情報―インターネット

注1．Ashley他の貧困に親しむ観光に関する報告書において、貧乏人は、広汎に存在する次のような社会経済的特徴に従って定義されている。つまり､深刻な失業状況、一人当たり低所得またはひどく辺鄙な場所にいること。

とＥメイル—へのアクセスとそれがもたらす通信の自由の重要性を強調している。Ashley 他（2001）、Timothy（1999）、Hampton（1999）の報告にあるように、技術技能研修と能力形成についてもっと援助が必要とされている。Mittinen の論ずるところでは、ラップランドの工芸関係者には経営と販売技術が欠けていた。関係当事者間での意思疎通と信頼形成には、かなりの投資が必要とされる。教育の形での能力形成を越えるのではあるが、Sofield（2003）の言うとおり、真の権力再配分を生じさせるためには、法制および制度上の変革が必要である。

参考文献

Abram, S. (1996) Reactions to tourism: A view from the deep green heart of France. In J. Boissevain (ed.) *Coping with Tourists. European Reactions to Mass Tourism* (pp. 174–203). Oxford: Berghahn Books.

Adams, K. (1997) Touting touristic 'primadonas': Tourism ethnicity and national integration in Sulawesi, Indonesia. In M. Picard and R. Wood (eds) *Tourism Ethnicity and the State in Asian and Pacific Societies* (pp. 155–180). Honolulu: University of Hawaii Press.

Arnstein, S.R. (1969) A ladder of citizen participation. *Journal of the American Planning Association* 35 (4), 216–224.

Ashley, C., Roe, D. and Goodwin, H. (2001) *Pro-poor Tourism Strategies: Making Tourism Work for the Poor. A Review of Experience*. London: Overseas Development Institute.

Boissevain, J. (1996) Introduction. In J. Boissevain (ed.) *Coping with Tourists. European Reactions to Mass Tourism* (pp. 1–26). Oxford: Berghahn Books.

Botes, L. and Van Rensburg, D. (2000) Community participation in development: Nine plagues and twelve commandments. *Community Development Journal* 35 (1), 40–57.

Braden, S. and Mayo, M. (1999) Culture, community development and representation. *Community Development Journal* 34 (3), 191–204.

Butcher, J. (2001) Cultural baggage and cultural tourism. In J. Butcher (ed.) *Innovations in Cultural Tourism.* Proceedings to the 5th ATLAS International Conference (pp. 11–17). Tilburg: ATLAS.

Cohen, E. (2001) Ethnic tourism in Southeast Asia. In T. Chee-Beng, S.C.H. Cheung and H. Yang (eds) *Tourism, Anthropology and China* (pp. 27–53). Singapore: White Lotus Press.

Cole, S. (1997) Cultural heritage tourism: The villagers' perspective. A case study from Ngada, Flores. In W. Nuryanti (ed.) *Tourism and Heritage Management* (pp. 468–481). Yogyakarta: Gadjah Mada University Press.

Cole, S. (1999) Education for participation: The villagers' perspective. Case study from Ngada, Flores, Indonesia. In K. Bras, H. Dahles, M. Gunawan and G. Richards (eds) *Entrepreneurship and Education in Tourism*. ATLAS Asia Conference Proceedings, Bandung, Indonesia (pp. 173–184).

Cole, S. (2003) Cultural tourism development in Ngada, Flores, Indonesia. Unpublished PhD thesis, London Metropolitan University.

Cole, S. (2007) Information and empowerment: The keys to achieving sustainable tourism. *Journal of Sustainable Tourism*. 15, to appear.

Cole, S. and Viken, A. (1998) Tourism: On holiday from ethics? In *8th Nordic Tourism Symposium*, 18–21 November, Alta, Norway.

Connell, D. (1997) Participatory development: An approach sensitive to class and gender. *Development in Practice* 7 (3), 249–259.

Crehan, K. (1997) *The Fractured Community. Landscape of Power and Gender in Rural Zambia*. Berkeley: University of California Press. On WWW at http://ark.cdlib.org/ark:/13030/ft0779n6dt/. Accessed 11.4.06.

Crystal, E. (1978) Tourism in Toraja (Sulawesi Indonesia). In V. Smith (ed.) *Hosts and Guests: The Anthropology of Tourism* (pp. 109–126). Oxford: Basil Blackwell.

D'Amore, L. (1983) Guidelines to planning harmony with the host community. In P.E. Murphy (ed.) *Tourism in Canada: Selected Issues and Options* (pp. 135–159). Victoria, BC, Canada: University of Victoria, Western Geographical Series 21.

Dearden, P. and Harron, S. (1992) Case study: Tourism and the Hill tribes of Thailand. In B. Weiler and C.M. Hall (eds) *Special Interest Tourism* (pp. 95–104). London: Belhaven Press.

De Burlo, C. (1996) Cultural resistance and ethnic tourism on South Pentecost, Vanuatu. In R. Butler and T. Hinch (eds) *Tourism and Indigenous Peoples* (pp. 255–275). London: Routledge.

Di Castri, F. (2003) Sustainable tourism in small Islands local: Empowerment as a key factor. On WWW at www.biodiv.org/doc/ref/island/insula-tour-em. Accessed 5.7.04.

Erb, M. (1998) Tourism space in Manggarai, Western Flores, Indonesia: The house as a contested place. *Singapore Journal of Tropical Geography* 19 (2), 177–192.

Featherstone, M. (1996) *Undoing Culture: Globalization, Postmodernism and Identity*. New York: Sage.

France, L. (1998) Local participation in tourism in the West Indian Islands. In E. Laws, B. Faulkner and G. Moscardo (eds) *Embracing and Managing Change in Tourism: International Case Studies* (pp. 222–234). London: Routledge.

Go, F. (1997) Entrepreneurs and the tourism industry in developing countries. In H. Dahles (ed.) *Tourism, Small Entrepreneurs and Sustainable Development* (pp. 5–22) Tilburg: ATLAS.

Goodson, L.J. (2003) Social impacts, community participation and gender: An exploratory study of residents' perceptions in the City of Bath. Unpublished PhD thesis, Brunel University, Uxbridge.

Hampton, M. (1999) Cracks in the honey pot? Tourist attractions, local communities and economic development in Indonesia. In W. Nuryanti (ed.) *Heritage, Tourism and Local communities* (pp. 365–380). Yogyakarta: Gadja Mada University Press.

Harrison, D. (1996) Sustainability and tourism: Reflections from a Muddy Pool. In L. Briguglio, B. Archer, J. Jafari and G. Wall (eds) *Sustainable Tourism in Small Island States: Issues and Policies* (pp. 69–89). London: Pinter.

Hitchcock, M. (1993) Dragon tourism in Komodo eastern Indonesia. In M. Hitchcock, V. King and M. Parnwell (eds) *Tourism in South East Asia* (pp. 303–315). London: Routledge.
Hitchcock, M. (2000) Introduction. In M. Hitchcock and K. Teague (eds) *Souvenirs: The Material Culture of Tourism* (pp 223–237). Aldershot: Ashgate.
Hughes, H. (1996) Redefining cultural tourism. *Annals of Tourism Research* 23 (3), 707–709.
Johnston, B. (1992) Anthropology's role in stimulating responsible tourism. *Practicing Anthropology* 14 (2), 35–38.
Joppe, M. (1996) Sustainable community tourism development revisited. *Tourism Management* 17 (7), 475–479.
Kadir, D. (1997a) Indigenization of tourism development: Some constraints and possibilities. In M. Oppermann (ed.) *Pacific Rim Tourism* (pp. 77–81). Oxford: CAB International.
Kadir D. (1997b) Tourism development: Still in search of an equitable mode of local involvement. In C. Cooper and S. Wanhill (eds) *Tourism Development Environment and Community Issues* (pp. 153–162). Chichester: Wiley.
Kalisch, A. (2000) Fair trade in tourism. *Tourism Concern Bulletin* 1. On WWW at www.tourismconcern.org.uk/pdfs/fairtrade%20. Accessed 5.7.04.
Lashley, C. (2001) *Empowerment: HR Strategies for Service Excellence*. Oxford: Butterworth-Heinemann.
Laxson, J. (1991) How 'we' see 'them': Tourism and native Americans. *Annals of Tourism Research* 18 (3), 365–391.
Li, Y. and Butler, R. (1997) Sustainable tourism and cultural attractions: A comparative experience. In M. Oppermann (ed.) *Pacific Rim Tourism* (pp.107–116). Oxford: CAB International.
MacCannell, D. (1984) Reconstructed ethnicity: Tourism and cultural identity in third world communities. *Annals of Tourism Research* 11, 375–391.
MacIntosh, R. and Goeldner, C. (1990) *Tourism Principles, Practices and Philosophies* (6th edn). New York: John Wiley and Sons.
Mansperger, M. (1992) Yap: A case of benevolent tourism. *Practicing Anthropology* 14 (2), 10–14.
Mitchell, R. (2001) Community perspectives in sustainable tourism: Lessons from Peru. In S. McCool and N. Moisey (ed.) *Tourism, Recreation and Sustainability: Linking Culture and the Environment* (pp. 137–162). Oxford: CABI.
Mowforth, M. and Munt, I. (1998) *Tourism and Sustainability: New Tourism in the Third World*. London and New York: Routledge.
Murphy, P. (1985) *Tourism: A Community Approach*. London and New York: Routledge.
O'Riordan, T. and Church, C. (2001) Synthesis and context. In T. O'Riordan (ed.) *Globalism, Localism and Identity*. London: Earthscan.
Pearce, P. (1994) Tourism-resident impacts: Examples, explanations and emerging solutions. In W. Theobald (ed.) *Global Tourism* (pp. 103–123). Oxford: Butterworth-Heinemann.
Pearce, P., Moscardo, G. and Ross, G. (1996) *Tourism Community Relationships*. Oxford: Pergamon.
Porritt, J. (1998) Foreword. In D. Warburton (ed.) *Community and Sustainable*

Development. London: Earthscan.
Pretty, J. (1995) The many interpretations of participation. *In Focus* 16, 4–5.
Razaq, R. (2003) The impact of festivals on cultural tourism. Conference paper, The 2nd de Haan Tourism Management Conference, Nottingham, UK.
Richards, G. (1996) *Cultural Tourism in Europe*. Oxon: CABI.
Robertson, R. (1992) *Globalisation: Social Theory and Global Culture*. London: Sage Publications.
Sanger, A. (1988) Blessing or blight? The effects of touristic dance drama on village life in Singapadu. In *The Impact of Tourism on Traditional Music* (pp. 79–104). Kingston, Jamaica: Memory Bank.
Scheyvens, R. (2003) *Tourism for Development: Empowering Communities*. London: Prentice Hall.
Scott, J. (1995) Sexual and national boundaries in tourism. *Annals of Tourism Research* 22 (2), 385–403.
Selwyn, T. (1996) Introduction. In T. Selwyn (ed.) *The Tourist Image. Myths and Myth Making in Tourism* (pp. 1–32). Chichester: John Wiley and Sons.
Simmons, D. (1994) Community participation in tourism planning. *Tourism Management* 15 (2), 98–108.
Smith, V. (1978) Introduction. In V. Smith (ed.) *Hosts and Guests: The Anthropology of Tourism* (pp. 3–14). Oxford: Blackwell.
Sofield, T. (2003) *Empowerment and Sustainable Tourism Development*. Oxford: Pergamon.
Sofield, T. and Birtles, A. (1996) Indigenous Peoples' Cultural Opportunity Spectrum for Tourism (IPCOST)'. In R. Butler and T. Hinch (eds) *Tourism and Indigenous Peoples* (pp. 396–432). London: Routledge.
Swain, M. (1989) Developing ethnic tourism in Yunan China: Shalin Sani. *Tourism Recreation Research* 14 (1), 33–40.
Swain, M. (1990) Commoditizing ethnicity in Southwest China. *Cultural Survival Quarterly* 14 (1), 26–29.
Sweeney, A. and Wanhill, S. (1996) Hosting the guest: Changing local attitudes and behaviour. In L. Briguglio, B. Archer, J. Jafari and G. Wall (eds) *Sustainable Tourism in Islands & Small States: Issues and Policies* (pp. 148–159). London: Pinter.
The Cluster Consortium (1999) *Strategy in Action*. Black Economic Empowerment and Tourism. On WWW at Memory Bank, www.nedlac.org.za/research/fridge/satourrep/chpt6.pdf. Accessed 11.4.06.
Timothy, D. (1999) Participatory planning: A view of tourism in Indonesia. *Annals of Tourism Research* 26 (2), 371–391.
Tosun, C. and Timothy, D. (2003) Arguments for community participation in the tourism development process. *The Journal of Tourism Studies* 14 (2), 2–15.
Tourism Concern (1992) *Beyond the Green Horizon*. Surrey, UK: World Wildlife Fund.
Tribe, J. (1997) The indiscipline of tourism. *Annals of Tourism Research* 24 (3), 638–657.
Van den Berghe, P. (1992) Tourism and the ethnic division of labour. *Annals of Tourism Research* 19, 234–249.
Warburton, D. (1998) A passive dialogue: Community and sustainable development. In D. Warburton (ed.) *Community and Sustainable Development*. London:

Earthscan.
Walters, M. (1995) *Globalisation.* London: Routledge.
Wikam, U. (1990) *Managing Turbulent Hearts: A Balinese Formula for Living.* Chicago: University of Chicago Press.
Williams, S. (1998) *Tourism Geography.* London: Routledge.
Wood, R. (1984) Ethnic tourism, the state and cultural change in Southeast Asia. *Annals of Tourism Research* 11, 353–374.
Wood, R. (1993) Tourism, culture and the sociology of development. In M. Hitchcock, V.T. King and M.J.G. Parnwell (eds) *Tourism in South East Asia* (pp. 48–70). London: Routledge.
Wood, R. (1997) Tourism and the state: Ethnic options and the construction of otherness. In M. Picard and R. Wood (eds) *Tourism, Ethnicity and the State in Asian and Pacific Societies* (pp. 1–34). Honolulu: University of Hawaii Press.
Wynne, J. (1993) Power relations and empowerment in hotels. *Employee Relations* 15 (2).

第 7 章
アフリカ地域社会における文化観光：ケニアの文化マニャッタ（Manyattas）とタンザニアの文化観光プロジェクトとの比較 [注1]

Rene van der Duim, Karin Peters,John Akama

はじめに

本章では、ケニアとタンザニア（東アフリカ）における地域社会観光プロジェクトについての事例研究を用いて、第三世界の地域社会が過去数年間にわたってどのようにして観光を受け入れ、結局、国際場裡ですでに進行中の観光開発の実践と過程の一部を構成することになったかを明らかにする。地域社会観光プロジェクトは、現在、東アフリカのマサイ族の間で実施されている。マサイ族は、種族社会としては、ケニアとタンザニアという東アフリカの二つの国々に広く散らばっている。本章では、観光産業とこれを受け入れる地域社会との間に現存する繋がりと権力関係を検討する。ここで扱う文化観光プロジェクトとは、マサイ族の文化を訪ね , 見聞するために観光客がやって来るマサイ族の特別入植地で、ケニア南部 Amboseli 国立公園隣接地域に所在している文化マニャッタ群とタンザニア北部の Arusha に近い文化観光プロジェクト（the Cultural Tourism Project, 略称 CTP）である。

本章の依拠している前提条件は、地域社会というものは複雑であって、内部が一つにまとまっている訳ではないということである。この点に関し、第三世界のさまざまな地域社会には共通の要素があって自己完結的な特徴を有する、

注 1．本章は、2003 年 6 月 19 日、Leeuwarden で行われた ATLAS の「生活の質；余暇と観光における競合的価値観の展望」に関する会議に提出された論文に依拠している。Maecel Leijzer と Nanda Ritsma の貴重な貢献に感謝の意を表する。

というような見方はしていない（Meethan,2001:15）。これらの地域社会は、グローバルな観光産業の受動的な「犠牲者」ともみなされていないし、それどころか却って、ダイナミックで自分が影響を受けるだけではなく相手にも影響を与える相互作用的なシステムである、と認識されている。そこで、本章は、地域社会の概念を時間とともに生成、変化し続ける複雑で、時として流動的な観念として取り扱うこととする（Crehan, 1997; Liepins, 2000a, b）。本章では、観光と地域社会との間に現存する相互作用的空間をも論ずるが、これは、異なる社会的慣行と価値が相互に影響を与えあう枠組みをなし、同時に、新たな意味が創り出される場たる継続的過程なのである（Wearing 他、2002）。本章のもう一つの検討課題は、どこの地域社会にも必ず存在する権力関係（Cheong 他）と地域社会、観光業者、これら二者との間に介在する中間的機関の間なり、これら三者の内部における権力分立の帰結である。

タンザニアの文化観光プロジェクトとケニアの文化マニヤァッタ：比較分析

アフリカ大陸における観光開発はひどく遅れているものの、ケニアとタンザニアのような国々は、グローバルな観光の流れに現在うまく「はめ込まれて」（plugged）いる。とくにケニア Amboseli 国立公園と Massai Mara 禁猟区、タンザニア北部の Arusha 地域のような重要観光中心地の周りの地域社会は、近年、グローバルな観光産業の一部となっている。これらの地域社会は、観光への自らの関わり合いを促進、強化するため、ステレオタイプ的ではあるが強力な魅力のあるマサイ族のイメージのみならず、現存の交通インフラと通信システム、隣接する自然動物公園を訪れる数多くの観光客と観光中心地所在の既存観光エージェントを利用してきた。

一般の観光業界では、真のアフリカの精髄を代表する独特で神秘的な社会、すなわち、西洋の影響を何とか免れ、自らのエキゾチックな文化を維持してきた人々の役割をマサイ族に、何年もの間、ステレオタイプ的に演じさせて来た。その結果、海外の観光業者や旅行エージェントは、かねがね、西洋の影響や他の近代化の影響を何とか蒙らずに済ませた異例、神秘的な、本来のアフリカ人社会の一つとしてマサイ族を売り込んでいる。このような形での観光イメージは、「初期のヨーロッパ人探検家風に」エギゾチシズムと冒険を熱心に追い求める観光客、とりわけ西洋人観光客にとって理想的なものとして演出されている。大体のところ、国際的な観光客、とくに北米とヨーロッパからやって来る観光客は、自分たちのイメージの形成期である子供の頃に教えられたと同じようなアフリカ人とアフリカの風景を見たがる。そこで、こういった観光客がアフリカについて何か知っているかとすれば、それは、植民地時代にさかのぼる古い情報に基づいているのが普通である（Wels, 2001: 64）。したがって、ヨーロッパの人々が憧れるのは、手つかずのアフリカの風景の中に点在し、これと渾然一体となっている絵に描いたような茅葺き屋根の小屋小屋のある風景ということになる。彼らがもう一つ期待するのは、アフリカにつくや否や太鼓の音を耳にすることで、そこでは紛れもないアフリカの精髄を代表する音楽の拍子にあわせてアフリカ原住民（natives）がリズムをとって踊っているという訳だ（Norton, 1996）。

Amboseli 国立公園に隣接した地域とマサイランドの他の地域における文化マニャッタの設立は、20 世紀に入る頃の東アフリカにおける自然公園の設立とサファリ観光の発展に密接な関係がある。国立公園と禁猟区は、放牧を生業とするマサイ族社会が伝統的に牧草地としていた地域に設けられた（Akama, 2002）。1897 年に東アフリカで植民地支配が開始しされた時点で、放牧を行っていたマサイ族の人々は、まず、ケニアの中部と北部にあった彼らの広大な牧草地から移動させられ、ケニア南部のいくつかの原住民居住指定地のいずれかに住むことを余儀なくされた。このような居住地の強制疎開を行った後で、植民地政府はさらに歩を進め、ケニア南部全体（27,000 平方キロをカヴァーする）を保護禁猟区であると宣言したのであった。その結果、マサイ族は、野生動物と区別もなく一様に扱われ、多種多様なサバンナの野生動物と土地を共有することが想定されていたのである。さらに、野生動物に対する保護と団体サファリ観光を促進する目的で、政府は、1950 年代に Massai Mara や Amboseli のようなマサイランドの中での特定の自然公園設立立法を行った。この結果、文化マニャッタができあがったのは、自然動物公園をつくった副産物であったということになる。自分たちの牧草地から追い出され、家畜の数も減ったので、さまざまな集団牧場に属するマサイ族の人々は、生計をたてるもう一つの方法として、手を携えて、自然動物公園に隣接する地域に文化マニャッタを設立したのである。現在 lgulului、Lolavashi、Kimana、Tikondo を含め Amboseli 国立公園に隣接して文化マニャッタがいくつか存在する。

マニャッタは、家畜囲い込み地を取り巻くドーム型の泥の家々のイメージをステレオタイプ的に再現している。そこでは、「女どもが牛糞をべったり屋根に塗りたくる一方で、年老いた人々が家路につく牛の群れを待っている。観光客の目にはいるのは、牧夫が‘片足で’自分の杖にもたれかかっている姿だ。牛の首につるした鈴の音が聞こえて来る。それから、赤みがかった暗黄色の顔料と色とりどりビーズで飾り立てた娘たちと戦士たちの踊り」ということになる（Berger, 1996: 178）。Ongaro と Ritsma（2001: 131）のさらなる説明によれば、現存のマサイ族文化マニャッタでの観光客受け入れ手続きは大同小異である。村の代表が、観光客の気を引くために、家屋の所有者を訪れるか、地元の案内人や運転手と話をする。案内人兼運転手（別人であることもある）は、特定の文化マニャッタに観光客を連れ込むことに成功した場合には口銭（観光客の支払う入場料の約 1 割）をもらう（Ritsma、個人情報）。マニヤッタに到着すると、観光客は一人あたり 10 米ドルの入場料を支払う。中に入ると、マサイ族の女性たちが歌と踊りで観光客を歓迎。村の代表によるマサイ族の文化とマニャッタがどのような組織なのかの説明とマニャッタ御案内。次ぎに、マサイ族のいくつかの生活習慣を見せるショウ。例えば、戦士たちが棒を小さな丸太にこすりつけて発火させる、女性たちがブレスレットなりネックレスを作っている。また、太陽の熱で固めた泥の家に牛糞を塗りたくっているところ。この訪問の終わり頃に、戦士たちが踊りを見せ、観光客は一緒に踊ってもいいことになっているし、戦士たちと一緒に写真を撮ってもらってもかまわない。最後は、観光客を文化マニャッタの中に一つある決められた市場に連れて行き、そこでマサイ族のビーズやその他の手芸品を土産物として売りつける、という次第である（Ongoro & Ritsma, 2001）。

ケニアの文化マニヤッタに比べれば、タンザニア北部の村落観光プロジェクトは、比較的新しいものである。1994 年に、オランダ開発機構（the Netherlands Development Organization, 略称　SNV ）とマサイ族の人々が

Amboseli の周りで商業活動をはじめた。マサイ族の一青年グループが SNV にこの地域での観光開発をも援助してほしいと訴えた。Lolindo の近くで 1994 年に行われた試験的なプロジェクトの結果、地元の人々が観光から利益を得られる可能性があることが分かった。財源も資本投入量も少なかったが、約 1 万米ドルの所得が生み出された（Leizer, 個人情報）。このような経験を基に、1995 年、文化観光計画（the Cultural Tourism Program、略称 CTP ）が発足した。SNV は、専門家を派遣し、Arusha の調整事務所運営費の面倒を見、若干の車を貸与した。6 名からなるプロジェクトチームが国営タンザニア観光局（the national Tanzanian Tourist Board、略称 TTB）と地元民と緊密に協力しながら CTP の考え方を発展させ、宣伝し、実施したのであるが、その結果、現段階では 18 のプロジェクトを擁するに至った。どの村を訪ねても、さまざまに異なる内容のパッケージツアーが用意されている。例えば Ilkiding'a 村への半日の旅を見てみると、まず型どおりの村の料理からなる昼食が出され、村を歩いて通り、昔ながらの職人と（場合によっては）呪い（まじな）医者を訪れ、村の土産物を買い、地元の瀧を見物し、最後は、村の踊り子の演ずる踊りとなる。1995 年にこれらの観光プロジェクトが集めた観光客数は 50 名であったが、5 年後には 5,000 名を上まわる数に達した。2001 年の観光客数は 7,500 名に増加したが、その主力は蟹族、団体旅行者、タンザニアからの国外移民で故国の観光に来た人々がであった。村落や地域社会で CTP に結びつこうとするものの数は増加したが、撤退を余儀なくされた事例もある。例えば、Syilkilili（2002）は、CTP プロジェクトの一つである Gezaulole の「興亡」を細目に渡って記述している。プロジェクトの成功の度合いはさまざまである。例えば Machame のプロジェクトには 2000 年の 12 月から 2003 年の 5 月までの間に僅か 80 名の観光客しか来なかったのに対し Longido のプロジェクトには約 1,500 名もの客が来た（Verburg, 2004）。

SNV は、経費を管理し、供与された予算が必ずあらかじめ定められた目的のためにのみ使用されるようにした。Arusha の SNV スタッフは、観光生産物の品質が絶えず監査されるように取り計らった。彼らは、その上、地元の役所と接触を始めて CTP を宣伝し、もっと多くの地域社会を説得して観光へと門戸開放させ、また、地域社会の提供する観光生産物を絶えず改善する労を惜しまなかった。Arushaの職業的観光案内人学校（the Professional Tourguide School、略称PROTS）による案内人の訓練をも支援したし、また、TTBが調整役を務めた観光生産物販売に係わる問題とは別に、観光客の到着に関する一切の組織的な任務の調整を行った（Adler, 1999; SNV, 1999)。2002年に、SNVは、プロジェクトを地元の調整団体に移管し、TTBがCTPの運営に当たることとなった。

ケニアとタンザニアの観光プロジェクトを比較すると、似ているところもあるが、はっきりと違うところもあることが良く分かる。交通インフラと通信網の発達が比較的良好であって、プロジェクトの開発を可能にしたという点は、両者共通である。それに、1960年代からのことであるが、ナイロビとArusha（どちらか一つのこともある）へ国際的観光客を効率的に運んで来るためにジェット機を使用、しまたAmboseliかArushaの辺りに観光客を連れて来るためにかなり豪華なバスを使用するようになったことが、これらの地域における観光開発にとって決定的であった。さらに、最近になって携帯電話が導入されたので、先見性のあるプロジェクト調整者たちがこれを使ってArushaに着く旅行業者や国際観光客と結びつくことが可能となった。こうなると、このような通信手段のないプロジェクトに比べて、通信手段のあるプロジェクトの方が栄え、観光客が余計にやって来るということになる。例を挙げると、Gezaulole地域社会プロジェクトは、比較的辺鄙な場所にあって、外部とつながる通信手段をもっていないので、開発が遅れがちで、ほんの僅かの観光客がやって来るだけである。

さらに、ケニアの文化マニヤッタとタンザニアのCTTプロジェクトは、本質的に、現存の自然に基盤を置くというか、つまり、野生動物目当てのサファリ観光活動と結びつき、また（あるいは）これと関連しているものが殆どであって、その結果、自然に基盤を置く特定の観光名所（Amboseli、Serengeti、Ngorogoro噴火口、キリマンジャロ、Meru山国立公園)、現存の比較的開発程度が良い観光施設（宿屋、キャンプ場）およびマサイ族独特の文化的魅力を結びつける高度に発達した観光複合体の一部を形成している。この点において、現存の巨大な野生動物名所、マサイ族の文化、音に聞くキリマンジャロは、「アフリカの荒野にエギゾチシズムと冒険を求める」国際観光客の偶像である

(Akama,2002:43)。

しかし、本当のところ、ケニアの文化マニャッタは、その活動の殆どが見せかけであり、村落も最近再建されたものであるので、いずれかといえば博物館のようなものである。したがって、つぎのように論ずることができるのではなかろうか。つまり、文化マニャッタは、新たな土地所有と資源利用形態に基づく、家畜に基盤を置く自給、過渡的経済から利潤志向の多角的経済への移行に適合しており、また、そのような移行を例証している、と（Berger, 1996)。

しかし、文化観光プロジェクトが実施されているタンザニアのさまざまな村落でも同じような過程が進行中ではあるとはいえ、ケニアの例とは反対に、さまざまの観光活動は、多少なりとも、地元住民の日常生活に根ざしたものから始まっており、「振り付け」の度合いが少ない（もっとも、振り付けの度合いは村落毎に異なるが）ように思われる、ということは言っておかなくてはならない。その結果、タンザニアでは観光活動がすでに存在している社会経済的、文化活動と一体をなしている。さらに、村落の中には、その住民がマサイ族だけではなく、他の種族出身の人々もいるところもいくつかある。大多数のCTPプロジェクトは、強烈なマサイ族イメージを利用して、販売、宣伝がなされているのであるが、例えば、Gezaulole、Machame、Mtowa Mbuの村落の住民は、圧倒的に非マサイ族である。Changga,、Juhndi、Ujaamaのような他の種族は、近年、タンザニア北部と中部の多くの場所で自分たちの集落を作った。実際のところ、18の文化観光プロジェクトのうちで元々マサイ族の土地であると言いうる場所に立地しているのは僅か4プロジェクトに過ぎない（Leijzer、個人情報)。

その上、CTPと比べると、ケニアのマニャッタは全体の統制がないままで急速に成長する傾向が続いて来たので、その結果、公園に近い大多数の集落は計画性のない物品売買中心地と化し、その周りの地域の風景からは日に日に自然の恵みが消えていく状況である（Berger, 1996: 1837)。タンザニアでは、さまざまな観光活動は、CTPの枠組みの中で適切な計画がたてられた後で開始された。この点、ケニアの文化マニャッタは、マーケティングや観光客配分網をきちんと調整しておらず、他方、タンザニアのさまざまな文化観光プロジェクトの場合、TTBがマーケティングを調整し、また、観光客の流れと配分がうまく行くよう助力している。しかし、これは言っておかなくてはならないのだが、物事はいつも同じ状態に留まってはいない。共同のマーケティングと売り込み促進の責任を担う調整機関としてAmboseliエコシステム文化センター協会（the Association for Cultural Centers in Amboseli Ecosystem、略称ACCA）が設立され、文化マニャッタの観光活動を調整しようという新たな試みが、目下、なされている（Ongaro & Ritsma, 2002）。これとは逆に、タンザニアでは、SNVが援助を停止した後、CTPがイニシャティブをとっていたさまざまな事業の調整は、現在、弱体化しつつあるように思われる。一例を挙げると、2002年2月、地元紙Arusha Timesは、さまざまなプロジェクト間の協力水準が著しく低下している旨の記事を載せている（Arusha Times, 2003）。さらに、CTPの活動調整の任に当たらせるための新機構、タンザニア文化観光機構（the Tanzanian Cultural Tourism Organization、略称TACTO）を設立しようという試みが最近あったものの、この機構の果たすべき役割について意見がまとまらず、発足できなかったのである。

論考：地域社会の亀裂と観光開発

1970年代以降、観光における「地域社会の参加」概念は、観光開発戦略の新分野と一般に信じられている分野に関する包括的用語となっている（Tosun, 2000）。しかし、地域社会の参加という概念は、未だ定義するのが容易ではないし、現実の世の中でこれを成し遂げるのも容易ではない（Tosun, 2006: 616）。さらに、「地域社会の参加」に係わる諸問題は、単に開発過程において用いられる方法と技術の観点においてのみ存在すると思いこまれて来た（Morforth & Munt, 2003: 213-214）。しかし、この主張は、現実の世の中では地域社会の内部や地域社会相互の間にさまざまな「権力」構造が存在するということを認識し損ねている。その結果、この概念についての主な問題点が、「地域社会」（a community）を以てその何たるかを確認できる実在性を有する「“自然な”社会的存在」（the "natural" social entity ）と認識する現存の観念から生ずることとなる。地域社会において現存する異質性と権力へのアクセスの上での不平等は、したがって、考慮の外に置かれている（214ページ）。

この点に関し、過去何年にもわたって、大多数の研究は、「地域社会」をもって領域性あるいは場所によって定義し得る明確で比較的安定的かつ同質的な対象と考えて来た。そしてまた、このような手法では、地域社会を特定の空間的場所に存在する比較的固定的な対象と認識してきた（Liepins, 2000a）。しかし、近年の研究では、「地域社会」をもっと複雑で流動的な観念として把えている。さらに、地域社会を同質的な存在であると考えるならば、特定の一地方に住む人は誰でも皆同一の欲求、ニーズ、期待を有するものだ、ということになってしまう。したがって、こう言わなくてはならない。つまり、どんな地域社会の組織でも、はっきりと愛着心のある者もいるかもしれないが、そうでない者もいるのだ、と（Meethan, 201: 140）。さらに、地域社会は、性別、年齢、血族関係、種族、現存の富裕度の線に沿って「亀裂」して（fractured）もいるのである（Crehan, 1997）。ケニアの文化マニャッタやタンザニアが明確な同質的社会、政治的諸要素を有するとか、あるいは自己完結的な本質的特性をたっぷり備えている、と把えるのは間違っている。そうではないのだ。さまざまな村落に暮らしている人々の大多数は、ありとあらゆる類の異なる集団区分の中に身を置かざるを得ないのが普通で、これらの集団はそれ自体社会的に異なっており、また、相互にさまざま異なったやり方で影響を与え合うのである。その結果として、地域社会はきわめて「亀裂のある」社会である、ということになる。

Liepens（2000a, b）は、地域社会をその物的形体と想像上の形体の双方において認識する枠組みを提案した。この枠組みは、自分の領域を有する地域社会も想像上の地域社会も真空の中では存在せず、むしろ、特定の状況—これは検討を要する—の中で生ずるということをまず認めて、そこから話しを始める。地域社会は、過去に生まれ、かつ現在も依然として生まれつつある文化的、政治、経済的、社会生態学的諸過程によって不断に再生産、持続、弱化、変容させられている人々と事物から構成されている（van der Duim, 2004; Urry, 2003）。その結果、地域社会は、時間と空間の双方に専ら属することになる（Crehan, 1997; Liepins, 2000b）。したがって、「地域社会」を力強くダイナミックに理解しようとすれば、地域社会のさまざまな側面を一連の意味のあるもの、社会生活における多様性と異質性、アイデンティティ、空間、場所の間の相互関連

（そして闘争)、流動性と変化の観念として混ぜ合わせ、こうしたものを取り込んで理解しなければならない。こうして、Liepins（2000a）に拠れば、地域社会は四つの尺度、すなわち、「人々」、「意味」、「慣行」、「空間」によって識別すべきである、とされる。これから、地域社会に関するこれら四つの尺度を用いて、ケニアの文化マニャッタとタンザニアのCTPに現存する複雑性と多様性を説明することとしよう。

第一。「人々」による「地域社会」の集団的行動と立法は、当然のこととして、地域社会を社会的構築物として理解することを意味する。人々は、したがって、地域社会の内部で生活し得るのであるが、しかし、同時に、当該地域社会を越えたところに存在する多種多様な地位、集団、ネットワークに複数またがって所属しているかもしれない。例えば、文化マニャッタに属する人々は、同じマサイ族でも他の村落や他の集団牧場に属する人々（いずれか一方だけ所属する場合もあろう)、政府のさまざまな省庁、ケニア野生動物保護局（the Kenyan Wildlife Service)、NGO、圧倒的に外資支配の旅行業者と結びついている。同様に、タンザニアのCTPプロジェクトを構成する人々は、おのおの、自分たちの村落で生活、労働しているが、同時に、TTB，TACTO，SNVのような中間的機関を含む「よそ者」、Arushaとそれ以外の場所を本拠とする120人以上の旅行業者（その旅行日程の中にはCTPプロジェクトが入っている）とも接触している。この結果、ケニアとタンザニア双方のマサイ族の人々は、彼らの地域社会内外のさまざまな集団や組織に結びつけられており、また、さまざま異なった役割、職務、活動にも係わっているかもしれないのである。Berger（1996:176）が実証したところでは（少なくとも、ケニアのマサイ族の場合)、マサイ族の多くの人々にとって、彼らの価値観と慣行は、今日、国家としてのケニアの文化と生活様式と共通点を有するところがいっそう多くなっている。彼らは、他の種族と雑婚しているし、近隣地域社会の言語と生計の道を採り入れているし、またさまざまな国家開発活動に参加している。タンザニアの場合、マサイ族のこのような変わりつつある役割をHoney（1999: 220）が分かりやすく、例を挙げて説明している。

それは、古典的なアフリカの情景であった。一人のマサイ族の長老が、時間を大昔に逆転させて、先祖が何百年もの間行って来たように，防柵を巡らした自分の部落（*kraal*）に入って来る。これは完璧な写真用パノラマだと思うと、どんでん返しが待っていた。このマサイ族の長老は前国会議員、前大学教授で社会活動家 Moringe Parkipuny で、彼が入って行った囲いのある建物とは、新たに建設されたマサイ族の全寮制中学校なのであった。

したがって、多種多様な機能、役割、地位，行為、関係は、いかなる所与の地域社会であれ、通例、その内部で人々によって動員されるさまざまのアイデンティティにおいて顕在化する（Liepins, 2001a）。いかなる所与の状況下と場所であれ（いずれか一方の場合もあろう）、同一の個人が地元民やブローカーであることもあるだろうし、観光客になることすらもあるであろうが、そういう立場で、さまざま異なった、時には相矛盾することもある複数の役割を演ずるかもしれない。所与の地域社会で同一の個人がこれらの相矛盾する複数の役割と機能を果たすということになれば､現存の社会構造を専ら「支配者」（すなわち、観光投資家と観光客）を一方に置き、「被支配者」（すなわち，観光投資家と観光客を受け入れる地域社会）を他方に置く二項対立的認識では駄目だということになる。

一例を挙げれば､タンザニアの CTP プロジェクトの調整役を務めている人々は、同時に、「地域社会」（すなわち、地元の相互作用ネットワーク）に参加しているかもしれないが、他方、遙か彼方の外部集団と国際的団体（すなわち、グローバルな相互作用ネットワーク）に及ぶ繋がりを有するさまざまの広汎な観光ネットワークにも関係している。この結果、地元プロジェクト調整役なり地元ブローカーは、観光生産物と観光客の体験についてのさまざまな特徴を伝えるエージェントの役割を果たすことによって、観光の開発過程に大きな影響を与える。観光客がやっていいこととやってはいけないこと，行けるところと行けないところ、ある特定の場所で観光客が見物したがるものと見物したがらないものに彼らの影響が及ぶのである。したがって、こう論ずることもできるであろう。つまり、地元の調整役は、エージェントとして、観光客の注目を何処に集めるかということばかりではなく、観光客が見たり、体験しては「ならない」ことをも決定する、と（Cheong 他、2000)。しかし、こういうこともある。つまり、観光プロジェクトが所在するさまざまな村落と繋がりのある外部集団も、地域社会がどのようにイメージされるかという態様を育(はぐく)み、そして厳しく規制する（どちらか一方の場合もあろう）上で、強い影響力を行使するかもしれない。これは、マサイ族のイメージ造りや他の形態のアフリカ観光のイメージ造りにしばしば見受けられることである。

第二。人々は、概して、自分の地域社会と近隣の他の地域社会との繋がりに関して共有できる意味なり、意見の分かれる意味を，このような地域での議論や活動を通じて発展させる。所与の信条や価値観が観光との関連性のある影響を通じて変化したのかどうか、その態様や時期はどうなのかということをさまざまな観光研究や他の情報に拠って知ることができる。議論の余地はあるにせよ、「独自性の商品化」が観光によって促進されるというのが、この過程の伏線である（Meethan, 2001: 65)。

特異性のある文化的な品々と慣行（案内の仕方、土産物、踊り、食べ物）に「金銭的な」交換価値が与えられる（Crehan, 1997 をも参照)。しかし、Meethan（2001: 65）に拠れば、さまざまな商品の本質を単なる交換価値の生産に還元することはできないのであって、その本質が根ざしているのはこれらの商品がその象徴的価値を得る源泉たる社会的背景なのである。この結果、地域社会が観光ネットワークに組み込まれると、より地域性の強い文化形態が再び打ち出され、地元用であるとともに観光消費用に創られる新たな「混成」形態の文化が出現するようになる（115 ページ)。例えば、マサイ族の豊かな物質文化は、地域社会と自然風景を反映しているが、同時に、地元民に対し所要の所得と観光関連の雇用をもたらしている。Berger（1996: 184-185）は、これを次ぎのように述べている。「マサイ族の装飾は豊かな伝統であって、文化に対する評価を高め地元と民族の芸術的才能を発展させるために認知され、奨励の対象となり得るものであるが、これはまた観光からの収入を生むものでもある。マサイ族の手工芸品はすでに文化観光の人気のある一部門となっており、とくにマサイ族の女性が観光客から直接収入を得ることを可能にしている。」

第三。人々は、地域社会のさまざまな関係を定め、重要な活動、組織、空間に人々を結びつける多種多様な過程と「慣行」に基づいて、散漫ではあるせよ、このような関係が地域社会にとって有する意味を構築するのが常である。しかし、そのような慣行には、一般に受け入れられる取引もあれば、問題視される取引も入っているであろう。Akama（2002:48）は、とくに後者の点について、売春、アル中、喫煙、麻薬などの事件を含め、ケニアの文化マニャッタにおける大衆観光のさまざまな形での望ましからぬ行状と不品行を指摘、論述している。

第四。地域社会は、特定の「空間と構造」を通じ具現されるであろうし、このようにして、所与の地域社会を築く人々、意味、慣行の物的、政治的な形がきわめて重要な場所と組織上の空間の形態となって現れることになる。一例を挙げれば、地域社会が観光と結びつくと、地元の風景は勿論のこと、観光客が点検するハーブや植物でさえもが住民の価値創造と再創造の源である象徴的空間の一部と化し、したがって、地域社会そのものとなる（Meethan, 2001: 117)。観光地と地域社会は、したがって、複合体として、また多数の相関連するネットワークと流れが癒着し、お互いに連結し、それからバラバラになる一連の空間として、理解することができるであろう。そのような場所は、何処であっても、一方のきわめて濃密な共存的相互作用を特徴とする近接性と他方の物的にも、実際的にも、想像上も離れたところに広がっている情報の流れの速い組織の網の目との間を繋ぐ特別の絆であると見なすことができるであろう。これらのネットワークが、近くのものも、より大がかりなものも一緒になって、特定の場における興行と特定の場全体を興行化することを可能にする(Urry, 2000: 140)。

地域社会が観光と結びつくと、地域社会の既成の重要組織を維持し、擁護し、あるいはこれと争うという問題が出てくる。例えば、Illmoran（マサイ族の青年戦士）が文化マニャッタに滞在することなどかつては絶対になかった習慣である。古来からの習わしの命ずるところでは、これらの戦士は、地域社会の人々とは離れて、周りの地域の仮露営地で暮らさなくてはならない（Ongaro & Ritsma, 2002: 132)。しかし、文化マニャッタの出現以来、これらの戦士は、観光客のために踊りを演ずることになったので、ここに惹きつけられ、定住的地域社会の一部、一群と化した。第二に、ケニアの文化マニャッタの運営に当たるのは、地元の運営委員会（委員長、書記、会計、複数の委員からなる）であるが、こういった委員会のメンバーが既存の集団牧場委員会のメンバーとは別に選任されている。このような行政上の取り決めは、マサイ族村落に新たな統治段階を導入し、こうしてマサイ族の間に指導権を巡る危機を生じさせたのである（Knegt, 1998）。

地域社会の観光と能力開発

観光と地域社会は、異なる社会的価値観が相互に作用し、新たな意味が形成される場たる継続的な過程であるさまざまな「触れあい空間」において結びつく（Wearing 他、2002）。異なる社会集団と個人が観光開発のさまざまな局面との関連においてはっきりした権力の座につくにつれ、このような触れあい空間において新たな形態の権力が形成される。しかし、大部分の観光研究の考え方では、通例、権力を以て何かはっきりとは目に見えないものとするか、あるいは、権力の存在を強力な外部の利益集団に対峙する地元集団が絶えず抑圧されているという仮定に基づかせているかのいずれかである。こういう議論に従えば、地元民の運命を自ら決められるように地元民に対して能力開発を行うべきである、ということになる。したがって、この考え方に沿う普通の立場は、地元民各自の地域社会で自分たちが開発してもらいたいと考えるような形の観光施設や野生動物保護計画、それに観光の費用と利益をどのように異なる利害関係者の間で分配するかを地元民が決定するための「能力開発が必要」というものである（Akama, 1996: 573；Scheyvens, 1999 参照）。ところが、ケニアとタンザニアの事例研究が示すところでは、権力の実情はきわめて複雑で、中心ー周辺概念とか従属理論によって散々論じられて来た観光開発が歩むはずの路と合致しない。マサイ族が一つの民族として強制移住させられたという歴史を否定するのではないにせよ（Mouforth & Munt. 2003: 238 を参照）、認識を要するのは，さまざまの観光活動の開始を通じて、マサイ族が何年にもわたって各自の地域社会内部の重要な生計の源泉としての観光開発の方向に影響を与えるはっきりした力を有する「エージェント」の役割をも演じて来た、ということである（Cheon 他、2000）。換言すれば、権力は、いつでも、「至る所に存在」し、「相関関係的」なのであって、観光受け入れ地の地域社会は、必ず、自らとは関係なくあらかじめ決められたグローバルな開発過程の犠牲者だ、などと認識すべきではない。したがって、この考え方の筋道に沿えば、権力を以て獲得され得る一つの手段であり、特定の目的を達成するために利用され得る手段とする概念とは大きな違いを生ずることとなる。Wearing 他（2002）の述べているところであるが、権力は、したがって、特殊な社会関係―人々の行動を通じてのみ存在する―として認識されなくてはならない。「権力関係」をこのように理解すれば、結果として、権力を所有されるものとか、一つの構造とか力であるなどと見なすことはないのであって（Boomars 他、2002 をも参照）、話し合いの対象で、立場の違いが争われている観念であるのが常であると見なすことになる。権力関係の流動性と相関関係的性格は、土産物を買う時に観光客と地元民との間に生ずる絶え間のない交渉や観光案内人兼運転手（別人であることもあろう）とケニアの文化マニャッタ地元代表との交渉を見ればよく分かることである。さらに、地元のエリートが地域社会の大多数の人々を犠牲にして権力を独占することもある。この好例は SNV 撤退以降、タンザニアの CTP の遺産と所有権を巡って今も続いている争いであって（Verburg, 2004）、この結果、地元民の中にはブローカーや中間斡旋業者になりかけている者も出て来た。

一方を観光受け入れの地域社会、他方を観光客とする現在の観光論議における二項対立的分類は、したがって、放棄されるべきであり、それに代って、グローバルな観光過程が観光客、地元民、ブローカーからなる「三者システム」として認識されるべきである（Cheong 他、2000; Wearing 他、2000）。観光における現在の権力関係は常にダイナミックで絶えず変化しているので、観光客、地元民、ブローカー間の質的、量的関係も絶えず変化する（Cheong 他、2000）。その上、どんな地域社会にも公共部門（すなわち、タンザニアの TTB、ケニアの KWS）と私的部門（すなわち、旅行業者と旅館経営者）から生ずる何種類かのブローカーが存在する。これらの相互作用の中には SNV のような NGO、観光情報媒体ブローカー、広告代理店も存在する。例えば、文化マニャッタにおいて、KWS、地元 NGO、ホテル、キャンプ場、あるいは宿屋で働いているスタッフ、運転手兼案内人（別人のこともあろう）は、地域社会における全般的な観光生産物の質と観光開発の形態を決定する上でかなりの役割を果たす。タンザニアのCTPプロジェクトでは、TTB、地元旅行業者、プロジェクト調整担当者、SNVの全てが観光開発の性格づけを決める上で一定の役割を果たした。したがって、次のように言うことができるのではないか。つまり、地域社会に基盤を置く観光プロジェクトの成否は、とくにプロジェクトの持続性に関し、観光客や他の外部の利益集団の力よりも、ブローカーと地元の調整担当者の力に依存しているのが普通なのだ、と。

知識の入手についての可能性に差があることが、この特殊な現実の構成要素であり、また、権力の行使は、通例、観光に関係しているさまざまな個人や集団が利用し得る「知識」の水準によって決定されるところ大である、ということもできるかもしれない。知識が新たな戦略と行動の基となり，個々の人々がこの過程で新たな経験を積むにつれて、今度は、学ばれた知識が新たな知識を創り出して行く（Wearing他、2002）。この結果、地域社会のメンバーの権力保持が失われないのは、その統治のやり方が新たな形の知識に示唆を受けるからというよりも、むしろ、獲得されつつあり、また移転されつつある知識との関連において権力が行使されるからである。一例を挙げると、特定の観光関連の知識が普通入手できないし、また（あるいは）しかるべく普及していないため、タンザニアにおける文化観光プロジェクトの大部分は、次第に、地域社会内部の一人の調整担当者か小さな利益集団によって運営される零細企業に落ちぶれかかっている。こういう訳で、SNVの退去とともに、さまざまな村落内部および村落間でプロジェクト運営に関する既存の知識が現在公平に分かちあわれておらず、このことが、傾向として、若干の調整担当者の権力基盤を地域社会の他のメンバーに対する関係において強化してきた、と論じ得るかもしれない。その結果、さまざまな観光プロジェクトの所有権が、いや、CTP全体の所有権と調整でさえもが、ますます烈しい争いの種となっており、SNV撤退後にさまざまのプロジェクト運営を引き受けるべき全般的調整機関としてTACTOを組織するのに失敗したのが、その明白な証拠である。したがって、CTPの実施と運営が成功するためには、適切な通信網の存在、プロジェクト調整担当者と地域社会の他のメンバー間の新たなアイデアと情報の共有、それに、とくに金銭的資源の運営に関してそうなのだが、透明性と説明責任の向上いかんがかなり大きな決め手になる。

同様に、ケニアの文化マニャッタにおいても、さまざまな利益集団間の対立と地元エリートの出現が、いろいろなプロジェクトの直面する現在の諸問題の核心にある深刻な争点なのである（Buystrogge, 2001: Tosun, 2000 をも参照）。地元エリートは、ともすれば指導権を独占し、民主的な手順を妨害しがちである。その結果、権力と知識が地元エリートによって独占され、地域社会に分裂を生ずる傾向が生まれて来た。したがって、地元民が団結し、組織を作り、正に彼らの所有にかかわるものの所有権を主張するのは、並大抵のことではない。この点に関し、地域社会に基盤を置く観光プロジェクトが成功を収めるためには、開発機構と他の斡旋役が地域社会にすでに存在している争いと、これから表に出て来ようとしている争いを絶えず承知していることが不可欠である。なぜなら、現存の社会、権力構造の理解に欠けるところがあると、それが、地域社会の参加過程の成否に大きく影響してきたからである。

権力関係の流動性と相関関係的性格を承認するならば、その暗に意味するところは、能力開発は、地域社会（その全てではないが、さまざまな構成部分）、観光客、観光関係団体、政府官公所署と開発機構が相互に作用しあう場たるダイナミックな過程の出発点ではなく、その「効果」（effect）である、ということである。したがって、地元民が参加し、関わりあいになったからといって、個々の人間の能力開発が自動的に行われる訳ではない。この点に関し、次のような問を発しても良いだろう。「ケニアの文化マニャッタとタンザニアの CTP においてどのような形の能力開発イニシャティブが生じたのだろうか？」

第一。地域社会観光開発は地元の人々に経済的利益をもたらす可能性があるし、観光は全般的な社会経済的発展に直接貢献することができる。例えば、ケニアの文化マニャッタの大部分で、観光収入は水道の改善と小学校、診療所の建設に使われてきた。タンザニアの CTP では、村落開発料金（Village Development Fee、略称 VDF）が全てのプロジェクトに強制的に課せられている。これによって、地域社会全体が観光収入から裨益し得ることとなった。観光収入の中のかなりの金額が地元の学校や家畜の洗い場の建設のような地域社会開発プロジェクトに割り当てられている。例えば、1996 年と 2001 年の間に、CTP が生み出した総所得額は約 26 万米ドルで、そのうち、9 万ドル以上がさまざまな地域社会プロジェクトに割り当てられた。さらに、1999 年の推計によれば、CTPから職を得た地元民の数は100名を超えたという（SNV, 1999）．同様に、ケニアの僅か三つの文化マニャッタで、1,500名に近いマサイ族の人々が直接間接に収入を得ていると推定されている（Knegt, 1998）。

第二。心理的な能力開発の観点からすると，自分たちの文化の独自性と価値、自然資源、昔からの知識を外部の人々が認めたということで自尊心が高まるようになった地域社会とCTPのメンバーもいる（Sheyvens, 1999）。

権威のある"TO DO!"の1999年賞がCTPに授与され（Adler, 1999），また、PROTSが社会的、経済的、家庭的にハンデキャップを背負った若者たちの訓練を行ったことは、間違いなく、彼らにもっと自信を持たせ、また、就職と現金収入を手に入れる機会を増やすことにつながった。観光客、運転手、旅行業者、NGO（つまり、SNV）との関係を築いた結果として、地域社会内部出身の特定分子（例えば、地元のプロジェクト調整担当者や案内人）の能力開発が行われるに至ったが、しかし、この過程で、他の人々は取り残されてしまった。ケニアとタンザニア双方の事例研究で分かるのは，観光収入の分配に関して存在する深刻な懸念である。プロジェクトの運営における透明性と説明責任の問題についても憂慮する声がある（Buystrogge, 2001; Knegt, 1998, Syikililili, 2002; Verburg, 2004）．そのため、プロジェクトの恩恵に（等しくは）浴さなかった人々が多いので、混乱と無関心あるいはプロジェクトを行うという進取の精神に対する幻滅感さえ生ずる結果となっている（Scheyvens, 1999）。

第三。これは関連事項でもあるが、地域社会の持続可能な開発の上で、女性の能力開発はきわめて重要な要素である。ところが、大部分の事例の示すところでは、性別に関して不公正な権力関係が存在する。例えば、大部分のケニアの文化マニャッタでは、マサイ族の男性が女性に比して大部分の観光収入を懐に収めるのだが，それなのに、大部分の文化マニャッタで主としてサービスを提供しているのは女性なのである。さらに、指導者たち（傾向として、圧倒的に男性）の間で競争と対立が激化するため、しょっちゅう意見の対立と仲たがいが起こってくる。こうなると、現存の文化マニャッタから不満な人たちが出て行って新たなプロジェクトを始めるので、分裂と細分化が進むようになって来た。そこでどうなったかというと、文化マニャッタが急増し、その結果、文化的な呼び物の質が悪くなり、地元の生活環境が悪化し、女性はますます貧乏になったのである。

同様に、タンザニアのCTPでも男性と女性との間の観光収入の配分は公正に行われていない。例えば、推計によると、さまざまのCTPプロジェクトでサービスを提供する者の実に40％が女性であるにも係わらず、収入の25％のみが直接女性の手にはいるだけである。さらに言えば、女性の能力開発と両性間の平等の度合いを測る基準は、特定の集団に帰する収入金額のみならず、意思決定過程への全般的参加をも勘案すべきであろう。この点に関し、指摘しておかなければならないのは、ケニアとタンザニア双方のプロジェクトにおいて、女性はサービス提供面で重要な役割を演じているものの、ブローカーの役割を果たし、意思決定過程に実際に係わっている女性は殆どいない、ということである。

第四。政治的能力開発の観点からすると、文化マニャッタとCTPによって、地域社会の内部と地域社会相互の間に新たな政治構造が生れて来た。前述の通り、人部分の文化マニャッタで運営委員会（委員長、書記、会計、複数の委員からなる）がプロジェクトの運営にあたるために設立された。文化マニャッタを開始する以前には、地元プロジェクト発起人が相談しなければならない相手は、集団牧場のボス連中に加え、地元の酋長であった。しかし、運営委員会のメンバーは、通例、現存の集団牧場委員会のメンバーとは別個に選任されている。その結果、このような形の取り決め方によって、通例、新たな統治段階が地元の地域社会に到来することとなる。これに加え、最近ACCAが設立されたが（アフリカ野生動物協会、ケニア野生動物協会、文化・社会サービス省共同で）、これには新たな政治的意味があり、地元の統治に影響を与えるであろうと思われる。マーケティングと収入の配分への関わり合いとは別に、ACCAは、きわめて重要な野生動物の通り道と散開地域に立地している文化マニャッタの再配置をもその目的としている。換言すれば、政府と他の利益集団は、ACCAを通じ、Amboseli国立公園隣接地域の文化マニャッタの無秩序な開発を統制し、その勢いを弱めようと試みているのである。

同様に、CTPの諸活動を調整するために最近設立されたTACTOも政治的な意味合いを有する。TACTOの主要目的は、SNV撤退後、CTPの始めたさまざまなプロジェクトを調整することにあった。しかし、設立以降、TACTOはさまざまな地域社会プロジェクト間の争いの種となってしまった．個人間の軋轢や金銭的な問題についての意見の違いが直接的原因であるものの、争いの主要原因は、つまるところ、CTPの所有権を誰が握るかという問題に帰着する。この点に関し、さまざまな村落地元民の大部分がTACTOを「自分たちの」団体と考えてはいない。重要利害関係者間の信頼と協力の欠如は、今なお続いたままである。CTP内のうまくいっているプロジェクトは、他のプロジェクトがあまりうまくいっていなくても、痛くも痒くもないという態度であるし、18のプロジェクト内の組織形態が雑多であることも、協力して行動する上での妨げとなっている。重要利害関係者の一人が言う通り、「TACTOは嵐にやられた家みたいなものだ。再建するよりも、新しい家を建てたほうが楽な場合もある」（Verberg, 2004）。SNVが撤退し、TTBはプロジェクトのマーケティングのみを所掌範囲としているので、CTPはばらばらの異なるプロジェクトに分解しそうになっており、その中では、きわめて成功しているものもあるが、廃業寸前のものもある。

むすび

本章では、ケニアの文化マニャッタとタンザニアのCTPに関する事例研究を用いつつ、地域社会に基盤を置く観光プロジェクトの比較分析を行った。この研究が明らかにしたのは、観光が地域社会に入り込む態様がどんなに多様で複雑であるか、また、地域社会がどのようにしてグローバルな観光産業に巻き込まれて行くのかということである。もう一つ論じられているのは、この複雑性と重要利害関係者（つまり、地元民、観光客、間に立つ斡旋者、地域社会）が多数の、お互いに結びつきのある価値判断基準内部とこのような基準相互の間の双方で影響を及ぼしあうさまざまな態様と上述の複雑性に取り組まない限り、地域社会に基盤を置く観光がおかれた状況を私たちが理解することは不可能、ということである（van der Duim他、2005）。この複雑な関係を解明する上で、どうしても見逃すことのできないように思われる論点がいくつかある。

とくに重要なのは、地域社会に基盤を置く観光を研究するためには、複雑な関係を「善」か「悪」かのいずれかという二項対立的状況（すなわち、近代対未開、真正性対非真正性、グローバル対ローカル）に還元してしまうような観光についての静的概念を脱する必要がある、ということである（Meehan, 2001: 15 をも参照)。私たちの心構えとして必要なのは、地方と世界全体との複雑な相互関係と地域社会が近代性と伝統、種族あるいは性別の線に沿って亀裂を生じている態様を解読するという手間のかかる作業に着手するのだ、ということである。

こういう訳で、観光も地域社会も、同質的な存在として扱われるべきではない。逆に、観光や地域社会は複雑で受容性に富み流動的で異質的な存在であって、その有する関係はさらにもっと混みいっている。したがって、地域社会に基盤を置く観光の研究は、特定地域社会を（少なくとも一時的には）示す多様な人々、意味、慣行、空間に関するきわめて重要な調査を手始めに行って差し支えない。調査を行いながら、これらの要素が同時、相互に構成、変形しあい、時として形成あるいは競合しあう過程を検討することが、これまた重要である(Liepins,2003a)。したがって、異なる集団と組織が、当該地域社会の意味、慣行、空間に影響したり、されたりするのである。同じように、これらの意味、慣行、空間は、相互に正当性を認め、流布、具体化、具現化し、形成しあうのである(Liepins,2003b：330)。

最後に一言。観光と地域社会を結びつけるにあたり、権力は、ありとあらゆる処に存在する相関関係的で生産的なものとして取り扱われるべきである(Cheon 他 ,2000)。しかし、その後に出てくる現実は、誰でもが好むような代物ではないにせよ、これを見れば複雑な過程を正しく評価し得るようになる。地域社会に基盤を置く観光を再考する上での土台は、権力を理解することである。というのは、「観光における権力は、直接に話しあう対象となり得るし、誰かが間に立って話をつけることすら可能であるが、しかし、これを無視することは不可能だからである」(Cheong 他、2000)。

参考文献

Adler, Chr. (1999) *Rationale for the Award TO DO! 99 Contest Socially Responsible Tourism*. On WWW at http://www.studienkreis.org/engl/wettbewerbe/todo/99tansania.html.

Akama, J.S. (1996) Western environmental values and nature-based tourism in Kenya. *Tourism Management* 17 (8), 567–574.

Akama, J.S. (2002) The creation of the Maasai image and tourism development in Kenya. In J. Akama and P. Sterry (eds) *Cultural Tourism in Africa: Strategies for the New Millennium*. Proceedings of the ATLAS Africa International Conference, December 2000, Mombasa. Arnhem: ATLAS.

Arusha Times (2003) Lack of cooperation threatens cultural tourism programme. *Arusha Times* 15 (2).

Ashworth, G.J. and Dietvorst, A.G.J. (1995) *Tourism and Spatial Transformations. Implications for Policy and Planning*. Oxon: CAB International.

Berger, D.J. (1996) The challenge of integrating Maasai tradition with tourism. In M.F. Price (ed.) *People and Tourism in Fragile Environments.* Wiley, Chichester.

Boomars, L. and Philipsen, J. (2002) Communicating meanings of tourist landscapes: A discourse approach. Paper presented at the World Leisure Conference in Malaysia, 2002.

Buysrogge, W. (2001) Sustainable safaris? Participation of the Masaai in tourism development on Kimana Group Ranch, adjacent to Amboseli National Park. MSc thesis, Wageningen University, Wageningen.

Cheong, S. and Millar, M. (2000) Power and tourism: A Foucauldian observation. *Annals of Tourism Research* 27 (2), 371–390.

Crehan, K. (1997) *The Fractured Community. Landscape of Power and Gender in Rural Zambia.* Berkeley: University of California Press. On WWW at http://ark.cdlib.org/ark:/13030/ft0779n6dt/.

CTP (2002) Price Quotation for Cultural Tourism Activities 2002. Arusha: Cultural Tourism Program.

Harvey, D. (2000) *Spaces of Hope*. Edinburgh: Edinburgh University Press.

Honey, M. (1999) *Ecotourism and Sustainable Development. Who Owns Paradise?* Washington: Island Press.

Knegt, H.P. (1998) Whose (wild)life. Local participation in wildlife-based tourism related activities under the Kenya Wildlife Service's Partnership Programme. MSc thesis, Catholic University, Nijmegen.

Liepins, R. (2000a) New energies for an old idea: Reworking approaches to community in contemporary rural studies. *Journal of Rural Studies* 16 (1), 23–35.

Liepins, R. (2000b) Exploring rurality through 'community': Discourses, practices and spaces shaping Australian and New Zealand rural 'communities'. *Journal of Rural Studies* 16 (1), 23–35.

Lukes, S. (1974) *Power: A Radical View. Studies in Sociology.* London: Macmillan Press.

Meethan, K. (2001) *Tourism in Global Society. Place, Culture and Consumption*. New York: Palgrave.

Milne, S. and Ateljevic, I. (2001) Tourism, economic development and the global–local nexus: Theory-embracing complexity. *Tourism Geographies* 3 (4), 369–393.

Mowforth, M. and Munt, I. (2003) *Tourism and Sustainability. Development and New Tourism in the Third World*. London: Routledge.
Nelson, F. (2003) Community-based tourism in Northern Tanzania. Increasing opportunities, escalating conflicts, and an uncertain future. Paper presented to the Association for Tourism and Leisure Education Africa Conference, 'Community Tourism: Options for the Future', February, 2003, Arusha.
Norton, A. (1996) Experiencing nature: The reproduction of environmental discourse through safari tourism in East Africa. *Geoforum* 27 (3), 355–373.
Ongaro, S. and Ritsma, N. (2002) The commodification and commercialization of the Masaai culture: Will cultural manyattas withstand the 21st century? In J. Akama and P. Sterry (eds) *Cultural Tourism in Africa: Strategies for the New Millennium. Proceedings of the ATLAS Africa International Conference, December 2000, Mombassa.* Arnhem: ATLAS.
Reid, D., Sindiga, I., Evans, N. and Ongaro, S. (1999) Tourism, bio-diversity and community development. In D. Reid (ed.) *Ecotourism Development in Eastern and Southern Africa.* Harare: Weaver Press.
Reid, D. (2002) Cultural tourism: Learning from the past. In J. Akama and P. Sterry (eds) *Cultural Tourism in Africa: Strategies for the New Millennium*. Proceedings of the ATLAS Africa International Conference, December 2000, Mombasa. Arnhem: ATLAS.
Rutten, M. (2002) Park beyond parks. Genuine community-based wildlife eco-tourism or just another loss of land for Maasai pastoralists in Kenya. London: International Institute for Environment and Development, Issue Paper 111.
Scheyvens (1999) Ecotourism and the empowerment of local communities. *Tourism Management* 20, 245–249.
Syikilili, U. (2002) The development of cultural tourism in Gezaulole Tanzania: A critical analysis. MSc thesis, Wageningen University, Wageningen.
SNV (1999) *Cultural Tourism in Tanzania. Experiences of a Tourism Development Project*. The Hague: SNV Netherlands Development Organization.
Tosun, C. (2001) Limits to community participation in the tourism development process in developing countries. *Tourism Management* 21, 613–633.
Urry, J. (2000) *Sociology Beyond Societies: Mobilities for the Twenty-first Century.* London: Routledge.
Urry, J. (2003) *Global Complexity.* Cambridge: Polity Press.
van der Duim, V.R. (2002) The 'culture' of sustainable tourism: A quest for innovation. In J. Akama and P. Sterry (eds) *Cultural Tourism in Africa: Strategies for the New Millennium.* Proceedings of the ATLAS Africa International Conference in Mombasa, Kenya. Arnhem: ATLAS.
van der Duim, V.R. (2003) 'Tourismscapes'. An essay on tourism, globalization and sustainability. To be presented to the Research Conference 'Managing on the Edge: Shifts in the Relationship between Responsibility, Governance and Sustainability', University of Nijmegen, 25–26 September 2003.
van der Duim, V.R., Peters, K.B.M. and Wearing, S.L. (2005) Planning host and guest interactions: Moving beyond the empty meeting ground in African encounters. *Current Issues in Tourism* 8(4), 286–305.
Verburg, D. (2004) Cultural tourism as an arena: A case study from Tanzania. MSc thesis, Wageningen University, Wageningen.
Wearing, S.L. and McDonald, M. (2002) The development of community-based tourism: Re-thinking the relationship between tour operators and develop-

ment agents as intermediaries in rural and isolated area communities. *Journal of Sustainable Tourism* 10 (2), 31–45.

Wels, H. (2002) A critical reflection on cultural tourism in Africa: The power of European imagery. In J. Akama and P. Sterry (eds) *Cultural Tourism in Africa: Strategies for the New Millennium. Proceedings of the ATLAS Africa International Conference, December 2000, Mombasa.* Arnhem: ATLAS.

第8章
黒人町を観光する：神の恩寵かそれとも災いか？南ア Soweto の事例

Jennifer Briedenhann, Pranill Ramchander

はじめに

1994年の民主的な選挙以前には、南アの都市観光はいわゆる「白人地域」に厳しく限定されていた。理由は二つ。第一に、アパルトヘイト（apartheid、訳者注、南ア共和国のかつての徹底した人種差別制度）立法によって「白人」に属する者が「黒人」居住用の町として法律で指定された地域を訪れることは禁止されていた。第二に、そのような黒人の町は、犯罪と暴力がはっきりと目に見えて高い水準にあったので、一般的に「足を踏み入れてはならない」地域とみなされていた。南アにおける都市の格好をした黒人町が他の貧困地域と違うところは、主として、前者がアパルトヘイト体制下で広がった環境の所産であるというところにある。「白人」用の都市にとけ込んでその一部分となることを禁じられて、これらの町は、都市中心部の商業地区や白人の住む都会地域から遠くはなれたところに追いやられたベッドタウンとして発展させられた。本研究の焦点である Soweto は、政府によって白人居住地域として指定された地域に当時居住していたアフリカ人を住まわせるという特定の目的で建設された、雑然と広がっている大都市圏である。人口は200万を超えているが、Soweto の住民は圧倒的に黒人である。

Soweto の過去は波瀾に満ちた政治的事件で彩られているが、アパルトヘイト体制打倒を目指す政治運動の中心地になった時に始めて世界の注目の的となった。人種的に隔離されていた黒人用高校の授業に用いる言語としてアフリカーンズ（訳者注、17世紀のオランダ語から発達した南アのオランダ系住民通用語）を導入することに反対して学生が立ち上がった1976年の蜂起と1980年代の政治闘争は、世界の目をこの市に向けさせることとなった。Sowetoは、今日、新生南アの政治的自由を象徴するに至った。抑圧、苦痛、暴力の記憶が強く残っているので、この黒人町が観光目的地になるなど、ありそうにもないことである。にもかかわらず、信頼できるデータが乏しいとは云え、地方観光局（the Provincial Tourism Board, GTA, 2001）の推計によれば、約800名の観光客が、南アの黒人都市社会の政治的過去と文化を体験しようとして訪れ、再活性化された黒人町の生活を日々目の当たりにしている。事例研究にSowetoを選んだのは、社会経済的地位、政治・経済的傾向、不法占拠者居住（informal settlements）など、南アの他の黒人町にも共通して存在する特徴をSowetoが具えているという事実が理由である。したがって、本事例研究から得られる結論は、南ア全土の地方黒人町に広汎に見受けられる状況についても似たり寄ったりと考えて良いであろう。なお、付言すれば、南アの黒人町の中で最も大きく、また最も知名度の高いのがSowetoなのである。

黒人町を観光するとはどういうことなのか

南アの黒人がこの間まで居住を指定されていた町を訪れることへの観光上の関心が急速に高まっているのは、三つの要素が原因となっている。第一に、このような町を訪れるならば、「本当の」歴史、「本当の」人々、「本当の」南アを伝える、より本物で、観光客相手のわざとらしさのない経験をすることができるだろう、と考えられるからである（Witz他、1999: 17)。観光客は人種的多様性と豊かな文化遺産―黒人町の住民の日常生活と慣行にはっきり表われている―に関心を持っており、この関心が町を訪れる動機となっている。観光客のSoweto訪問は，市の中でもより富裕な地域に存在する豪華なホテルから出発するエアコン付きのミニバスに乗って行われるのが普通である。どのような体験をするのかというと、伝統的なアフリカのビール製造酒屋や呪い（まじな）医者（*sangoma*）を訪ねることから、アフリカの踊りと料理を愉しみ、不法占拠者居住地域、新たな住宅建設プロジェクト、貧民用食糧配給所（soup kitchens）やリサイクル用の品々を集めてある倉庫に短時間立ち寄るなどいろいろである

(Witz, 2001)。このような体験には、ブリキ屋根の小さな木造家屋から簡易宿泊所の部屋、新たに開発された泊めて朝食のみを出す宿泊施設に至るまでのさまざまな棲み家の住人の中から注意深く選ばれた若干の人々を訪問することも含まれている。案内人が油断なく見守っている中で指定された通りをいくつかちょっと歩いて通り抜けるのは、黒人町の「感じ」を味わってもらうためである。工芸センターでは、アフリカ体験の手作りの思い出になりそうな買い物をするという「いい気分だ」というジェスチュアをすることもできる。観光客が黒人町の生活を観察し、これに参加することはできるが、酔っぱらって始末に負えない常連客に迷惑を掛けられるようなことのない「安全な *shebeen*（居酒屋）」で、社交的なふれあいが演じられる。'*shebeen*' というのは、前には違法とされていた飲み屋で、こういうものができたのはかつて政府が黒人をまともな経済活動から閉め出そうとする政策をとっていたことに起因するのだが、この *shebeen* が､黒人町での生活の律動の縮図なのである。生計を立てるために、黒人町のオバチャンなり居酒屋の女王様（所有者である女性）は、多種多様なお手製の飲み物を売りに出した。新たな文化がどっさり生まれると、このような居酒屋は人とつきあうために皆が集まる人気のある場所となった。一杯やるとか、デート、雑談，素敵な音楽を聴く場所に自分の家を変えてしまった人たちが大勢いる。常連客には種々雑多な人々が混じり合っていたので、このような居酒屋は、哲学、政治からサッカーや音楽にわたる話題が論じられる場所となった。しょっちゅう、警察の手入れがあったが、居酒屋の女王様たちはめげずに商売再開、という具合であった。

第二に、これらの町を観光のために訪れると、アパルトヘイト体制のもたらした被害が観光客の目に見えてはっきりと分かる。何処へ行っても、貧乏だらけであるが、正にこれが黒人町住民の生活と不屈の精神をいっそう尊敬すべきものとさえする一つの要因である。不法占拠者のキャンプ、つまり不法占拠者居住地は激増する失業者の巣で、彼らは、なまこ板とかその他手に入る材料なら何でも利用して仮小屋を造っている。水道や電気といった基本的なインフラがないので、こういった仮小屋は、夏はひどく暑く、冬はたまらなく寒く、生活は容易なものではない。貧乏であるにもかかわらず、掘っ立て小屋の住民たちの間では、強い地域共同体意識が生まれてきた。アパルトヘイトの何たるかを他にはっきりと示すものの中には、ヨハネスブルグに最初にやってきた黒人移住者を住まわせるために建設された、冷笑的に「マッチ箱の家」と呼ばれて来た一番古い住居も入っている。これと対照的に、新たに出現してきた黒人中産階級の家屋が並んでいる郊外の住宅地もある。このような郊外住宅地には、立派な家屋、まともな道路と遊び場、住民の子供たちのための学校が堂々と備わっている。

最後に、Soweto を訪れる観光客は、この町の抵抗の遺産を自ら味わう機会に恵まれる。これらの記念碑には、1976 年の最初の暴動の犠牲者である Hector Peterson の墓などがある。政治的な意義を有する他の建物としては、数多くの抗議集会の場となった Regina Mundi カトリック教会、牢屋に入れられる前にネルソン・マンデラが住んでいた家、デスモンド・ツツがケープタウンの大司教館に引っ越す前の家などがある。此処は、ノーベル平和賞受賞者が二人も暮らしていた世界でただ一つの街である。観光客は、悪名高い簡易宿泊所を一瞥し、自由広場を訪れることもできる。この自由広場というのは、自由を求める闘争を記念する場所であり、同時に、「人は全て法の下に平等でなくてはならない」を掲げる自由憲章（the Freedom Charter）がアフリカ国民会議（the African National Congress、略称 ANC）の方向を示す基本文書として採択された場所でもある。

観光客が一様に驚くのは、これまで信じ込まされて来たのとは違って、黒人町が暴力的犯罪のしみこんだ貧困地域ではない、ということである。それどころか、これらの町は、親しみやすい人々と圧倒されるばかりの感銘を与えてくれるさまざまな物語に溢れている活動的な中心地なのだ。こういう黒人町を訪れること自体が、外国人のみならず、こういう所に思い切って始めて足を踏み入れる南アの白人をも文化的に開眼させる役割を果たしてきた。観光客の大部分は、到着時とははるかに異なる印象を抱いて帰路につく。しかし、こういうのは新しい、他に類例のない観光現象であるため、黒人町観光の開発なり企画あるいはそれが住民の地域社会にどんな影響を与えるのかということに関する研究は、殆ど行われて来なかった。本研究の目的は、黒人町観光の結果として生じた地域社会参加とこれに付随する能力開発がどの程度意味のあるものなのか、また、観光の社会・文化的影響について住民がどう認識しているかを見極めることである。

真正性と地域社会の諸問題

観光客と地元住民間の触れ合いは、多種多様な状況の下で生ずる。Aronson（1994: 86）の言う「本物のめぐり会いの場」とは、地元住民の日常の文化と慣行の一部を形成し、同時に、地域社会に融けこんだ一部分となっている領域において観光客と住民がめぐり会うような場所である。しかし、De Kadt（1992: 51）の論ずるところでは、観光客にとって何が本物であるように見えるかというのは、高度に主観的である。「本物かどうかという問題は全面的に観光客の側に焦点を当てている。問題となるのは、観光客としての体験の中で遭遇した現実を彼なり彼女なりがどう認識するかということなのである。」黒人町を観光すれば、「本当の」人々、「本当の」南アを体験する機会があり得ると一般に考えられているが（Wits 他、1999: 17）、他方、芸術、工芸品、大きな政治的意味を有する建造物のような純粋に目に見える光景に関わる状況と人々の家庭を訪問する、伝統的な呪い（まじない）医者の所に出かけてみる（Moscardo & Peace, 1999）あるいは南アの黒人町の場合には地元の居酒屋を訪れるなどの触れ合いの局面に観光客を関わり合いにならせる状況との間には違いがある。

De Villiers（2003: 4）の強調するところでは、アフリカの主な欠点の一つは「成功するためには、西洋を見習わなくてはならない」と決め込んでいることである。南アで圧倒的大多数の住民が西洋の規範、宗教、習慣、服装、言語を採り入れるにつれ、元来の固有文化に深刻な変化が生じた．一方において、観光のせいで固有の文化がさらに歪められ、商品化され、究極的には破壊される（Greenwood, 1989: MacCannell, 1976）、とくに若者の社会・文化価値変化が加速化される（Harrison,1992）との主張がある。他方、観光は地域社会の矜持を復活させる上での触媒としての機能を果たし（Esman, 1984）、「伝統、習慣、文化遺産の保護と強化に貢献するのであって、観光がなければこういったものは消滅してしまうであろう」という議論もある。Dyer 他（2003: 93）は、ステレオタイプ的なイメージを弱め、異文化間の理解を増進する上で観光が果たし得る可能性について言及している。ケープタウンの黒人町 Langa での逸話めいた事例として挙げられているのであるが、「ホームステイ」は、人々が偏見を克服するのを助け、また、泊める側と泊まる側の間の活溌な触れ合いを通じて人種的な仲違いの橋渡しをする上でのパイプ役を果たしている（Tavener, 2003）。Langa の住民は、当初、黒人町を訪ねようという白人観光客の動機について反感と疑念をあらわにしていたが、これは既に克服され、今では同じ住民が泊める側と泊まる側の触れ合いの機会を争って求め、観光客が黒人町の生活、習慣、文化遺産についてもっと識りたいという関心を示す事実に誇りを覚えている。これは、意味深い成り行きであるといって良い。泊める側と泊まる側との間に活発な触れ合いが進められて来た訳だが、しかし、これが注目に価するのは、観光への地域社会の広汎な参加のもたらす利益と能力開発の潜在的可能性を認識した公権力的機関とか観光業者のお陰というよりも、むしろ、この黒人町の住民である精力的な一個人の尽力によってこのような結果が生じたということである、にもかかわらず、アフリカ文化と政治的な過去が南ア観光の呼び物の中で効果的で需要の多い「売り」の対象であると認識されるに至ったことが、この国の民主化が始まってからの最も根本的な変化の一つである（Briedenhann & Wickens, 2003）。

観光とその影響に対する地域社会の態度を突き止めようとする研究は、数え切れない程多く行われて来た。しかし、本研究は、Lankford と Haward の所説（1994）、つまり、そのような態度は観光の企画と開発にどの程度自分たちの発言権があるのかということについての住民の認識と観光によってもたらされる経済活動の程度（Johnson 他、1994）いかんによって影響を蒙る、とする説を実証する結果となった。観光への依存度が高い住民ほど観光開発への見方が好意的になる（Lankford & Haward, 1994）一方で、この人たちが観光産業が始まった後での影響にはプラスとマイナスの両面があることをも認識している（King 他、1993）という証拠もある。観光による就職や商売をする機会のお陰で黒人町の住民がどの程度潤うか、ということが問題の核心である。観光学者（Koh, 2000; Timothy, 2000）の強調するところでは、零細企業的商売の数と活動が増えれば、地元の経済成長推進力にもなり、雇用機会を刺激することにもなる。観光の影響を受ける地域社会が観光の企画と開発に参画する場合に、公平と「環境と文化の一体性」の確保はいっそう容易になる、とも論じられている（Timothy & Tosun, 2003: 181）。地元民が自らの文化の所有権とその文化の中で何を見せ、何を隠したいかという点に関する決定権を保持する場合にも、同様であるとされる（Crouch, 1994）。しかし、南アの状況では、圧倒的大多数の人々が観光についてこれまで何一つ経験がないので、地域社会が観光に関する決定を下すのに必要な技術を身につけられるようにするための支援と指導が絶対に必要である。観光の将来いかんは、「地域社会の能力開発、住民参加型の開発企画、地元ならではの知恵を大事にする」という原則を採用するかどうかによるところ大であろう、というSouthgateとSharpleyの主張（2002: 262）は、南アの黒人町観光について実にぴったりあてはまる。

研究の方法

本研究は、定量・定性結合方式を採用し、5段階Lickert質問表と深層面接をデータ収集の用具として用いた。質問表の第一部では、回答者の人口統計学的諸特徴と、これら回答者が観光活動に何らかの関係がある場合にはその関係を、浮き彫りにした。第二部は57の態度表明を内容としているが、これらの記述は、文献から抽出されたさまざまの変数群から構築されており、観光の影響として認識されているものに関連する諸要因に対する回答者の同意または不同意の度合いを計測するのが目的である。第三部は、黒人町観光開発と企画に関して回答者に他のコメントがある場合に備えて設けられている。調査標本は、系統無作為抽出法によって選ばれたSowetoの主要14観光中心地における350所帯からなっている。地元の言語に堪能な現場作業員が調査と面接を行った。回答者は、性別、年齢、所得水準、教育に関し、概して偏りがなかった。回答者の41%が観光から収入を得ていた。月収5,000ラント（385英ポンド相当）以下の人々が85%を占めた。

度数分布と平均および標準偏差を計算の結果、定量的データに関する記述統計分析[注1]を行うことができた。クロス集計表の変数の統計学的意味を決定す

注1. 推計統計数字は、計算済みではあるものの、本論文では記述されていない。多変量分散分析による検定は、有意な関係を調べるため、独立変数間で行われた（例えば、性別、観光からの収入、居住年数）。

るために、カイ自乗検定が行われた。質問票から得られた定量的データについての結論は、回答者のコメントや面接から生ずる定性的データの結果によって補強されている。定量的なデータは信号化され、同じテーマの繰り返しは記録され、分類可能な区分が現れてくると、その内容が何であるかが確定された。回答者の発言を直接引用して、回答者に自分の言葉で話させるようにした。次項の表 8.1 と図 8.1 は、黒人町の観光開発の影響について最も肯定的な認識が存在することを物語っている。

主要な判明結果に関する考察

回答者たちのコメントを見ると、有益な異文化交流が観光の結果として生じ得るという Dyer 他（2003）の所説がますます強化されることとなった。「黒人町観光のお陰で、黒人と白人が触れあう機会が持てるようになった。黒人町は足を踏み入れてはならない地域で、危険だ、犯罪者と強盗の天国なんだ、というステレオタイプ的な見方がもう成り立たなくなってきている」というのが回答者たちの言い分である。

回答者たちは、自分の視野を広げられるこの機会を能力開発につながるものと認識していたし、また、地元民が「観光と接客についての意識を向上させた。異文化間学習交流のお陰で、国際観光、外国の土地や人々についての知識の幅が広がり始めている」と主張していた。

他の回答者たちの論ずるところでは、「黒人町観光のお陰で、地元の芸術、工芸品、伝統に対する関心が甦って来たのは間違いない。地元民には自分たちの文化遺産と文化を誇りとする気持ちがしみこんできた。」回答者の大多数は、同じように、黒人町観光の結果、文化的慣行や大きな政治的意味を有する建造物が保存されることになるだろう、と考えていた。このような認識は、観光が自分は何者なのかという意識を甦らせ、文化的、人種的な誇りを高める触媒としての役割を果たし得る、という主張と一致する（Esman, 1984: Hashimoto, 2002）。南アの状況では、元来の固有文化が一世紀の間卑しめられて来たので、自信と人種的矜持が甦って来たことは、誠に意義深いものがある。De Villiers（2003: 4）は、このことを簡潔に次のように述べている。「人々が自分自身に

表 8.1　最も肯定的に認識された観光開発の影響

態度表明	観光から得られる世帯所得を有する回答者		観光から得られる世帯所得を有しない回答者	
	平均	標準偏差	平均	標準偏差
黒人町の観光は婦人労働に対する需要増加をもたらした	3.56	1.20	3.30	1.32
観光は住民のための娯楽施設や生活インフラの発展を促進する	4.01	0.79	3.89	0.94
黒人町観光は地域の概観を維持改善する必要性に関する住民の意識を高めた	3.93	0.94	3.58	1.15
黒人町観光の発展は害してSowetoの外観を改善した	3.75	0.99	3.46	1.29
観光客の文化に対する関心は伝統的な活動と文化的矜持の強化をもたらした	4.07	0.81	3.99	0.94
黒人町観光は伝統的な芸術表現形式参加に対する地元の人々の関心に刺激を与えた	3.86	0.76	3.92	0.90
黒人町の観光の結果地元の文化が甦りつつある	3.67	0.98	3.64	1.18
黒人町観光客は地元の人々の文化的生活様式に敬意を示している	4.14	0.82	3.82	1.03
観光は地元の人々による様々な文化活動を盛んにさせる	4.00	0.59	3.90	0.86
黒人町観光は受け入れ側の人々の文化的アイデンティティと文化遺産を保存する一助となる	4.08	0.73	3.85	1.05
観光客と接することは異文化間交流を促進する（相互理解とお互いの文化尊敬増進）	3.90	0.98	3.84	1.15
職を創り出し、所得を生むことにより黒人町観光は住民の社会的福利増加を促進する	4.02	0.72	3.72	1.11
黒人町観光は一層多くの人々が観光に新たなチャンスを求め前の仕事をやめる結果をもたらした	3.10	1.15	2.68	1.22
黒人町への観光はSoweto住民に対し多くの立派な雇用機会を提供している	3.79	0.88	3.28	1.25
黒人町観光はSowetoの経済的将来にとって希望の星である	4.08	0.71	3.65	1.14

態度表明の点数はLikert5点段階尺度による。１．強く不同意、２．不同意、３．どちらでもない、4. 同意、5. 強く同意

満足し、自分が誰で、何者なのかということに誇りを覚える必要があるのは、誰でも知っている—もしそうでなかったら、何一つうまく行きはしないのだ。」南アの歴史的なキリスト教伝道所への観光振興を目的とするルート開発に参加した一女性が、観光にはそのような誇りと自信を甦らせる触媒の能力がある、と証言している。

この女性の言うことには、彼女の育った地域社会は貧しくて、世間では

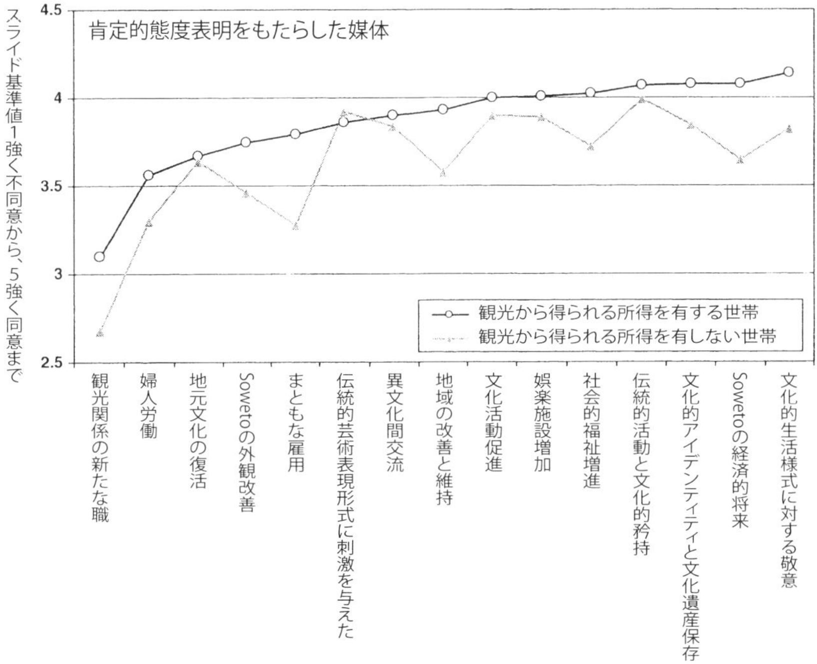

態度表明の点数づけは Likert5 点段階尺度による。
1．強く不同意、2．不同意、3．どちらでもない、4．同意、5．強く同意

図 8.1　最も肯定的に認識された観光開発の影響

'*patatvreters*'（ジャガイモ餓鬼）という侮蔑的な言葉で呼ばれていたのだが、これは、他の貧困地域社会の間でさえも馬鹿にされていたということを意味する。しかし、観光ルート開発に参加した結果、気持ちが変わる。「私も私の村の人たちも、”ジャガイモ餓鬼”というレッテルを貼られて、いつも恥ずかしく思って来ましたし、私たちは人並みじゃないんだといつも感じて来ました。でも、今では、これをプラスになる材料に変えようとしているんです。私たちの頑張りの旗印として、また私たちの性格の標識として、これを誇りを以て掲げていこうと思うの」（Villiers, 2003: 5）。

観光の生ずる雇用面での利益は、回答者たちによって評価されていた。「ますます多くの人々が観光で職を得ているので、黒人町への観光は観光における

新たな職業機会をもたらす結果となって来た。若者たちにとってその関心を伸ばして行く場としての新たな分野が生まれたのだ。この手の観光は、地元民が観光産業に参入し、観光案内人、観光業者，企業家として職を見つける機会を生み出してきた。」しかし、何と言っても、黒人町の「泊まりと朝食」だけの宿とホームステイの所有者兼経営者として観光における新たな職業への進出により力をつけたのは、圧倒的に女性である。この結果、観光と接客のための課程受講を申し込む黒人町の女性の数が増加してきた。黒人女性が伝統的に南ア社会において最も低い地位に置かれて来たことを考えれば、これは特筆大書に価する事柄である。回答者たちは、さらに、観光を通じて雇用が生み出されることになれば、地元経済は漸次改善の方向に向かうだろう、と考えていた。南アで以前に行なわれた調査も、同じように、観光開発の利益の中での目玉は就職であるということを論証している（Briedenhann & Wickens, 2003)。観光が地域社会に企業家精神を育んだと主張する者もいる。「居酒屋、レストラン、泊まりと朝食だけの宿が発展してきた。たくさんの行商人が観光客が大勢集まる場所で美術品と手工芸品を売り歩いている。」この結論は、企業の開発が観光発展の原動力となっているという Koh（2000）の所説に類似している。観光に好意的な回答者たちの言い分では、黒人町の外観とイメージが良くなっているし、Soweto の経済もまもなく十分な発展を遂げるであろう。インフラの維持、開発と地元民、観光客の双方の役に立つ新たな施設、設備の観点からして、観光が住民に利益をもたらすことも、同じように認識されている。しかし、全般的には前向きの姿勢をとっているにもかかわらず、Soweto の住民は、「黒人町」観光の発展の結果として生じつつあるマイナスの影響にも気がついている（表 8.2 および図 8.2)。

なかんずく、伝統的なアフリカ文化が商業化されてきているという懸念が年輩の回答者たちから表明された。この人たちの言うところでは、「地元民の中には金儲けのために文化を観光客に売り渡し、陳腐なものにしている連中がいる。」商売を始めた者の一人は、住民の反感を次のように説明した。「分かってもらわなくちゃならないのは、此処の場所を休みなく通りすぎて行く観光ツアーをこの町の人々が必ずしも快く思っていないということなんですよ。これじゃあ、まったく、動物園で暮らしているようなものだ、という感じになるもの

表 8.2　最も否定的に認識された観光開発の影響

態度表明	観光から得られる世帯所得を有する回答者		観光から得られる世帯所得を有しない回答者	
	平均	標準偏差	平均	標準偏差
黒人町観光は次第に市の料金と課税増加をもたらす	3.10	1.01	3.26	1.25
Sowetoの伝統的アフリカ文化は観光客のための商業化が進行している	3.29	1.02	3.35	1.36
地元民はしばしば伝統的な慣行の商業的価値を増進するためにこれらの慣行を適応させることによって観光客のニーズに応えようとする	3.79	0.72	3.84	0.94
黒人町観光は地元住民の伝統的文化に変化を惹起する	2.82	0.98	3.30	1.25
観光から利益を得ているのはSoweto住民のほんの僅かの少数の人々である	3.59	1.04	4.16	0.96
Sowetoにおける黒人町観光の発展は地元民よりも観光客を利する	2.99	1.13	3.54	1.21
Sowetoにおける黒人町観光は少数の観光業者の手に専ら握られている	3.83	1.01	4.04	1.07

態度表明の点数付けはLikert5点段階尺度による。1．強く不同意、2．不同意、3．どちらでもない 4．同意、5．強く同意

ですから。」そこで、この女性は、自分の店の近くの住民に、あんたたちは地元でいろんなものを供給する側なんだから、この店のお客が増えれば増えるほど儲けも大きくなるんだ、ということをしっかり理解させた上で、近所の人々が彼女の店にやって来るお客を歓迎するように「教育」したというのである。しかし、これらの回答者たちの言い分は、次のような主張と一致している。つまり、観光は観光を受け入れる地域社会と離れては成立しないのであるから、住民やその文化と資源が観光客の消費する生産物の一部となるのは避けられない、とする主張である（McKerher, 1993)。これを受け、Craik は論じて、「観光の利益を極大化し、好ましくない変化や影響を最低限にとどめるには、社会的、文化的諸問題が観光資源の一部であることが明確になり、また、これらの問題が観光の企画、開発、経営過程に組み込まれなくてはならない」と述べ

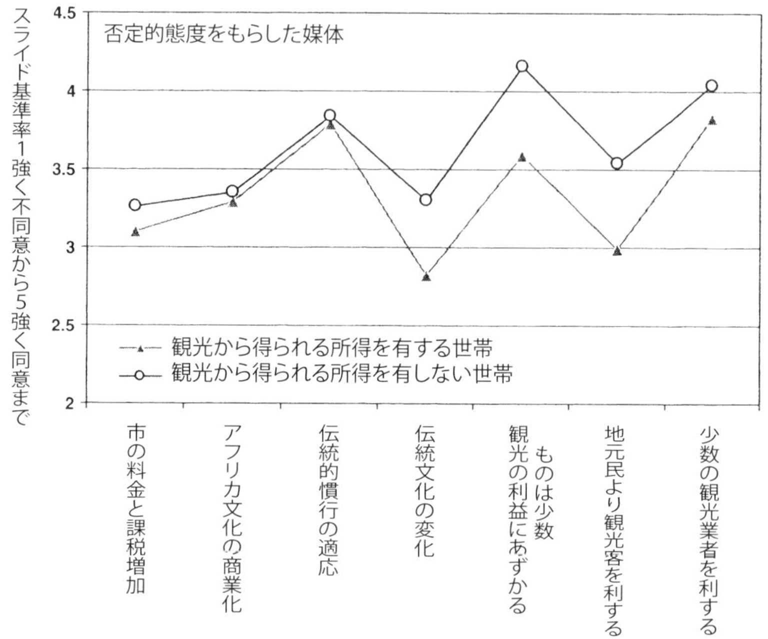

態度表明の点数づけはLikert5点段階尺度による。
1．強く不同意、2．不同意、3．どちらでもない、4．同意、5．強く同意

図8.2　最も否定的に認識された慣行開発の影響

ている。しかし、Sowetoにおいて多数回答者の不信の原因となっているのは、文化観光で何をどのように売り物にするかということに関する企画にも決定にも、概して言えば、住民参加の機会が与えられて来なかったという事実であるかもしれない。

観光客に異文化交流への関心がないことが、住民の能力を減退させることに繋がると考えられ、また、劣等感を住民の間に植えつけた。「観光客の中には、自分たちは地元民よりも偉いんだと思っているように見える人たちもいる。こういう観光客は、地元の人たちと触れあう努力もせず、ただ観光案内人の説明に耳を傾けるだけだ。」時には、観光客の振る舞いが不作法で差し出がましいと考えられることもある。「観光客が無断で地元の人々の写真を撮ることが良

くあるんです。写真のためにポーズをとってほしいとと頼むのなら、それなりの報酬を払うべきでしょう。それに、とった写真をどう使うのかについても知る権利があるはずでしょう。断りもなしに写真を撮る観光客を地元の人たちはとても迷惑に思っているんです。だから、観光客には前もってマナーの説明をしておかなくちゃあ。」地元の子供たちに写真を撮るから踊って見せろと要求する観光客にげんなりしている案内人も同意見である。Evans（1994）の観察したところでは、地元民とか地元民の儀式を写真に撮るなという要求に従う観光客もいるが、これは俺たちの権利だと言って、写真撮影に固執する者もいる。観光業者の言うところでは、観光客に地元民に対する敬意が欠けていることが受け入れ側と観光客側の関係を決裂させる重要な一要因である（Tearfund, 2001）。回答者の一人（女性）は、観光バスが黒人町の中で停まって、観光客が下のほうで立っている人々にお金を投げ与えたのを見たと苦情を述べている。このような振る舞いのせいで、主立った観光の道筋に沿って乞食と浮浪児の数が増えてしまった。観光客が多数集まる場所での犯罪激増に関する懸念も表明された。「高価なカメラやお金を持ち歩いている観光客がいれば、何処にでも、犯罪者はうろついているんです。観光客と地域社会の双方が危険にさらされているのですから、警備を強化しなければなりません。」南アは、貧窮した人々がきわめて多いため、観光客狙いの犯罪を育てるのにもってこいの温床となっているが、南アの人々の間で観光のもたらす利益がもっと公正に分配されれば、このような問題は改善を見るであろう（George, 2003）。

観光案内人たちは、観光ツアーは貧困を種に低俗なのぞき趣味の テーマパークを作ろうとしている訳ではないと力説し、自分たちは観光客に対し住民の反感を買わないようにマナーについて事前に説明を行っているし、住民と触れあう機会を提供していると明言している。異文化の触れ合いが生じない理由として案内人たちが非難するのは、エアコン付きのバスから観光客がスナップを撮り，周りの貧しさを垣間見るといった「サファリ型」の駆け抜けツアーを実施する観光業者である。絵はがきとアフリカのお面を買った後、観光客の多くは、地元民とほんのあるかなしかの接触をしただけで帰路につく。観光業者の中には、観光客が居酒屋、ジャズクラブ、レストランで地元の人々と会うことを許し、観光客が地元の芸術家や地域プロジェクトを支援するよう働きかけるようなものの分かった人たちもいる。運良く観光産業に関わることになった人々は、自分たちは観光客を通じて世界に対して身をさらけ出しているのだと明言している。泊まりと朝食のみの宿を営んでいるある地元民は次ぎのように述べている。「日によっては満員バスが二台もやって来ることがあるのよ。座るところなんてありやしない。そこで、台所なり、何処でも入ってもらい、何でもべらべらしゃべってしまうの。お客は、ドイツ、アイルランド、フロリダ、ミシガン、デンマークからと、そりゃあもういろいろ。アパルトヘイトのせいで、私たちの文化をよその人と分かち合う機会なんて前には金輪際あり得なかったんだものね。」回答者たちは、過去の抑圧に関する自分の想いを他の人と分かち合う機会を得たと考え、また、自由のための闘争においてSowetoの住民が果たした役割が解放にも能力開発にも貢献しているとも考えている。彼らは自らの「闘争」遺産に誇りを抱いており、観光客がこれを分かち合い、理解することを望んでいるのだ。

最も否定的なコメントは、観光に参画する機会がないのと、これと同時に生じている経済、雇用の面での利益配分の不平等に直接関連していた。観光業者に対してなんの発言権もなく、観光に参画する機会もないので、住民は決定権を奪われたような気分である。「現在Sowetoでツアーを行っている観光案内人や観光業者について地元の人々は不満に思っている。彼らは断りもなく地元の人々が暮らしている地域に観光客を連れ込むし、それに、観光客が何処に行き、何処でお金を使うかもコントロールしているようだ。観光案内人は観光客が買い物をする店からリベートをもらっている、と考えている地元民もいる。地元民の考えでは、案内人の大多数はSowetoの外に住んでいるのであって、土地勘に優れた地元の人々がまず優先的にツアーの実施にあたるようにしてもらいたい。」もう一人の回答者は、次のような言葉で何が問題なのかを述べている。「観光会社は、観光客を短時間のあっという間に終わってしまう旅行に連れて来るだけだ。こんなことでは、観光客が地元の人たちと十分に触れあう機会など生まれる訳もないし、観光客が地元の手工芸品センターでお金を使う機会も出て来ない。観光客の中にはSowetoではまったくお金を落とさず，実際のところ、この町の外で手工芸品を買う人たちだっているんだから。」観光のもたらす利益をごく僅かの人びとだけが手にしている、と認識されている。

「観光で潤うのは、闘争・政治を記念するもののある道筋とか有名な ANC 活動家と Soweto のお偉いさんの家のような人気のある場所の近くに住んでいる連中だけみたいだね。こういった目玉の場所近くにでも住んでいなきゃ、万事休す、ですな。」Dogan（1989）は観光のもたらす利益が観光を受け入れている人々に公正に分配されていないと主張したが、住民の多くがこの説を支持している。彼らの言うことには、観光は利益をもたらすと言われているけれども、はっきりした証拠がない。観光についての話はいろいろ聞いているし、現に観光客はこの町に来ているけれども、地元住民の大多数はなんのおこぼれにもあずかっていない。しかし、Edington と Smith（1992: 9）は論じて、「観光開発は地元住民間に勝者と敗者を生み出し、勝者の多くは地元の外から来た人々であるかもしれない。その場合、このような人々は、元々地元に住んでいた人々の搾取者とみなされる」ことが良くある、と述べている。

図 8.3 は、回答者たちの中で観光から所得を得ている者と、これと反対に、観光から所得を得ていない者との間には認識の上でかなりの違いが存在することを浮き彫りにしている。回答者の中で、仕事の上で観光と直接に関係を有する者は、当該産業と仕事の上で直接に関係を有しない者よりもよりいっそう肯定的な態度を示している。さらに、回答者たちの中で、肉親が観光関係の仕事なりサービスで働いている者は、そうでない者よりも観光に対してよりいっそう肯定的な態度を有する傾向を示した。

黒人町観光の欠陥の多くは、政府への嘆願として提出されている。住民の考えるところでは、観光目的地としての Soweto に対する公共部門の支援が必要であり、地元の人々が事業を始めるための資金と無償援助を手にすることができるようにすべきである。主立った争いの種の一つは、観光への参画の機会がないことである。観光の開発や企画についてまともに相談を受けたことがない、というのが住民に言い分である。この結果、地元の人々の中で観光関係の事業を始めた者とそうでない者との間に怨恨が生れ、また、観光の利益にあずかっていない住民の間で反感が現れて来た。住民が目下要求しているのは、現在および将来の観光開発と企画ならびにそれに関連する費用と利益に関し相談にあずかる権利である。住民の考えでは、政府は、観光がどんなものかを啓発し、どうやって小規模な事業を始めたらいいのか、事業主としてどんな技術が必要

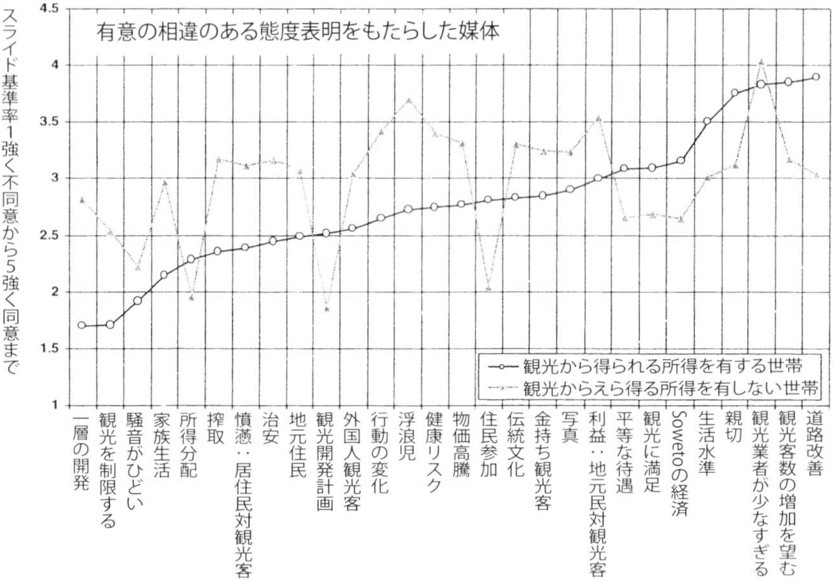

態度表明の点数づけはLikert5点段階尺度による。
1．強く不同意、2．不同意、3．どちらでもない、4．同意、5．強く同意

図8.3　観光から所得を得ている回答者と得ていない回答者間の認識の相違

なのか、を学ばせるためのワークショップや研修を行うことによって、地元の人々が観光に参画する能力を身につけられるように援助すべきなのだ。観光が長続きするためには地元地域社会が積極的なパートナーでなくてはならず、地域社会が企画過程の早い段階から参画することが絶対に必要であるということに観光理論家も賛同している（Gunn, 1988: Haywood, 1988: Murphy, 1985）。新たな観光目的地において、観光がもたらすであろう潜在的な報酬と機会についての過大な期待を抑え、地域社会の理解を深めるために啓発プログラムを実施すべきであると論ずる向きもある（Din, 1996）。しかし、政府が失業と経済的困窮への万能薬として観光を売り込んだため、これまで不遇であった地域社会での観光のもたらす経済的利益への期待は現実ばなれするほど高いものがある。

むすび

アパルトヘイト終了後の南アの観光産業では、「新しい」社会とその激しく揺れ動いた過去のイメージと見せ方をどのようにして構築し、パック化し、伝達するのかという責任を公共部門と私的部門内部の一握りの重要利害関係者が担うこととなった。政府は観光を触媒視しており、この触媒を通じて、これまで貧困に喘いで来た地域社会が経済的利益と近代化の恩恵にもっと浴することができると考えている。経済的に困っている状況で、経済的な利益を得られる可能性を求めて、自然・文化環境のような活用可能な資源に人々の目が向けられている。その結果、観光を受け入れる地域社会の文化と伝統は、観光産業の購買力から生ずる脅威にさらされることとなる。南アにおける文化観光の解説と実施のやり方には、殆どなんの整合性もない。観光の主流から黒人が疎外され、排除されて来たので、黒人町住民の大部分は、自分たちの多様な文化をどのように表現するか、そのやり方についてなんの発言権もない有様である。

Soweto の地域社会をもっと幅広く潤すような類（たぐい）の持続可能な黒人町観光を発展させる上で、もっと多くの人々と相談し、力を合わせることがきわめて重要である。観光が現実的な意味のある魅力的な経済部門であると認識されている一方で、黒人町地域社会の参加が公正に行われていないという点に関して住民から不満の声が上がっている。発展途上国の多くにおいて、観光政策立案者の間には、観光のもたらすマイナスの影響を観光を受け入れる側の地域社会から隠蔽し、慢性的マクロ経済的諸問題解決のため、あらゆる犠牲を払っても観光産業を発展させ、少数の地元の人々のために利益を極大化しようと試みる傾向が見受けられる。観光開発の速度と方向を決めるのは、一般に外部勢力であって、地元の人々が相談にあずかることは殆どないが、観光収入の公正な再配分と観光受け入れ地の地域社会が所有と経営の役割に関与する必要性などの問題には本気で取り組まなければならない。観光客が来るようになればぐんと金持ちになれると約束された地元の人々の間には誤った期待が抱かれるようになる。すぐに分かるのは、観光の生む真の利得は観光を組織する人々とごく限られた少数の事業家の手にはいるだけだ、ということである。しかし、観光を通じて地域の能力を向上させるためには、単に起業資金を供給する以上のことが必要である。Fetterman（2001）は、能力開発を目的とする過程とは人々が自分自身の問題を解決し、自分で決定するのに必要とされる技術を発展させる手助けをする過程である、と論じている。Taylor（2000: 4）は、これに賛同して、能力開発の過程とは、「自分たちの生活の質に直接影響する決定と資源に対して人々がよりいっそう大きな発言権を行使するような結果を生ずる」過程である、と断言する。黒人町は、南アの観光産業にとって高度成長分野になってきている。観光客の数は増え、地元の文化に対する圧力も大きくなるであろう。地元の人々は観光客の侵入に対して敵対的であるかもしれないが、他方、自分たちはどうせ駄目なんだという気持ちでは、地元の人々が自分たちの懸念を正面に押し出し、行動することは難しい。黒人町住民の論ずるところでは、いかなる観光プロジェクト案であれ、それがもたらす長期的なマイナスの影響をも含めて一切の事実を把握しない限り、観光開発に対する地域住民の同意が完全に与えられることはあり得ない。南アは、その観光産業を変革する上で多くの試練に直面している。地元の人々の決定能力を向上させれば、この人たちが自分の文化を維持し、尊敬し，涵養することができるようにするようにし、また、観光の経済的利益を分かち合えるようにする型と段階の観光開発が促進されるであろうし、正にこれが、黒人町観光を長持ちさせる上で最も大事な点である。

参考文献

Ap, J. (1992) Residents perceptions on tourism impacts. *Annals of Tourism Research* 19 (4), 665–690.

Aronsson, L. (1994) Sustainable tourism systems: The example of sustainable rural tourism in Sweden. *Journal of Sustainable Tourism* 2, 77–92.

Boyd, S.W. and Singh, S. (2003) Destination communities: Structures, resources and types. In S. Singh, D.J. Timothy and R.K. Dowling (eds) *Tourism in Destination Communities* (pp. 19–34). Wallingford: CABI Publishing.

Briedenhann, J. and Wickens, E. (2003a) Community involvement in tourism development white elephant or empowerment? In S. Weber and R. Tomljenović (eds) *Reinventing a Tourism Destination* (in press).

Briedenhann, J. and Wickens, E. (2003b) Developing cultural tourism in South Africa: potential and pitfalls. Paper Presented at the ATLAS Expert Cultural

Tourism Group Conference *Cultural Tourism: Globalising the Local – Localising the Global*. Barcelona, November 2003.
Brunt, P. and Courtney, P. (1999) Host perceptions of sociocultural impacts. *Annals of Tourism Research* 26 (3), 493–515.
Butler, R.W. (1980) The concept of a tourism area cycle of evolution: Implications for management of resources. *Canadian Geographer* 24 (1), 5–12.
Craik, J. (1995) Are there cultural limits to tourism? *Journal of Sustainable Development* 3 (2), 87–98.
Crouch, D. (1994) Home, escape and identity: Rural cultures and sustainable tourism, In B. Bramwell and B. Lane (eds) *Rural Tourism and Sustainable Rural Development* (pp. 93–101). Clevedon: Channel View Publications.
De Kadt, E. (1992) Making the alternative sustainable: Lessons from development for tourism. In V. Smith and W. Eadington (eds) *Tourism Alternatives* (pp. 47–75). New York: John Wiley.
De Villiers, N. (2003) Address delivered at the *Corporate Social Responsibility Conference*, Johannesburg, 14 February.
Din, K. (1996) Tourism development: Still in search of a more equitable mode of local involvement. *Progress in Tourism and Hospitality Research* 2, 273–281.
Dogan, H.Z. (1989) Forms of adjustment: Sociocultural impacts of tourism. *Annals of Tourism Research* 16 (2), 216–236.
Doxey, G. (1975) A causation theory of visitor–resident irritants, methodology and research inferences. The impact of tourism. In *Proceedings of the Sixth Annual Conference of the Travel and Tourism Research Association*, San Diego (pp. 195–198).
Dyer, P., Aberdeen, L. and Schuler, S. (2003) Tourism impacts on an Australian indigenous community: A Djabugay case study. *Tourism Management* 24 (1), 83–95.
Eadington, W.R. and Smith, V.L. (1992) Introduction: The emergence of alternative forms of tourism. In V.L. Smith and W.R. Eadington (eds) *Tourism Alternatives: Potentials and Problems in the Development of Tourism* (pp. 1–12). Philadelphia: University of Pennsylvania Press.
Esman, M. (1984) Tourism as ethnic preservation: The Cajuns of Louisiana. *Annals of Tourism Research* 11, 451–467.
Evans, G. (1994) Whose culture is it anyway? Tourism in Greater Mexico and the Indigena. In A. Seaton, C.L. Jenkins, R. Wood, P.U.C. Dieke, M.M. Bennett, L.R. MacLellan and R. Smith (eds) *Tourism: The State of the Art* (pp. 836–847). London: Wiley.
Fetterman, D.M. (2001) *Foundations of Empowerment Evaluation.* Thousand Oaks, CA: Sage Publications Inc.
Gauteng Tourism Authority (GTA) (2001) *Soweto Tourism 2000 – Developing Tourism in Soweto.* Johannesburg: Gauteng Tourism Authority.
George, R. (2003) Tourist's perceptions of safety and security while visiting Cape Town. *Tourism Management* 24 (5), 575–585.
Greenwood, D. (1989) Culture by the pound: An anthropological perspective of tourism as cultural commoditisation. In V.L. Smith (ed.) *Hosts and Guests: The Anthropology of Tourism* (pp. 171–186). Philadelphia: University of Pennsylvania Press.
Gunn, C.A. (1988) *Tourism Policy and Planning* (2nd edn). Philadelphia: University of Pennsylvania Press.

Harrison, D. (1992) Tradition, modernity and tourism in Swaziland. In D. Harrison (ed.) *Tourism and the Less Developed Countries* (pp. 148–162). London: Belhaven Press.

Hashimoto, A. (2002) Tourism and sociocultural development issues. In R. Sharpley and D. Telfer (eds) *Tourism and Development: Concepts and Issues* (pp. 202–230). Clevedon: Channel View Publications.

Haywood, K.M. (1988) Responsible and responsive tourism planning in the community. *Tourism Management* 9 (2), 105–107.

Johnson, D., Snepenger, J. and Akis, S. (1994) Residents' perceptions of tourism development. *Annals of Tourism Research* 21 (3), 629–642.

King, B., Pizam, A. and Milman, A. (1993) Social impacts of tourism: Host perceptions. *Annals of Tourism Research* 20 (4), 650–665.

Koh, K.Y. (2000) Understanding community tourism entrepreneurism: Some evidence from Texas. In G. Richards and D. Hall (eds) *Tourism and Sustainable Community Development* (pp. 205–217). London: Routledge.

Lankford, S.V. and Howard, D.R. (1994) Developing a tourism impact attitude scale. *Annals of Tourism Research* 21 (1), 121–139.

MacCannell, D. (1976) *The Tourist: A New Theory of the Leisure Class*. London: Macmillan.

McCarthy, J. (1994) *Are Sweet Dreams Made of This? Tourism in Bali and Eastern Indonesia.* Northcote, Australia: Indonesia Resources and Information Programme.

McKercher, B. (1993) The unrecognized threat to tourism: Can tourism survive sustainability? *Tourism Management* 14, 131–136.

Moscardo, G. and Pearce, P.L. (1999) Understanding ethnic tourists. *Annals of Tourism Research* 26 (2), 416–434.

Murphy, P.E. (1985) *Tourism: A Community Approach.* New York and London: Methuen.

Southgate, C. and Sharpley, R. (2002) Tourism, development and the environment. In R. Sharpley and D.J. Telfer (eds) *Tourism and Development: Concepts and Issues* (pp. 231–264). Clevedon: Channel View Publications.

Tavener, T. (2003) A life in the day. *The Sunday Times Magazine* London, 19 January, 86.

Taylor, J. (2000) *So Now They Are Going To Measure Empowerment.* Woodstock: The Community Development Resource Association.

Tearfund (2001) *Tourism: Putting Ethics into Practice.* Teddington, Middlesex: Tearfund.

Timothy, D.J. (2002) Tourism and community development issues. In R. Sharpley and D.J. Telfer (eds) *Tourism and Development: Concepts and Issues* (pp. 149–164). Clevedon: Channel View Publications.

Timothy, D.J. and Tosun, C. (2003) Appropriate planning for tourism in destination communities: Participation, incremental growth and collaboration. In S. Singh, D.J. Timothy and R.K. Dowling (eds) *Tourism in Destination Communities* (pp. 181–204). Wallingford: CABI Publishing.

Witz, L. (2001) Repackaging the past for S.A tourism. *Daedalus* 130 (1), 277–296.

Witz, L., Rassool, C. and Minkley, G. (1999) *Tourism in African Renaissance.* Paper presented at Public History, Forgotten History Conference, Windhoek, University of Namibia, 22–23 August, 1999.

第 9 章
自発的協力を通ずる地域社会の能力開発：Kiltimagh 総合資源開発（Integrated Resource Development、略称 IRD）事例研究

Frances McGettigan, Kervin Burns, Fiona Candon

はじめに

アイルランドにおいて、地方レベルでの開発促進は、過去 10 年間にわたって、多数の政策イニシアティブの焦点となって来た。このお蔭で、経済、社会開発のために地域に基盤を置いた手法が用いられるようになった。欧州連合（EU）の 1994-1999 年地域社会支援大綱（Community Support Framework）は、田舎の地域社会、なかんずく、高水準の失業と社会的疎外に苦しみ、衰退しつつある都市、農村地域の再生に特別の重点を置いている。このような地域は、Nolan など（1998）の論ずるところに従えば、いくつかの遠隔農村地域を含む、地理的に閉じ込められたいわば「黒斑病」にかかったような処に立地している。地元の立場からする開発の重要性を重視するという決定は、不利な立場にあったり、社会的に疎外されている人々の問題はその町や村の地域社会内部で地元の問題として取り組まなければならないという認識から生じた。1990 年代にアイルランドで爆発的に起こった地域社会のイニシアティブと新機軸の採用がこの決定に反映されているし、また、この決定が地域社会のイニシアティブと新機軸の採用を促進したのである。このような地域社会のイニシアティブは、欧州委員会（the European Commission）によって欧州全般にわたって促進されたパートナーシップ・モデルに従ったものである。その手法は、田舎の地域社会の能力を開発して、自らの問題に取り組み、生活の質を改善し得るようにするというものであった。農村地域の人々自身の将来に責任があるのはそこに住む人々なのだという認識が、この新たな「下意上達」（bottom-up）手法の

根底にあった。したがって、地元の地域社会を自らの開発過程に組み入れて行くことが、この手法のきわめて重要な特徴である。地方にある地域社会の開発は、複雑な過程である。というのは、このような開発において、一地域の経済、社会、文化、環境開発は、地域社会、公共部門、私的部門ときわめて密接に関り合い、一体化するからである。

過去において、アイルランドで政府の採用していた地方開発の取り組みは、本質的に「上意下達」(top-down) の手法であった。この手法は、アイルランドの中のハンディキャップのある地域に多国籍企業や他のアイルランド企業を誘致しようという試みに頼っていたので、開発の役に立つことがほとんどなかった。その意図は、こうすればプラスの副次的効果 (spin-off-effects) を生じ、これらの地域の地元経済を潤すこととなるであろうということであった。本章の目的は、アイルランド Mayo 郡の小さな町 Kiltimagh における地元での開発事例研究を通じてこれらの結果をさらに探究することにある。本章は、「準備完了段階」と「地域社会観光能力開発」がどのようにして移民に出た人々を故郷に呼び戻す観光プロジェクトを開始するよすがとなったかを検証する。

背景

Kiltimagh 町は東 Mayo 郡の中心部にある (図 9.1)。幹線道路が町を通っていると普通その町は経済的に繁栄すると考えられているが、Kiltimagh の町には一級国道も二級国道も通ってはおらず、人口約 1,400 名で、Mayo 郡唯一の幹線道路なしの内陸の町ということが、この町の主要なハンディキャップの一つである。1986 年に Kiltimagh から 35 キロメートル離れたところにこの地方のための空港が開設されたが、この地方にほとんど何の影響ももたらさなかった。Mayo 郡の南部にあるドル箱 Westport のあたりで観光は急速に発展してきたが、他方、北部は知名度が低い。Kiltimagh 地域を事例研究の対象とする場所として選んだのは、この理由からである。

アイルランド農村部の他の多くの地域と同じように、1970 年代と 1980 年代を通じ、Kiltimagh では経済的停滞と、商工業の衰退がだんだんに進行し、人口が激減した (表 9.1 参照)。1981-1986 年の期間に、Kiltimagh で生じた

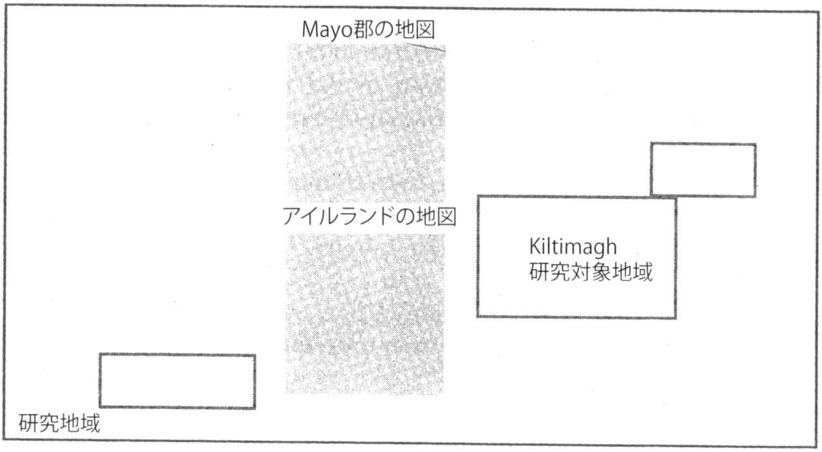

図 9.1　研究対象地域

表 9.1　1971 年から 1996 年までの人口変動（%）比較

地域	1971-1981	1981-1986	1986-1991	1991-1996
Kiltimagh地区選挙区	+13%	−11%	−6.2%	−5.3%
西部地方	+7.5%	−0.9%	−0.9%	+2.4%
ダブリンを除くアイルランド全国	+15.7%	3.4%	−0.7%	+0.04%

出所：Census of Population :Small Area Population Statics 1971-1996

人口減少率は、西部地方あるいはアイルランドの国全体の人口減少率よりも高かったのである。

Kiltimagh の人口減少は、この地域から移民に出る傾向に直接関連づけることができるが、なぜ移民に出るかといえば、それは、主として、ここに居ても就職の機会がないからである。1988 年に Kiltimagh 地域における人口流出に関する Kiltimagh ディアスポラ（離散民）調査が行われ、この地域青年層（17 - 25 歳）の 75%が就職口を求めて移民せざるを得なかったということが判明した。当該移民絶対値は、この地域からの移民総数の約半数であろうと推定された。この調査は地元の人々が既に知っていること―この地域は死滅に瀕している―を確認したに過ぎない。Irish Times のコラムニストである Caroline Walsh さん（Ms.）は、1989 年 1 月の Irish Times 紙上でディアスポラ調査に関する記事を書いている。彼女は Kiltimagh を「前途に希望がないので死んで行く」町として描き、子供たちが両親に、妻が夫に別れを告げる Knock 空港での胸の張り裂けるような場面を報じている。移民の結果として、この地域のサービスは大打撃を蒙った。多年にわたり新たな企業が設立されることがないばかりか、ほとんど毎週のように企業閉鎖が続いた。自分で行ったインタビューの結果からWalshさんが記事にしたところでは、「ここの町会議長であるTom Higginsの勘定ではKiltimaghを去った企業は50もあって、その中のいくつかを彼は一覧表にしている」(89年1月29日付Irish Times)。荒れ果てて、放棄され、草ぼうぼうの家や農家の庭が農村部ではっきりと目についた。町の中でも問題は同じように明白であった。町の建物の4割は放棄された状態で、残りの6割もそれと大差はなかった。スポーツ・チームでプレーする若者の数が不足していたなど、地域社会の社会組織が崩壊しつつあることが示されていた。Kiltimaghの人々には、とくに芸術、慈善事業団体、スポーツの分野で自発的に地域社会の活動を行うという確固たる伝統がある。要するに、この地域はその生産的で経済的な人々を失ったのであって、その大多数は帰ってくる見込みが全くなかった。これは、投資をしようという気にさせるような状況ではあり得ない。ありきたりの「上意下達」方式はKiltimagh地域では何の役にも立たなかったし、そのような方式に頼っていく考え方をこれから変えていかなくてはならなかった。地元の地域社会の人々は、こんなことでは駄目だとこれまでのやり方を拒否する段階から一歩進んで、問題の所在を認識するところまで来なければならなかった。1998年のディアスポラ調査に関する報告書は、この地域社会において次のような特色を活性化することに成功した。

- 深い地域社会魂意識と郷土への誇り
- 子供たちが移民に出るという体験を多数の両親がしていることを踏まえた、変化に対する渇望
- 活用の可能なリーダーシップ、ビジョン、新機軸の貯え

農村地帯において、人的資源はとくに重要であるとみなされており、観光開発の成否いかんは地元の人々が積極的に関わってくれるかどうかが決め手だと考えられている。地元の人々のこのような参加そのものが、郷土のアイデンティティについての崩壊感を立て直し、地域社会に対して「新たな内省、すなわち、自らの分別を文化的に検討する機会」を提供するための手段とみなされる

ようになる（Feehon, 1992: 21）。

Kiltimagh 総合資源開発会社の設立：地域社会主導のイニシアティブ

ディアスポラ調査の結果と Irish Times の記事が「発火のための火花」の役割をつとめたと考えるものが多い（Higgins, 1996：49）。1998 年にこの地域の将来を心配して町のお坊さんのところに一介の個人としてやってきた人々は 10 名を数えた。この地域に何らかの形で経済開発を始めようという試みのために一つのグループが生まれ、地域社会の代表が官庁や雇用者側と一緒になって当該地域の行動計画を準備し、実施する団体を設立するポルトガル型の開発モデルが採用された。「下意上達」の手法を通じて商業的活動と地域社会の関与の促進を図り、その資金は皆からの寄付に仰ぐこととする構想である。総合資源開発社（IRD）は、はじめのうちこそ寄付に頼るのであるが、目的とするところは、自立して、小企業を振興し、地域社会とさまざまの官庁の双方と密接に協力しつつ仕事を進めることであった。IRD は目論見書を作成し、地域社会の賃金所得者一人一人から一週二ポンドを集めるための戸別訪問を 4 年間行った。初年度集金総額は 41,000 ポンドで、4 年間の総計は 111,000 ポンドであった。地域社会のメンバーから 4 年の期間にわたって集められた多額の資金は、会社経営陣に対する財政的基盤と同額の政府資金をプロジェクトに呼び込むための自己資金（matching funds）を提供したのみならず、このイニシアティブに対してかなり広汎な支持が集まり、それを自分の物と考える姿勢がはっきりと示された点において意義深いものがある（Kelly, 2003）。

IRD がその活動を実施し、目標に到達するための方法の計画書が「戦略的企業計画」（The Strategic Enterprise Plan）であった。当初の目的と目標に到達するために IRD の実施した開発プログラムは、四つの主要なプログラム分野に分けられている。観光開発、テーマタウン・プログラム（Theme Town Programme）、企業プログラム、社会開発がこれである。誤解のないように言っておいた方が良いと思うが、この計画が着手されたときに、地域の有する資源は寥寥たるものであった。実際、この地域には有利な点よりも不利な点の方が多く、諸種の開発プログラムは不利な点を有利な点に変えようという試みであったし、今でこそ地域の資源となっているものの多くは、当初、克服不可能な問題であると考えられていたのである。そこでますます必要になったのは、成功を収めるためには会社がその最大の資源、つまり、住民と彼らの地域社会魂を関与させなければならないと認識することであった。会社の機構に自発的な作業グループシステムが導入され、一つのグループはリーダー１名とメンバー３名で構成されることになった。これらのグループは部門別に分けられており、IRD は助言と無償資金の提供により援助を与える。John Higgins は、その著書「Kiltimagh の再生」（The Kiltimagh Renewal）において、会議に出席し、自分のプロジェクトについての報告を行っていた自発的作業グループのリーダー 26 名の発言を引用している。彼らの大多数は、Kiltimagh IRD 社取締役会の一員ではなかったが、これこそ Kiltimagh 方式が地域社会主導で本当の下意上達型開発であることを正に証明している（Higgins, 1996）。前に Kiltimagh に住んでいた人々と連絡が取られ、自発的作業グループの人々が英国や米国に出張して、移住せざるを得なかった人々に対して Kiltimagh に戻って生活し、働く機会があるかも知れないと触れまわった。郷土に対する人間の独特な反応と記憶や心象風景の形で保持されている繋がりが郷土愛の根っ子にある。まったく、このような反応なり繋がりは、自分が何者なのかを探究する過程に直接関連しているのだ（Childress, 1996: 341）。換言すれば、具体的な日常の慣行から文化の観点からの思索なり「感覚構造」が生じてくるのである（Williams, 1997）。その結果、郷土は、別の場所に対置されると、主体にとってのアイデンティティ認識の客体になる（Agnes, 1992: 263）。1989 年になると、Kiltimagh の小地域社会と移民をも含めた拡大地域社会は、経済開発のニーズに対応するための第一歩を踏み出していた。集団として開発に成功するためには、地域社会の能力開発が必要であった。このためには、社会全般の理解、受け入れ、支持が絶対に必要である。Bear とその他の人々の手になる論考（1996）はこの点について取り組んでいるが、彼らの提案は変革理論手法の採用であって、地域社会開発、地域社会能力開発、生活の質という核心的問題に的を絞るべきだ、というのである。これらの課題は、表 9.2 に概要が示されているように、Kiltimagh 地域社会にきちんと反映されている。

表 9.2　地域社会開発の目的と核心的課題

地域社会の能力開発	核心的課題
個人としての能力開発	学習する地域社会
積極的行動	公正な地域社会
地域社会諸組織の発展	活発で組織された地域社会
参加と関与	影響力のある地域社会
生活の質的改善	**核心的課題**
地元の経済的開発	富の分配
社会開発とサービス	思いやりのある地域社会
環境開発	緑豊かな地域社会
犯罪防止と公共の安全性	安全な地域社会
前向きの認識と満足感	生活好適地
持続可能性と団結	永続する地域社会

出所：Barr et al.(1996: 10)

「戦略的企業計画」の重点プログラム分野を遂行するだけの力が地域社会に備わってきた結果、住民の生活の質も改善を見た。これらの重点プログラムはさまざまな核心的課題に分属されているが、その分け方は地域社会の組織とその活動の性質いかんによっている。核心的課題は、変化を計る尺度である。「地域社会開発とは、住民、地域社会、サービス、政策に変化が生ずることである。これらの一つ一つについて変化が生じたという立証がなされなければならない」(Barr 他、1996:15)。

戦略的企業計画

この計画は、5 つの開発プログラムに分かれている。

観光開発

観光プロジェクトは、概して言えば、IRD が音頭とりをした。この地域には見るべき自然観光資源は何一つないにもかかわらず、IRD は、地元民と観光客の双方を裨益するであろうとの考えから、観光インフラを整備し、また、近隣地域の観光資源のうちいくつかに梃子入れし、これを利用する決定を下した。IRD は商品開発・販売促進担当マネージャーを雇用し、このマネージャーが二週間続く聖パトリック（訳者注：アイルランドの守護聖人）祭、家族会、同窓会、修学旅行、「Kiltimagh の物語」を学びたいためにアイルランドや外国からやってくる団体旅行の手伝いを熱心に行っている。しかし、観光開発は、他の部門とは異なった進み方をした。その理由は多々あるが、特筆すべき理由としては、近くにちゃんとした既成の地域観光地があり、これと競争しなければならない、自然資源に乏しい、施設開発にあたって地元民優先主義を貫こうとするIRD の信念、が挙げられる。IRD が地元民優先主義を掲げたのは、Kiltimagh は地元民の「暮らす場所」であると IRD が認識していたということを意味する。

芸術、文化、文化遺産（ヘリテージ）プログラム

Kiltimagh IRD 社は、地域社会の中であまり商売にはなりそうもない部門をも捲き込んでいかなければならないことに気が付いた。芸術、文化、文化遺産プログラムの下で、古臭い学校が装いを新たにし、200 人の観客を収容しうる劇場が修理され、国際的な作品やアイルランドや地元の作品上演の場となった。1998 年に常勤の芸術担当係が任命され、芸術、文化、文化遺産プログラムの調整を担当することとなった。

テーマタウン・プログラム

町の外観を見栄えの良いものにすることは、多くの理由からしてきわめて重要である。しかし、もっと大事なことの一つは地元の人々が郷土を誇りとする気持を持つことで、これがその地域への投資を呼び、そして、もちろんのこと、観光客を惹きつけるのである。IRD は、電線を地下にもぐらせ、古風な照明を取りつけ（ロンドンや米国にいる Kiltimagh 縁故の人々が直接支援してくれた）、市場の開かれる広場を再建するなど、大がかりに町の美観を改善した。色彩計画開発のため建築家が雇われ、地元民は自分の建物に色を塗るよう薦められた。目指すのは、19 世紀の市場町の様式を再現することであった。

Kiltimagh には、他の町にはない独特の資産が二つあって、それは美的な感覚と地域社会である。この町の者ではない某氏が一言。「Kiltimagh は、とても繁昌している町に見えるし、とても好感がもてますね。皆のまとまりがある町だという評判ですよ。よそ者からすると、Kiltimagh の町はただ IRD がでっち上げたなんて代物とはまるっきり違いますね。まともな計画があるのがとてもはっきり目に見えるんですよ。」

企業プログラム

1992 年、町の中心部にある放棄された家屋三軒が Kiltimagh では初めての企業センターに転用されることとなった。地元の地域社会向けの企業開発促進プログラムが進行中であった。1994 年までに企業センターで 18 の職が創られ、Mayo 郡東部地域に対する LEADER 資金の供与を管理する責任をも IRD が担うこととなった（1990 – 2006）。企業開発のために当時進められていた作業を脇から支えるために「地元で買い物キャンペーン」（Shop Local Campaign）が行われたが、これは大成功であった。この「町や村が危ない」（Communities under Threat, CUT）キャンペーンは地元の人々が地元の小売商やサービスを利用する必要性を訴え、その結果、地元民が地元で買い物をするようになった。Kiltimagh の地元民はこの地域外で買い物をする人物がいると眉をひそめた。企業センターの発展、毎年の研修プログラム、サービスの発達、LEADER プログラムのお蔭で、直接、間接に 350 の職が生まれた。投資家の信用が増したので、町に新たな商売やサービスが生まれた。1990-94 年の期間の経済活動は年率 15.8％増、1995-1998 年の期間では年率 30.2％増であった。これはおのずから移民をも含めた拡大地域社会に対する信頼感を強化した。

社会開発

社会プログラムの中で目立っているものの一つに低所得者のための住居を 27 軒提供したことがあげられる。これによって、町の中の放棄された場所の数が減り、この地域で暮らす人々の数が増えた。この計画は、9 割が返済不要の中央政府貸付金システムによって賄われた。だからといって、後背地の農村部がわりを食ったという訳ではない。なぜなら、このような家に入居した人々の大多数は、移民の U ターン組か、この地域で仕事を求めて Kiltimagh に来ているか、あるいはこの地域に転入して他の町で働いている人々だったからである。青少年人口は町の活力源であり、どこの地域であれ青少年の姿が見えれば地域の将来に信をおけるといえるであろう。1990年代後期の研究の示すところでは、Kiltimagh国民学校の生徒数は年に6%の率で増加したが、他方、郡西部地方の同様な学校では年6%の率で減少を示した。さらに、これらの新入生の4割はこの行政区生まれではなく、新たに転入してきた家族の子弟であった。

地域社会の参加と能力開発

Kiltimagh IRD社は、多大な自発的協力と官庁の時宜を得た支援、専門的技術・知識、資金供給を開発の過程に「梃子入れする」（levering）ことにかなりの成功を収めた。O'BrientとHassinger（1992）の指摘するところでは、「リーダーシップの型は農村地域社会ごとにさまざまであり、地元の地域社会が問題に対処する上での反応は地元の指導者の努力次第で違った結果を生じ得るのである。」IRD取締役会の幹部は地域社会との提携関係の形成と発展をきわめて重視していた。提携関係についてのこのような強固な意識があればこそ、地元の地域社会の声に耳を傾けられたのだし、開発に向かっての目標共有感覚を育てることができたのであった。提携関係についてのこのような強固な意識は、いわゆる「新地元主義」の勃興を反映するものと受け止められており、この主義の下では地元の問題に対する解決策の策定と実施に地元の関係者が関与することになる（Gooodwin, 1998; Moseley, 1999）。農村開発というやり甲斐はあるが難しくもある仕事に取り組むために提携関係を活用することにかけて、アイルランドはヨーロッパ中で最も優れた実績を残している国の一つである。地域社会、官庁、民間部門間に提携関係を結んで行く手法は、Kiltimaghの場合にはきわめて効果的に作用した。

Kiltimagh IRD社の仕組みは、地方開発の要求を満たす、時代の先駆者であった。なぜそうなったかというと、はっきり表立った仕組み―戦略計画を推し進めるために雇用された専門的なマネージャーがKiltimagh IRD社取締役会についている―があったからである。地域社会と会社の取締役会メンバー間の陰での仕事の上での関係がこの表の仕組みを後から支えた。開発を始めるに際し、地元の物的、社会的、文化的資源基盤を出発点とし、開発の企画と実施に幅広く人々を参加させるようにすると、開発が成功し、長持ちする可能性が大きくなる（Lynch, 2002）。

自発的協力を通ずる地域社会の能力開発が地域社会のライフサイクルの後半の全段階を通じて最も重要な判断基準であることには疑いのないところであって、図 9.2 に概要が示されている通りである。作業グループを作ったのは、とても大切なことであった。というのは、これによって地域社会が自分たちの地域の開発過程に関与していると意識するようになり、また、当然のことながら、いくつかの小規模プロジェクトが実にうまく行く結果をもたらした。特筆しなければならないのは、この時期、Kiltimagh では多数の人々が移民に出て、町は存亡の危機に直面していたのであって、後に残された人々の強い「郷土意識」と「自発的協力」があってこそ始めて今日のような「郷土への誇り」の段階へとこの地域社会が到達し得たのだ、ということである。IRD は、地方開発機関が地元民の参加をうながす能力についてのアイルランドにおける最も優れた事例の一つである。参加して欲しいと頼まれると、人の足を引っ張る態度（つまり、物事のプラス面を見ずにケチをつけようとするような）は減って来るし、「あいつ等と俺達」と言った対立状況がなくなる。John Higgins（1995: 7）は述べて、「国民一般が人の足を引っ張って慰みにすることほど地域社会の下意上達型の開発と表現にとって良くない単一の阻害要因はない」としている。4 年前に Kiltimagh に転入した年配の一夫婦の考えでは、住民参加を進めることが持続可能な地域社会開発への鍵であり、また、IRD の創意によって今日まで成し遂げられた立派な仕事を利用するための鍵でもある（地域社会メンバーとの面談。2001 年 6 月 22 日）。この立派な仕事は、Kiltimagh IRD 社が主な企業開発賞を総なめしたことに反映されている。表 9.3 は、全国的な賞獲得の概要一覧である。

このようにして、地域社会の中で抱かれている「郷土への誇り」が強化されることとなった。Kiltimagh は、一番うまく行っている模範例としてしばしば持ち出される。IRD は Kiltimagh の成功をメディアを巧みに利用して宣伝し、この結果、住民が全国的な報道の対象となるにつれ、住民の抱く郷土への誇りが高揚する。開発の過程を達成するために、Kiltimagh は、リーダーシップ、提携関係、資金供給という有形の要因を上手に利用したと言って良

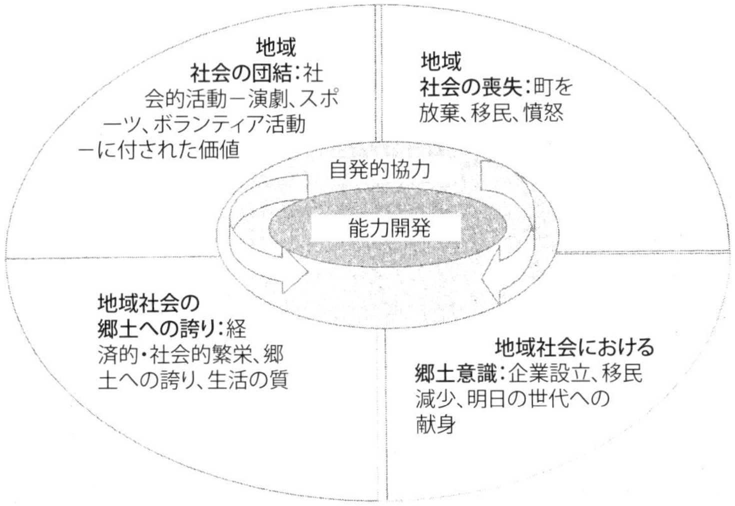

図 9.2 開発のための地域社会能力開発の諸段階
出所：McGettigan and Burns（2004）

いであろう。しかし、その成功は、地域社会魂、郷土意識、郷土への誇りという無形の要因があって初めて可能になったのだ。過去 10 年間の行動計画は次のような持続的開発に焦点を合わせてきた。すなわち、人為的環境再生（Built Environmental Renewal、略称 BER)、地方経済刷新（Local Economic Innovation、略称 LEI)、社会・文化振興（Social and Cultural Stimulation、略称 SCS）であって、これは大きな成功を収めた。開発過程の全段階を通じ、地域社会魂―住民の価値観と郷土意識から生ずる―が住民に力を与え、Kiltimagh における推進力となることを可能にしたのである。

地域社会が開発過程の一部をなす時にのみ、このようなことが起こり得る。Hall と Jenkins（1995）は述べて、「価値観は、人々が決定を下す際に用いる、アーチのように上にかかっている判断基準である」としている。この地域社会の意思決定過程は、町を救うために個人としてお金を寄付するかあるいは「移民」する決定をするかの間でさまざまに揺れたのであるが、どのような決定であれ、「生活の質」の改善を求めた点では同じである。Max-Neef（1992）は「生活の質とは、私たちが人生を体験する態様である」と定義しているが、これは

表 9.3　IRD 社が獲得した全国的賞

年	賞	賞金
1991	National Award Winners of ESB Community Enterprise Awards	£60,000
1994	National Award Winners in the Bank of Ireland/Farmers Journal Community Enterprise Awards	£12,000
1994	Runners up in the Irish Planning Institute National Award for Urban In-fill and Re-development	
1995	National Finalists in FAS Community Initiative Awards	
1996	Winners of AIB Better Ireland Awards	£25,000
1999	Regional Winners of AIB Better Ireland Awards	£16,000

出所：Internal document , IRD

人間の基本的なニーズが満たされる程度と態様に関連している。Kiltimagh における社会のニーズは、地域社会が危機的な場面を乗り越えたことによって変化をとげたし、また、近代化が進むにつれ、努力によって自分の願望を達成することを優先するには時間がかかるということが否応なしに分かってくる。こうなると、自発的協力の水準が低下し、地域社会の能力開発も色あせ、指導者と追随者間に「ギャップ」が生まれることになる。Kiltimagh 地域社会の将来は、総合観光開発戦略を通じて住民の間に能力開発を再生させられるかどうかにかかっている。

当初、この地域社会は、IRD とともに、観光客のニーズ向けの開発を考える前に地元のニーズと優先度の高いもの用の開発を進める決定を下した。観光は地元の一つの資源として管理されるべきであって、ここでは地元のニーズと優先順位が観光産業の目的の上に来るのである（Murphy, 1995; Burs, 1999 所収)。Kiltimagh は、苦境に陥ってはいたが、過去 10 年間を通じ「生活の質」概念を見失うことは絶えてなかった。この地域社会が現在「準備完了段階」にあり、Kiltimagh がその地域社会の能力開発を行う場所として Kiltimagh 拡大地域社会を「移民観光客」として集客目標とすることに基づく形の観光を心おきなく推し進められるのは、このような全体論的手法を採用したからである（訳者注：全体論とは哲学上の概念で、現実の基本的有機体である全体がそれを構成する部分の総和よりも存在価値があるという考え方)。この説を用いるにあたって、「地域社会」(community) を構成するものは何なのかということを理解する必要がある。「地域社会」という用語は、きわめて幅広く多様な状況の中で使用 (および誤用) されてきたので、まともに使えるような定義を行うことはほとんど不可能に近い。この用語の意味を明らかにするのは、状況的手法が最も優れている。この用語は、地理的な一地域と利害関係からなるさまざまな共同体双方を記述するためにしばしば用いられる。しかし、この言葉には他の意味合いもある。例えば、私たちが、これが「地域社会魂」(community spirit) だなあ、とよく考えるような数多くのいずれかといえば無形の要素が隣人関係や隣組組織について肯定的な感情を生み出す上で重要なのであって、これがおのずから「郷土感覚」(sense of place) と「郷土愛」(place attachment) になっていく。Hummon (1992) は、地域社会の問題を扱うにあたって、住民の「郷土感覚」とアイデンティティを探究する手法を用いるのが良いのではないかと提案している。

観光開発への準備完了状態

「準備完了状態」(state of readiness) とは、地域社会の到達した一段階であって、開発過程によって「暮らしの場」としての地域社会のニーズが既に満たされ、今やこの地域社会を観光客というもっと大きな社会に対し「訪れの場」として提供することができる段階である、と定義し得るかも知れない (図9.3)。暮らしの場と訪れの場との間の関係は、地域社会の価値観に基づく観光開発のための郷土としての能力開発であって、この特定の場所用の観光形態を形成し、発展させるための出発点となるのが地域社会の価値観なのである。このような観光は、移民に出た人々を地域社会よりもっと大きな社会から観光客として里帰りさせ、Kiltimagh の魅力で惹きつけ、移民へと押し出す力を逆転させようという目標に的を絞っている。受け入れ側 (友人、親戚、他の地元民) と観光客との間の連絡網には、社会的、経済的な利益がある。この郷土としての能力開発は、地域社会の参加を誘い、それが更なる地域社会の観光能力開発促進へとつながって行く。「Kiltimagh 地域社会観光能力開発」は、町を訪問

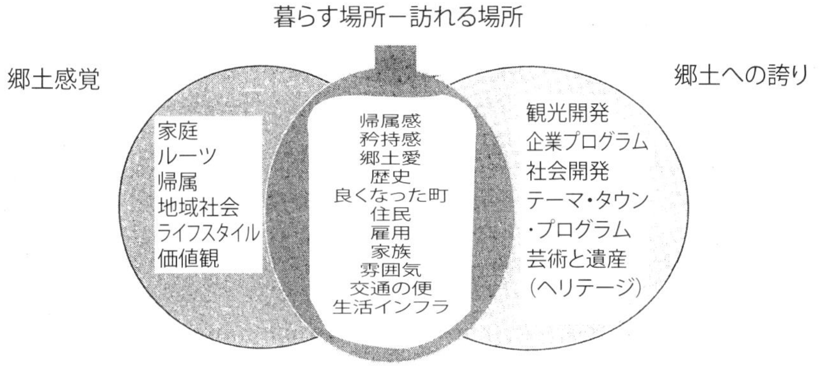

図 9.3　郷土の能力開発
出所：McGettigan and Burns（2004）

する友人や家族（visiting friends and family、略称 VFR）からなる市場を誘引することが基本であるが、その過程が観光客と受け入れ側双方の「生活の質」改善と観光開発の欠如の穴埋めに寄与しているのである。地域社会の「生活の質」がまず出発点であると考えられ、次いで、これを改善するための可能な手段の一つとして観光が考えられている（Postma, 2002）。この事例では、地域社会の郷土感覚が自発的努力を通じて経済、環境開発に対する渇望を駆り立てたのであって、この郷土感覚こそが今や移民観光開発の大黒柱なのであろう。

地域社会観光能力開発（Community Tourism Empowerment 略称 CTE）

自発的協力は、今や、減少過程にある。このような減少の流れを逆転させるために「地域社会観光開発」（CTE, 図 9.3）の考え方が目論んでいるのが地域社会の「郷土感覚」と「郷土への誇り」の活用と地域社会の自発的努力の再生であり、これによって移民観光のための総合観光開発戦略を実施し得るだけの能力を地域社会につけさせようというのである（図 9.4）。CTE の考え方（図 9.4）を通じて、これらの移民は Kiltimagh に惹かれてつれ戻され、公的部門、私的部門、自発的部門が観光開発のために一緒になって協力するような観光システムを利用しながら、地方所在のこの地域にはめ込まれるであろうと想定さ

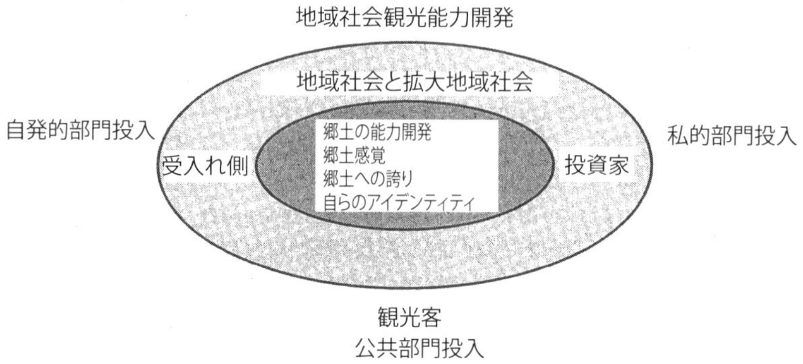

図 9.4 地域社会観光能力開発

れている。CTE の考え方を推し進めるにあたって、郷土愛とその重要性が受け入れ側と観光客双方の生活の質につながっているということが決定的に重要である。Kiltimagh は、ネットリーキング、持続性、提携関係、資源の所有権を開発の上での中心課題とする総合的なやり方で、住民と移民からなる地域社会が観光に参加し得るような力をつけさせる場所として自らの地位を今や確立した。地元の地域社会は、自らの価値観と精神を原動力として成功を収めたのであり、そこでは、「市民の一体性、参加、地域への忠誠心が明白である。」移民に出た人々が休暇をすごすために帰郷することは、アイルランドの村落の多くにとって季節の律動の中の伝統的な一部となっており、これが地元の郷土としてのアイデンティティにとって重要で不可欠な構成要素として定着している。この種の来訪者は、「観光客」に対して普通とは異なった期待を抱いているし、親戚の家に泊まったり、町の酒場で家族や友達と付き合ったりして、その土地の生活様式や習慣に融け込む傾向がある。全地球的な郷土感覚や地元の人々とここから出て世界各地に離散した人々との間の流動的な交流に貢献するのは、やって来る観光客の中でもこの部類に属する人々であって、これによって受け入れ側と観光客との間の敷居が低くなると、言っても良いであろう。Ralph は、「本物の郷土感覚とは、何にもまして、個人としても、地域社会のメンバーとしても自分の郷土の内部にいて、そこに帰属しているという感覚であり、また、そんなのは考えるまでもなく熟知しているということだ」との考えを述べているが、CTE はこの Ralph 説を採用している。

CTE の考え方は、高水準の社会資本に起因する帰属感を創り出すことを眼目としているが、この帰属感とは、地域社会住民の郷土感覚と連帯感を示すものである（Richards, 2003）。このグローバル化の時代に、安定し、安全で、他にはないものとしての「場所、土地」の観念を私たちは必要としている、ということがしばしば論じられてきた。Ralph（1976:6）に拠れば、「個人や人々の集団にとって安心立命とアイデンティティの拠りどころになるような」場所、土地があるのであれば、「そのように意味のある場所、土地を体験し、創造し、維持する手段がなくならないようにすることが重要である。」移民に出た人々の出身地たる Kiltimagh についての記憶は鮮烈であって、新たな場所で暮らしているにも係らず、移民の多くが過去に根を下ろし、生まれ故郷にしっかりと結びついている。グローバル化の力が向かう処敵なく、個々の人間にとって専ら意味のあるような特定の場所や土地を圧倒しているので、この種の手法は、郷土愛と象徴的な場所作りの基層をなすメカニズムを理解する一つの方法として役に立つように思われる。Agnew（1992）は郷土を定義して、「社会的関係構造のための装置が存在しており、且つ、人々が自分自身と同一視し得るような、“多少の伸縮は許されるにせよ、明確に特定された地域”と述べている。この定義は、郷土についての考え方を自分が何者であるかということの確認と自分を地域社会と同一視することの双方にはっきりと結びつけている。膨大な数に上る移民が Kiltimagh 地域社会を拡大したのであって、CTE の考え方は、人々の郷土感覚と郷土の何たるかに焦点を当て、これを理解し、それによって参加者全員の生活の質改善に寄与している。Kiltimagh は、CTE の考え方を通じて「郷土感覚」なり「郷土愛」の基盤をなすのに足るだけの条件を備えており、これによって Kiltimagh 地域における更なる地域社会の能力開発が進むことになるであろう。

むすび

この地域社会を分析して分かったのは、開発への全体論的で全員参加の手法採用により、地域社会の「郷土感覚と郷土への誇り」という無形の要因が、有形の要因の支援を受けつつ、どのようにして開発のために動員され得たか、ということである。この過程の結果によって観光開発におけるギャップの何たるかがはっきりしたが、このギャップは、地域社会が「暮らしの場」を「訪れの場」として提供し得るだけの「準備完了段階」に到達した現時点で初めて取り組み可能になった問題である。郷土の能力開発をCTEに転換するという概念は、受け入れ側、観光客、投資家が能動的な参加者であるとともに受益者であるような「移民観光」に向けての持続可能な手法にとって決定的に重要な基準である。これによって移民社会は、開発過程に重要利害関係者として取り込まれ、自発的協力も公的、私的部門と提供関係を結びネットワーキングしながら息を吹き返す。CTEの観点からすれば、移民観光こそ、この地方における将来の観光開発への最も持続可能性のある手法である公算大であると言えよう。

参考文献

Agnew, J. (1993) Representing space, scale and culture in social science. In J. Duckan and D. Ley (eds) *Place, Culture and Representation* (pp. 220–224). London: Routledge.

Burns, P. (1999) *An Introduction to Tourism and Anthropology*. London: Routledge.

Childress, H., Atlman, I. and Low, S. (2004) Place attachment. *Journal of Architectural and Planning Research* 13 (4), 334–339.

Christensen, N.A. (1995) Sustainable community based tourism and host quality of life. In S. McCool and A.E. Watson (eds) *Linking Tourism, the Environment, and Sustainability*. Ogden, UT: USDA Forest Service.

Corcoran, M.P. (2002) Place attachment and community sentiment in marginalised neighbourhoods: A European case study. *Canadian Journal of Urban Research* 11 (1), 47–68.

Dicken, P. (1998) *The Global Shift: Transforming the World Economy*. London: PCP.

Goodwin, M. (1998) The governance of rural areas: Some emerging research issues and agendas. *Journal of Rural Studies* 14 (1), 5–12.

Gray, B. (1989) *Collaborating: Finding Common Ground for Multiparty Problems*. San Francisco: Jossy-Bass.

Hall, C.M. and Jenkins, J.M. (1995) *Tourism and Public Policy*. London: Routledge.

Higgins, J. (1996) *The Kiltimagh Renewal: Best Practice in Community Enterprise*. Dublin: Oak Tree Press.

Hummon, D. (1992) Community attachment local sentiment and sense of place. In N.I. Atlman and S. Low (eds) *Place Attachment* (pp. 253–278). New York: Plenum Press.

Kelly, J. (2003) Strategic Enterprise Plan Discussion for Kiltimagh IRD. Interview, February, 2003.

Max-Neef, M. (1992) Development and human need. In P. Ekins and M. Max-Neef (eds) *Real Life Economics: Understanding Wealth Creation* (pp. 52–60). London: Routledge.
McGettigan, F. and Burns, K. (2004) Community Tourism Research in Kiltimagh 2003/04. In *Quality of Life – Competing Value Perspectives in Leisure and Tourism*, ATLAS Conference Leeuwarden, The Netherlands, 19–21 June.
Moseley, M.J. (1999) The Republic of Ireland: The new localism as a response to rural decline. In E. Westholm, M.J. Moseley and N. Stenlas (eds) *Local Partnership and Rural Development: A Literature Review of Practice and Theory* (pp. 25–43). Falun and Cheltenham: Dalarna Research Institute, Sweden in Association with the Countryside and Community Research Unit, Cheltenham and Gloucester College of Higher Education.
Moseley, M.J., Cherrett, T. and Cawley, M. (2001) Local partnerships for rural development: Ireland's experience in context *Irish Geography* 34 (2), 176–193.
Moser, C.O.N. (1989) Community participation in urban projects in the third world. *Progress in Planning* 32 (2), 81.
Nolan, B., Whelan, C. and Williams, J. (1998) *Where are Poor Households? The Spatial Distribution of Poverty and Deprivation in Ireland.* Dublin: Oak Tree Press.
O'Brien, D.J. and Hassinger, E.W. (1992) Community attachment among leaders in five rural communities. *Rural Sociology* 57, 521–534.
Porter, M.E. (1987) From competitive advantage to corporate strategy. *Harvard Business Review* May–June, 43–59.
Postma, A. (2002) An approach for integrated development of quality tourism, in tourism destination planning. In N. Andrews, S. Flanagan and J. Ruddy (eds) *Tourism Destination Planning* (pp. 205–217). Dublin: DIT.
Postma, A. and Jenkins, A.K. (1997) Improving the tourist's experience: Quality management applied to tourist destinations. In P. Murphy (ed.) *Quality Management in Urban Tourism*. New York: Wiley.
Relph, E. (1976) *Place and Placeness.* London: Pion.
Richards, G. (2003) Social capital: A measure of quality of life and determinant of quality of experience? Quality of life – competing value perspectives in leisure and tourism. ATLAS Conference, Leeuwarden, The Netherlands, 19–21 June.
Richards, G. and Hall, D. (2000) The community: A sustainable concept in tourism development? In G. Richards and D. Hall (eds) *Tourism and Sustainable Community Development* (pp. 1–15). London: Routledge.
Riley, R. (1992) Attachment to the ordinary landscape. In S.N. Low and I. Altman (eds) *Place Attachment.* New York: Plenum Press.
Sabel, C. (1996) *Ireland – Local Partnership and Social Innovation.* Paris: OECD.

Websites used

www.teagasc.ie/

第 10 章
観光開発を通ずるラップ人地域社会の地位向上

Satu Miettinen

はじめに

イナリ（Inari）は、フィンランドの最北部に位置している自治体である（訳者注、Inari の地方「自治体」としての法的、行政的名称は、フィンランド語で *kunta*、英訳で municipality。この中に後出の Ivalo, Inari, Nellim などの自然村が存在する）。この自治体は、この地域の歴史と地理を通じてさまざまな異文化と重なり合い、混じり合っている場所である。イナリは国境でロシアとノルウェーに接している。これら三つの国々の間の交通は頻繁に行われている。フィンランド、ロシア、ノルウェー、スウェーデンに広がっている Sami 族（訳者注、Lapp 人の自称は Same。Lapp は周辺の諸民族が Same に対し用いる呼称）は、バレンツ海地方全域で自らの文化遺産と伝統の維持に成功してきた。この地方では Sami 族とフィンランド人の双方がおのおのの文化遺産と生活様式を一緒に持ち込んでいる。イナリの地域社会は林業、観光とトナカイ飼育によって生計を立てている。イナリの地域社会にとって、観光は、生計の手段としてますます重要性を増してきている。

本章の中心課題は、イナリの地元地域社会における文化観光開発と能力開発の展開である。この面で活溌な地域社会がいくつかあって、国立公園内に所在する Lemmenjoki やロシアとの国境と隣り合わせの場所にある Koppelo と Nellim がその例である。これらの地域社会は、皆、さまざまな文化観光プロジェクトに地域社会として参加することを通じて活気づいて来た。本章の中心課題は、文化遺産あるいは物質文化から生ずる諸要素が新たな観光サービスを創り出すために用いられる場となるようなプロジェクトの研究である。このようなサービスの目的は、地元地域社会のメンバーに所得を生み出すことにある。文化観光開発プロジェクトの多くは、地元で作られる工芸美術品のような地元の物質文化を取り扱っている。此処では、地元で作られる機能的あるいは装飾的な工芸美術品を以て物質文化と定義することとする。この地方では他に就職の機会があまりないため、工芸美術品の生産が所得を生み出す重要な手段である。地元の工芸美術品生産にとっての主な買い手は、観光客である。本研究の目的は、地域社会参加の面でのさまざまな異なる開発戦略を調査し、また、この事例研究がうまくいった理由を地域社会参加という面から検討することである。

研究の背景

筆者は、1997 年以降、文化観光、とりわけ、ラップランドの工芸美術観光開発に積極的に関与してきた。工芸美術観光は、Richards によって、工芸美術品の購入とか収集あるいは伝統的工芸美術に関する勉強を地元での観光体験の一部としているような観光開発、と定義されている（Richards，1999）。筆者は、1997 年から 1999 年まで 'EUROTEX プロジェクト調整担当官の職にあった。EUROTEX プロジェクトとは、欧州連合の地域開発基金（the Regional Development Fund）から資金を提供されている文化観光開発プロジェクトのことである。観光余暇教育協会（ATLAS）もこのプロジェクトに関与していた。この期間におけるさまざまな活動の一つは、地元の零細企業家の観光関連技能開発のニーズを評価することであった。筆者は、地元地域社会における文化観光と生産物デザイン開発にも深く関わっていた。このプロジェクト実施期間中のフィールドワーク体験と調査資料収集のお陰で、筆者は、1997 年以降の地域社会の参加とその展開をしっかりと把握することができた。

2002 年から 2003 年にかけて、筆者はイナリ地方における「雪だけじゃないよ」（‘There is more than snow’）という観光開発プロジェクトで再び仕事をすることとなった。このプロジェクトに携わっている期間に EUROTEX プロジェクト開始以降に生じた観光開発に関するデータをまとめる機会を得た。この期間に、前に述べたのと同じ企業家で EUROTEX プロジェクトに参加した人たちについて技能開発ニーズの評価がもういちど実施された。データの分析によって、EUROTEX プロジェクト実施期間中の優良な関連活動に関するバックグランド情報を得ることができた。地域社会に根ざしている観光開発を扱う多数のプロジェクトが、生産物のデザインとマーケティングに焦点を当てている。地元地域社会が提供するサービスと生産物は、観光市場が目当てである。地元工芸美術の伝統、自然食品、他の形の地元文化に基づく特別の観光行事の開発を試みているさまざまなプロジェクトが存在する。上記二回の評価結果によって、筆者は、地域社会参加の成功要因と重要性に対する理解を深めることができた。

さらに、このプロジェクトのお陰で、筆者は、地元のいろいろな地域社会で暮らし、観光開発ワークショップに参加し、いろいろな異なるプロジェクトや開発のための行動をおこす上でのイニシアチブをとっているプロジェクト参加者、プロジェクト指導者、観光業に携わっている人々と面接する機会を得た。筆者がこのようなプロジェクトや行動に積極的に参加し得たのもこのプロジェクトの賜物である。

本研究に用いた主な方法は、面接と参加者の観察である。面接の主要な部分は、率直で、多少時間のかかるテーマ別の面接かあるいは地元地域社会での集団討論であった。面接の行われたのは、参加者の家、作業場とかで事務所のこともあった。複数の参加者の家を回るのに車で相当な距離を走らなければならなかったので、筆者は参加者の家のいくつかに一泊し、彼らの日常生活に参加することもあった．このお陰で、筆者は、参加者を観察し、また、観光と観光が彼らの生活に与える影響についてゆっくり時間をかけて話し合うことができた。

イナリ地域の人口密度は低い。17,400km^2 の土地に 7,500 人が住んでいるだけである。だから、地元の地域社会は、規模が小さい。一番大きな村落には数百人の住民が住んでいるが、村落によっては約 30-40 人の住民しかいないところもある。大部分のこれらの村落にはいろいろな寄り合い組織がある。このような寄り合いは、多くの場合、村落開発の処理をその任務としており、フォークダンス、民俗的な伝統、スポーツ等々の異なるテーマ別に組織されている。

「地元の地域社会」は、さまざまの定義が可能であるが、しかし、結局のところ、ある種の行動に関わっている人々の集団に関することであるのが常である。地元地域社会の意味するところは、一つの村落全体、村落の寄り合い組織の場合もあれば、利害関係をともにする人々の協同組合とか他の集団を指すこともあり得る。当該地域社会の利害とその地方全体あるいは国全体の行政上の利害が衝突する時に、多くの場合、本当のジレンマが生ずる。こうなると、地元地域社会とは何かということを公に定義する必要が出てくる。ラップランド地方の地域社会にはさまざまな利害集団を代表する人々と異なる人種を代表する人々がいる可能性がある。ラップランド北部の小さな村落の悩みの種は、地域社会としての行政的サービスに欠けていることで、例えば、村の学校が閉鎖されたままになっているため、このような小さな村落では小学校程度の教育を子供たちに受けさせることができないところが多い。

ラップランド北部の小さな村落で暮らすのは並大抵のことではない。というのは、地元の行政当局によって提供される生活上の無料のインフラやサービスの数が少ないからである。水の供給や暖房の問題は住民が自分で処理するのであって、このようなサービスを提供するためのインフラも自分で築きあげていかなければならない。都市のある中心地から遙か遠隔の地にある村落までは地域全体をカバーする営繕の手がとどかないため、このような自前のインフラはかなり割高につく。都市のある中心地から離れたところで暮らしている人々が差別感を感じていることは間違いない。都市のある中心地では手に入れられる基本的なサービスの多くが存在しないとなると、結局のところ、小さな村落は消滅してしまう。都市との間の距離がひどくあるということも生活の質と就職の機会に影響を及ぼす。一番近くの都市のある中心地に出かけるのに何百キロメートルも車を運転しなければならないと来ると、容易ではない。

観光開発と地域社会の関与

EUROTEX プロジェクトが音頭をとって、ラップランドにおける工芸美術観光が開始された。この地域で工芸美術観光のルートとサービスを開発しようというのが、このプロジェクトの構想であった。プロジェクトは、この地方での観光開発機関であり観光業者でもある Lapland Tourism Oy と協力しながら実施された。プロジェクトは、工芸職人の小さな団体と零細、中小規模の観光業者とじかに協同作業を行った。工芸職人団体の一つは、*'Inarista käsin'*（イナリの手作り）という名称で、イナリのさる村にあった。イナリの他の工芸美術品制作者もプロジェクトと関わり合いになった。プロジェクト参加者の大部分は、自分の会社の所有者か協同組合の組合員であった。

イナリは、工芸美術観光生産物の滅多にない好例である。この村には工芸美術品が制作される工房がいくつかあり、観光客はこれらの作品が手作りされる現場を見物することができる。村にはフィンランド人とSami族双方の制作者がいる。イナリにはSIIDAという名称の美しいSami族博物館、Sami族工芸美術学校と手作りのSami族工芸美術品が販売されている場所である*Sami Duodji*がある。本物のSami族工芸美術品のブランドが作られたのは、*Sami Duodji*のイニシアチブによるものである。こういった品々は、Sami族の伝統に従って、Sami族の人々によって制作されている。6月から8月にかけての夏のシーズンには、村は観光客で溢れる。村にはホテルが二つとキャンプ場がいくつかあり、特別の観光行事が催される。イナリ湖上のボート遊びは、典型的な特別観光行事といえよう。イナリ村は、North Capeへ行く途中とかそれよりもっと北の方で鮭釣りしに行く途中の休息地として人気がある。

このEUROTEXプロジェクトの一環として、工芸美術品制作者のための販売促進セミナーが開催された。生産物開発の手助けをするために、「往復ツアー」が企画され、オランダ人の好事家観光客への売り込みに成功した。プロジェクトは、輸出にもかかわった。「往復ツアー」と工芸美術品は、日本の九州での北九州博で販売された。ラップランド地方は、日本人観光客の間で大人気である。輸出プロジェクトの目標は二つあって、一つは観光シーズン以外にもっと別のいろいろな販売経路を見つけることであり、もう一つは好事家観光客がもっと数多く「往復ツアー」に参加するよう誘い込むことである。

開発のための努力が数多く重ねられたが、制作者たちの家か工房での一対一の面談を通じて行われたこともあれば、集団での話し合いを通じて行われたこともある。プロジェクト開始のもととなったのは、技能開発分析と一般的な開発ニーズの評価であった。どのような開発ニーズがあるかということは、プロジェクト参加者も一緒になって内容を吟味、確定した。その結果、参加者に共通の目標に向かって自分も努力しなければならないという気持ちが生まれた。

プロジェクトには事業計画に明確に述べられている若干の目標があったが、これは、勿論のこと、達成された。しかし、実戦面でのもっと大事な目標は、地域社会の代表たち、つまり、プロジェクトに関係していた工芸美術品制作者と観光業者によって設定されたのである。

地域社会を代表するこれらの人々の間には、新たな特別観光行事の企画、立案、販売するものの企画、「往復ツアー」の立案のようなプロジェクトの実戦面を担う気持ちが横溢していた。長い目で見れば、この種の仕事は彼ら自身の利益に繋がるので、きわめて生産的であった。重要視されたのは、プロジェクト参加者にとってどんな具体的利益があるのかを見つけ出し、参加者が理解できるやり方でそれを伝えることであった。

地域社会の参加には共通の型があった。開発事業に関与している一人か二人の要になる人物（key persons）がいるのが普通であった。田舎の地域社会というものは、かなり閉鎖的な社会である場合もあって、そうした社会では変化に対してきわめて烈しい抵抗が生じ得る。新参者とか来訪者がこのような小さな地域社会に溶け込むのは難しいかもしれない。余所者が地域社会の完全なメンバーとして受け入れられるのには時間がかかる。地域社会の中で利害をともにする要の人物を見つけられれば、必ず好いことがある。プロジェクトの仕事を実際に始められるのは、まず、この人なら信用できるという評判をとってからのことである。信用できると思われるには、達成可能な現実的な目標を掲げ、結果の見込みについて過大な期待を抱かせず、ごく低姿勢で仕事熱心な人だというイメージを地域社会のメンバーの間で維持する必要がある。多くの開発分野において、プロジェクト期間中に現実的に達成可能なものを越える過大な期待を抱かせるようなプロジェクトが多数横行している。これが深い失望の種と成り、開発事業を複雑にするのである。

信用できる人間だという評判をとる他に、地域社会を潤すきわめて具体的な成果を収めることが重要であった。このような具体的成果が宣伝を通ずる売り込みと関係のあることもあった。例えば、開発プロジェクトに関する良い記事がでるとか、地域社会にとって大事な話題が地方紙に載るとかすると、大いに役に立った。さらに、生産物のデザイン作業とか宣伝を通ずる売り込み企画に力を貸せば、通例、地域社会の暖かな歓迎を受けることとなった。当初の成果が圧倒的に立派である必要はないのであって、要は、そのプロジェクトが地域社会のための実際的な行動を狙いとしていることを単純に示すものが何かあれば、それで十分であった。しかし、長期間にわたってプロジェクトに対する支持を確保するためには、地元の投資が通例必要である。つまり、生産物の販売や宣伝を通ずる売り込みで好成績を収めなければならない。

技能とネットワーキングの改善

EUROTEX プロジェクト期間中、1997 年に、地元の工芸職人の技能開発ニーズについての評価が行われた。この評価は、一連の面接と工芸職人の一人一人と一緒になっての査定用紙への書き込みを通じて行われた。この結果わかったのは、工芸職人が事業経営技術も販売技術もないので困っており、また、職人としての訓練を受けていない者が多いということであった。制作者の大多数が、副収入を得るための手段として工芸美術品の制作に携わっていた。外国語に熟達しているといった観光関連の技能には不十分な点があった。制作者の中ではその生業を両親から学び、元来、趣味として始めた者が大多数を占めていた。

イナリ自治体の「雪だけじゃないよ」プロジェクトによって、2003 年の春に追跡調査が行われた。この調査の狙いは、工芸美術を扱っている人々がラップランドにおける観光からどのように裨益しているかを突き止めることにあった。この調査は、とくに力を入れて、これらの人々が主にどんな問題を抱えているのか、販売やネットワーキングの上での技術活用度はどうか、観光市場目当ての生産物がどのようにデザインされているのか、ということをはっきりさせようとしたのである。もう一つの重点事項は、特別な観光行事、主として，地元では雪上車サファリとして観光客を集めようとしている雪上車観光（snow mobile tourism）を販売している観光業者と観光会社の調査であった。雪上車サファリというのは、観光客がグループで雪上車の運転を習うようになっているのだが、これがラップランド地方でとても人気がある。追跡調査のもう一つの目的は、工芸美術品を扱っている人々と観光業者との間でどのような協力が可能なのか、また、ある種の生産物開発の必要があるのかどうかを見極めることであった。

ネットワーキングの分野は、EUROTEXプロジェクトが始まって以来、改善を見た。工芸美術品を扱う人々は、地域の事業開発センターの援助を既に受けていた。このグループに属する工芸美術関係者の大多数が事業経営技術と工芸美術双方の研修を受講していた。

工芸品職人が観光から得る利益

イナリ自治体の「雪だけじゃないよ」プロジェクトの一環として2003年の春に行われた調査によって、工芸芸美術制作者の顧客層の状況を知ることができる。観光客が最も重要な顧客グループであって、かねがね、ヨーロッパ人（中部と南部）からなり、彼らは団体ではなく個別の旅行者としてやって来る。これに比べて、フィンランド人観光客は、かねがね、団体旅行者である。これに加え、フィンランドの会社や個別の旅行者も大事な顧客グループである。
販売戦略に関していえば、工芸美術部門で職を得ている人々の間には、自分自身の作品を一番うまく売り捌けるのは自分たちなのだという考えがあるように思われた。このような販売戦略には、例えば、さまざまな展示会への参加、道路脇の掲示の設置、パンフレットの印刷などが挙げられる。しかし、この後で行われた工芸美術品制作者との個人面接では、自分たちの作品を自分たちに代って誰か他の人が売ってくれるほうが良いという人々が多かった。これ以来EUROTEXプロジェクト枠内でのネットワーキングの水準は、改善された。現在では、工芸美術制作者の中でもさまざま異なるプロジェクトに参加しているように思われ、その上、作品の集団的販売を学んだ者の比率が高まっている。しかし、作品の制作から販売までの全過程を自分で切り盛りしなければならないと考えている工芸美術品制作者が依然としてかなりいることも事実である。工芸美術品制作者が協力しあい、別のネットワークに参加する術を体得すると、仕事の負担を分業し、自分の腕前にもっと集中し得る、つまり、ネットワークメンバーの中で販売を担当する者がいるようになると、他のものは制作に専念できる、ということがわかって来る。

大部分の工芸美術品制作者の考えでは、観光客に対して工芸美術品の制作とか他の文化活動に参加する機会を提供するのが、今はやっている傾向である。自分の作品を子供から年配者までの幅の広い顧客グループ向けにデザインしているのが工芸品制作者の大部分を占めていたし、観光客のニーズが無条件で考慮されることもなかった。工芸美術品制作者がデザインについて専門家の力を借りることもなかったのである。彼らの開発ニーズは、部分的には、EUROTEX プロジェクト実施中のニーズと変わるところがなかった。作品は、現在も、きわめて大ざっぱな観点から万人のニーズを満足させるようなデザインに留まっている。しかし、前向きの展開もない訳ではない。この事業を営んでいる者全員が、自分の作品についての顧客からの情報を受け取る戦略に転じたからである。

14 名の回答者中 5 名が好事家団体を受け入れていた。観光客の来訪頻度、つまり、毎日、夏期シーズンだけとか、年に 2-3 回といった質問に対してこれら 5 人の回答者全員がそれぞれ異なった回答を行った。団体の大きさも 3-6 名の個人からなるものから 23 名のものに至るまでばらつきがあった。事業がもっと大きくなれば、もっと大きな団体を受け入れることができるようになるであろう。大部分の工芸美術品制作者の作業場はきわめて狭小なので、一時に 2-3 名の客しか受け入れられなかった。羊毛のフェルト加工とか Sami 族の伝統工芸品についての勉強などのようなさまざまの特別観光行事が続くのは 3 時間から 7 時間であった。この事業を行っている人々の言によれば、売り物としているサービスをデザインするときの最重点事項は、地元の特徴がはっきりと出る、まがい物ではない、独創性、工芸品として高品質、買う人たちのニーズ配慮などであった。プロジェクトの実施に当たっている工芸美術品制作者たちは、地元の文化遺産についてきちんと知っていることがどうしても必要だと力説していた。これらの作品の販売は、口コミ、他の事業家、販売を専門にしている人々を通じて行われる。作品のデザインと販売の双方について依然として開発ニーズが存在する。

EUROTEX プロジェクトの開始以降、ラップ人工芸美術品制作者は、前に比べて職業的専門家としての風格を備えて来た。イナリ地域には多数の開発プロジェクトがあるので、あるプロジェクトを一つだけ取り上げて、その本当の効果が何であるかを特定して述べることは難しい。にもかかわらず、EUROTEX

プロジェクト期間中に始められた開発行動の中にはきわめて大きな成果を挙げたものもある、と言っても良いであろう。プロジェクトの作業への参加方法が重要であったし、共通の開発目標に基づいた開発が最も大きな成功を収めたのであった。

Nellim 村の地元 Sami 族の伝統に基づいた観光生産物創造

Nellim 村は、イナリ自治体のロシア国境に隣接している。村は、イナリ湖にも近い。この村は、フィンランドと Sami 族の相異なる文化が交わる場所であるため、きわめて特殊な歴史を有する。Nellim は、三つの文化をもつ村と呼ばれている。Nellim 村の元来の住民はイナリの Sami 族である。後で、フィンランド人家族が、そして第 2 次大戦後に Petsamo 出身のスコルトの Sami 族がこの地域に移住してきた。Nellim 村は、東 Sami 族の文化と西 Sami 族の文化とが交わる場所である。Nellim 村の住民は約 260 名を数え、主に、トナカイの飼育、漁業、林業で生計を立てている。その上、Nellim 村は、Saariselka と Ivolo のスキーリゾート地域からの日帰りの観光客がやって来る観光目的地でもある。村の一番大事な名所の一つは、聖三位一体と Petsamo のトリフォン（Trifon）に献堂された Nellim ギリシャ正教会である。Petsamo のトリフォンというのは、16 世紀にスコルトの Sami 族に洗礼を施したギリシャ正教会の僧侶であって、彼が 1556 年に Petsamo に僧院を建立したのである。Nellim ギリシャ正教会は、トリフォン師を記念するために献堂された。村には村立博物館もあって、地元とイナリで見つかった考古学的出土品とスコルトの Sami 族の伝統を伝える品々を展示している。この博物館の設立に着手したのは、自分たち Sami 族自身の伝統と物質文化に関心のあった地元村民であった。

Nellim 村には、*'Nellim Pyry'* という名称の、信じられないくらい元気で活溌な寄り合い組織がある。この寄り合いは 1953 年に組織され、フォークダンスと古くからの民俗を活動の主眼としている。*'Nellim Pyry'* は、現在、二人の女性が中心となっているが、一人は Sami 族で、もう一人はフィンランド人である。この二人は何十年にもわたって観光企画者であるとともに村の活動家として働いて来た。村に若干のユニークな観光生産物が生まれ、また、地元の文化遺産を持続させるとともに独特な観光名所の場となった村立博物館の設立が着手されたのは、この二人の女性のお陰である。

村立博物館の構想は地元の文化遺産講習会で発案されたものであって、博物館が生まれたのは、この村が多くの文化とSami族の伝統の合流点であるという結果である。講習会への参加者には、自分の家からSami族の古い工芸美術品を集め、見つけた品々に関わる情報やいわれを探す宿題が課せられた。講習会は大成功で、参加した人々の目の前にきわめて貴重な地元の文化遺産収蔵品があることがわかった。参加者の一グループがプロジェクト案をまとめ、これに地方開発基金の資金がついた。プロジェクトの目的は、地元の文化遺産と関連する工芸美術品を展示できるような村立博物館の設立であった。この後で、フィンランド国立博物館の専門家の助けを借りて、村立博物館がNellimの学校内に設立された。博物館ができてからこの学校は閉鎖されてしまったが、博物館自体は依然として地域の観光名所としての役割を果たし続けている。

村民が自分の文化と文化遺産の保存を望んだのであるから、この博物館プロジェクトは、観光に関連する地域社会住民参加についての典型的事例である。工芸美術品収集の全過程が、これらの品々のいわれに関連する話と相まって、人々の一体感と地元の伝統についての理解を深める結果をもたらした。同時に、この美術館は、やって来る観光客にとって地元の文化入門のための役割を果たしている。村の人々には専門家の助力を仰ぎ、展示品を展示するプロジェクトを始めるだけの資金があった。この博物館は夏のシーズンの観光名所として人気があり、村の歴史の中でも他処ではお目にかかれないようなものを見せてくれている。

Nellim村発の観光生産物

Nellim村にはとてもユニークな観光生産物が二つある。これらの生産物を主に管理、運営しているのは村の二人の活動家で、この二人は村の寄り合い組織でも活溌である。主な観光生産物は、Nellim村へのツアーである。この案内人付きのツアーには、ちゃんとした登録証をもっている地元の案内人の世話、村のギリシャ正教会参詣、ロシア国境訪問、村立博物館入場、地元の喫茶店か事業経営者の家での夕食が含まれている。この観光生産物の主目的は村人の所得創出であって、村を活性化することが副次的目的である。このようなツアーの主なシーズンは 8 月と 9 月で、シーズン中の客数は約 1,000 名。シーズン外の客数もほぼ同数である。来客の大多数が年輩の引退者である。来客の数がとくに多いという訳ではないにせよ、村にとっては大事な副収入源である。

村の活動家たちが案内人として働いており、例の二人の女性の中の一人が地元で生産されたかあるいは採集された食物専門の食品サービス店を自分で所有しているので、このツアーはおもしろい体験になる。彼女はプロの料理人で、スコルトの Sami 族の食に関する伝統についての著作が何冊かある。ツアーは、通例、彼女の家での夕食をもって打ち上げとなる。彼女が来客にいつも説明するのは、スコルトの Sami 族に伝わる料理の歴史であり、料理に用いられたさまざまな魚、野菜、肉，イチゴ、薬草の由来である。イナリ湖の周りにある小さな村落やこの地方の他の場所で暮らしている人々は、通例、高度に自給自足的な生活を営んでいる。彼らはイチゴやキノコを採集し、魚を捕って、それから、これらの材料を冬に備えて冷凍するかあるいは保存食にする。夕食会が事業経営者の家で行われる時、彼女は庭で食物を出す。地元の村人たちがどのような日常生活を送っているのかを眺めるのは、観光客にとって容易に得難い体験である。

Nellim のギリシャ正教会は、ツアー名所の一つである。これは、この地域にある三つの正教会の一つであって，礼拝の場である他、地域社会の参加と村の一体感の象徴である。教会の主要部分は、村人たちの助力を得て建設された。これは、巡礼目的地でもある。毎年 8 月には、Nellim から Sevetti 湖まで、Petsamo のトリフォン師の足跡を追って、巡礼の旅が行われる。村人たちは、村のギリシャ正教の伝統に関連した客用プログラムもやり始めた。断食の前に夕食の祝いを行うのであるが、これもまたこの地域を訪れる観光客目当てである。夕食会を取り仕切るのは地元の村人たちで、村の歴史や伝統に係わる役柄を演じながら食べ物を出すという訳だ。このギリシャ正教会は、この地方の Sami 族博物館のインターネットページに載っている。情報提供者から聞いたところでは、Nellim のギリシャ正教会で結婚式を挙げるために外国からやって来る男女がいる由である。

ロシア国境へ出かけるのもツアーの一部である。ロシア国境に近いということが、来訪観光客の多くに Nellim 村をとてもエキゾチックに感じさせる。Nellim 訪問中にロシア国境に出かけるというのが、Saarselika での欧州連合サミット参加者観光プログラムの中にも入っていた。サミット参加者の中にはこれをとてもおもしろいと思った者が多く、ロシア国境を越えるのがどんなに特別なことなのかを学ばせるために、家族を国境のロシア側から呼び寄せすらしたのである。

村の人々は、かつては、バレンツ海のロシア領沿岸や Petsamo 地域への小旅行を自分たちでも行っていたのであった。この地域にはまだ若干のスコルトの Sami 族が暮らしている。イナリからバレンツ海沿岸地域への観光ルート開発を試みるプロジェクトもいくつか存在する。Nellim 村にはフィンランド・ロシア国境をパトロールしているフィンランドの国境警備官も住んでいる。彼らは村に絶えずやって来て、時々、村の会議に参加することもある。Nellim 地域にはラップランド戦史に関連する興味深い名所も若干あり、時折、観光客が訪れる。

Nellim 村にとっての観光の重要性

Nellim 村を訪れる観光客の数は、比較的少ない。にも拘わらず、観光は田舎の村にとって大事な活性源であり、念願の副収入を村人にもたらしもする。面談で複数の情報提供者から聞いた話では観光開発にはきわめて特定された目標があった。観光開発の明確な目標の一つは、地域社会、とくに *'Nellim Pyry'*、つまり、村のフォークダンスと文化遺産のための寄り合い組織の強化であった。これらの情報提供者は、村を訪れる観光客の数をも気にかけていたが、それでも、シーズン外にもっと観光客が来てくれれば良いのだが、というのであった。

これらの情報提供者は、何十年もの間、観光に関わる仕事をしており、観光用に提供されるサービスの質についてみ一家言ある人たちであった。情報提供者は二人とも近くのスキーリゾート地域での観光商売に関わりをもっていた。

彼らは、近くのリゾートでの自分たちよりも規模の大きな観光産業に脅威を感じていた。彼らの言によれば、近くのホテルの中には、Nellim 村の人々のアイデアを真似してホテル自身の Nellim 村ツアーを始めたものがあるという。

Nellim 村は、地域社会の参加と観光についての好例である。というのは、観光生産物が地元の地域社会によって企画、実現されて来たからである。観光生産物が村の一体感と地元の伝統の象徴にさえもなっている。現在のところ、観光は量的に管理可能であり、地元の地域社会にとって利益をもたらしている。しかし、地元地域社会にとっての最大の脅威の一つは、人口の老齢化である。地元でのさまざまな便宜が減少するにつれて、片田舎の村落は若者たちの目にはもはや住むだけの魅力のある場所と映らなくなっている。主な理由の一つは、教育を受ける機会にあまり恵まれない、という事実である。トナカイの飼育、漁業、林業といった伝統的な仕事に加え、就職先を選ぶとすれば、まっ先に来るのが観光産業である。

イナリ地元地域社会における女性と能力開発

観光のおかげで、Sami 族とフィンランド人の女の人たちに収入創出と能力開発双方の可能性が生まれた。イナリの地元で工芸美術品製作に携わる女性の一グループが「イナリの手作り」（*Inarista käsin*）という名前の共同組合を結成した。工芸美術品制作に携わる女性たちの間の協力は、近くのスキーリゾートのホテルで一緒に展示会を催すことを皮切りに始まった。仕事の負担と費用を皆で分担できたので、すぐに協力に利点があることがわかった。女の人たちは全員が自分自身の事業を経営していたが、自分たちの生産物を販売するために協同組合が設立された。協同組合を設立したのは 5 人の女性で、その全員が、この組合が賃借した店舗でかわるがわる勤務した。店舗はイナリ村の中心部にあって、一番の繁忙期は、夏のシーズンであった。スキーリゾート地域からの観光客も冬のシーズンに時折やって来た。この 5 人の女性は、さまざまな市（fairs）で自分たちの美術工芸品を売り、輸出プロジェクトにさえも参加した。女性たちの中の一人か二人がさまざまな市で制作作品を売るのが常であった。このようにして、旅費と宿泊費を節約することができた。

さまざまな協同組合と女性ネットワークのお陰で、女流芸術家たちが仕事を続けるために必要な支援と励ましが得られるのである。女流芸術家の中には、地元の地域社会の支援が十分でないと感じている者が少なくない。芸術家の制作するものが伝統的な工芸美術品ではないとか、あるいは普通の振る舞いとして認められている枠を何がしか越えていると、地元地域社会の批判や意見にさらされる訳だが、これは、いつでも勇気の要ることである。しかし、多くの場合、これら女性の意見をもっとすんなり受け入れてくれるのは観光客の方である。やって来る観光客にとっては、地元の人の手で作られているというだけで「これは本物の作品だ」ということになるのかも知れない。伝統の何たるかについて、観光客の考え方のほうが緩やかであるということもあり得るであろうし、また、観光客は単純に見た目が美しいと思うから作品を買うのかも知れない。観光客のおかげで多数の女流芸術家が仕事を続けられるのであって、観光客は彼女たちの作品の結構な顧客なのである。

女性たちの一人が協同組合の始まったときからの個人的な体験について話してくれた。彼女の言によると、閉鎖的なSami族社会から脱出して、自分の工芸美術品を展覧会に出すのは至難の業であった。彼女はSami族の男性と結婚したフィンランド人の女性であると認識されていた。子供たちと家にいたのだが、子供たちの面倒を見ながら働けるような仕事もしたかった。手工芸品作りは、これをふたつながらかなえる職業だった。彼女は、自分の作品が程度の高いものであることを知ってはいたが、それでも、Sami族地域社会が彼女のやり方での伝統的なSami族工芸美術品に対して否定的な批評をすると多少は気がくじけた。自分はSami族ではなく、フィンランド人として伝統的な作品を制作しているのだ、ということによって彼女は囲いを打ち破る。展覧会で成功を収め、作品が観光客に売れたという事実によって、彼女の才能は花を咲かせたのであった。

1993年に、彼女は子羊の羊毛をフェルトにする術を学び、これこそが彼女の事業の始まりとなった。彼女は工芸美術におけるさまざまの技能について職人としてしてのきちんとした訓練を受けていたし、フェルト加工についても熟練の度を高めることができた。しだいに、彼女はフェルト加工の技の達人となった。

今日、彼女は Sami 族の住んでいる地方の自然と生活を自分のデザインの源泉として用いている。彼女の作品には色とりどりの四季や Sami 族の生活のあれこれの個性的な象徴が見出される。作品の成功に力づけられ、彼女は、この古来からの技芸についての研鑽を深めるためにトルコのいろいろのフェルト製造業者を訪ねて、フェルト加工についての見聞を広めたのである。

彼女自身の事業が伸び、個展を始めるようになるにつれ、共同組合とはもうこれまでだ、ということに気がつく。自分なりの販売や事業に関する考え方を発展させ、今では協同組合からは独立した。EUROTEX プロジェクトは、好事家用作品を開発する一助となった。つまり、彼女の作風の一部は、プロジェクト期間中に発展を遂げたからである。彼女のフェルト加工会社は、このような開発の中の成功物語の一つなのである。彼女は、好事家用作品についてのきちんとした考え方を 10 年もたたないうちに巧みに纏め上げたのであった。

彼女の店は、イナリの中心部から約 40km 離れた Lemmenjoki にある。彼女の夫は船の遊覧船会社を経営しており、夫婦で地元の観光に 20 年も関わって来た。夫の方は、観光客に対して遊覧船の旅を売り込む。EUROTEX プロジェクト期間中に、文化「往復ツアー」が開発され、彼女のフェルト加工会社もツアーに組み込まれた。この時、彼女はあらかじめ来客のための特別観光イヴェントを企画しておいた。彼女が来客グループにフェルト加工の基本技術を何がしか教え、彼女の仕事と芸術の話をする、という仕掛けである。このようなイヴェントを行ってみた結果として、観光客が彼女を訪れ、フェルト加工技術を自分で試してみる体験をしたり、彼女の作品を買ったりすることのできる場所としてのフェルト芸術スタジオの構想を彼女が思いついた。来客グループ用のスタジオが建設され、それは成功を収めた。観光客が何か新しいことを自分で試してみて、地元の生活と文化様式について新しいことを学び得るような創造的な観光生産物を彼女が開発したのである。

この後、彼女が夫と一緒になって開発したプロジェクトは、来客グループの半数の人々がボートに乗って砂金採取に出かけ、残りの半数が彼女とともに残って羊毛のフェルト加工を学ぶ、というものであった。ラップランド地方には、金を探す旅に出かける伝統がある。昼には、二つのグループ双方ともにトナカイを材料とする昔ながらの食事が出される。この後、グループは入れ替わって、午前中にやらなかったことをやる。彼女の言によれば、内装用の織物をデザインすることに専念し、この織物を自分の家から好事家グループに売るのが彼女の目標である。観光客相手にフェルト加工技術を披露したり、自分の作品の話をしたりするのも彼女の仕事の一部である。現在、彼女の事業は観光のお陰で順風満帆である。作品は、自分のスタジオと展覧会を通じてのみ売りに出す。将来は明るいようだ。事業をもっと繁盛させるために、彼女はいろいろな異なるプロジェクトに積極的に関与し、販売努力を重ねている。

イナリ湖畔の Sami 族芸術家スタジオ

協同組合員の一人は女性の Sami 族芸術家で、彼女の特技は陶器の絵付けであった。彼女の共同組合員としての体験談にはとても興味深いものがあった。彼女は「イナリの手作り」の設立当初からの組合員であった。彼女の住んでいるのはイナリ湖畔の小さな村で、この村は彼女の家族お出身地でもあった。彼女は、何年間かフィンランド南部で暮らしていたのだが、その後でこの村に戻ってきた。村はノルウェーとの国境にとても近いところにある。

この特異な Sami 族芸術家は、湖の眺めが美しいスタジオを自分で持っている。「イナリの手作り」で彼女はかなり良い思いをした。協同組合のお陰で、彼女は自分の生産物や芸術作品を売ることのできる場所を手に入れた。芸術家として、彼女はその時点で既に視覚芸術（visual arts）の分野でいくつかの選に入っていた。彼女は Sami 族の芸術家ではあるが、モダーンアートの技法と材料を用いつつ、自分のアイデンティテイを違う角度から見ている。面接中の彼女の言によれば、彼女の制作するのが伝統的な Sami 族物ではないため、地元地域社会で彼女の芸術作品は変わっていると思われていた、とのことであった。しかし、彼女の作品に地元の自然環境の影響があるのは一目瞭然である。その上、彼女の作品にはラップランド地方の自然に関連したきわめて独特の模様があるし、また、彼女の用いる材料や技法が普通の家にぴったり合い易いので、観光客に人気がある。彼女に元気が出たのは、観光客が自分の芸術作品や陶器を買ってくれたからであった。そして、この成功が梃子となって、モダーンアートとデザインを制作する Sami 族現代芸術家としての彼女のアイデンティテイが形成されたのである。

面接の間、協同組合は作品の販路として役に立った、と彼女は述べた。しかし、協同組合の問題点は、作品の販売の段になると、皆でかわるがわる店に立たなければならないことであった。彼女の一言。「200-300 キロも車を運転して、一日中店に立つって大変。その間制作から離れてしまうということもあるし。」協同組合が活動を停止しした後、彼女は展覧会と展覧会を通ずる自分の芸術作品の販売にいっそう精力を注ぎ始めた。彼女は地元の非常勤美術教員としても働き始めたが、このほうが彼女にとって得になった。この仕事のお陰で、今、彼女には制作と芸術作品に専念できる時間が増えたからである。時折、近くの休暇村から観光客が彼女のスタジオにやって来ることもある。

観光と女性の能力開発

「イナリの手作り」協同組合の歴史にはきわめて興味深いものがある。というのは、この組合は、これに参加した 5 人の女性を繋ぐきわめて強力な連結器の役割を果たしたからである。この協同組合は、これらの女性にとっての販売用の手段として、また彼女たちがその作品を観光客に展示するショウルームとして役に立った。それは、これらの女性たちが地元地域社会からの圧力をともに分かち合うことのできるつき合いの場でもあった。彼女たちの中の多くの者が、新米の企業経営者として直面せざるを得ないさまざまな問題について話し合う仲間のいることがどんなに大事かということを説明してくれた。彼女たちの言によれば、協同組合のことを話し合い、それについての決定を下すために店で会いはしたけれども、お互いに電話もして、助け合うことで力づけられた、という。

気付きの点でもう一つ面白いのは、女性たちの中の二人のアイデンティティ形成に観光客が重要な役割を果たしたということである。二人とも、地域社会の既存の殻を破って自由になった。自作の芸術作品販売から得た収入のお陰で、この二人は自分のアイデアを発展させ、自分が良いと思う事業と仕事についての考え方を探求する機会を得た。ある意味では、自らの作品があたりをとったことを通じて、自分は世間で認められたのだという気持ちを持った事が、この二人の女性のアイデンティティ形成上の一つの重要な要因である。地元地域社会は彼女たちを認めてくれなかったが、観光客が二人を認めてくれた。そして、これによって彼女たちは仕事を続ける元気が出たのだ。

有名なSami族研究者であるVeli-Pekka Lehtolaの記すSami族のアイデンティティとは、文化的なアイデンティティの変化と刷新を可能にする変革の才である。Sami族のアイデンティティは現代の生活に適応するのである。あの二人の女性技芸家は、Sami族の芸術家であると同時に近代的な女性実業家として新たな文化的アイデンティティを有する女性の事例である（Lehtola, 1997）。

「イナリの手作り」は、5人の女性からなる小さな共同体であった。それは、良いところもあれば、悪いところもある小規模で活発な共同体の好例である。これらの女性は、共同体のメンバーとして積極的に活動したし、一緒になって働くことによって、皆が個別ばらばらに働くよりもましな販売用の手段を獲得することができた。彼女たち全員が協同組合と関わりながら自分自身の人生を歩んできたのであり、最終的には、全員が協同組合から何物かを得るところがあったのだ。結局のところ、協同組合は女性たちのニーズに従って再編成される運命にあったといえよう。5人の女性の多くについてその能力開発が開花し、そのニーズと必要とするものも既に変化していた。協同組合は、2003年に活動を停止したが、これらの女性たちは、現在、全員が自分の事業を成功裡に営んでいる。

むすび

上記の事例研究中の三つの例によって、地域社会に根ざす観光や農村観光には，さまざま異なる側面があることがはっきりした。観光が地元の生活に根をおろしている要になるやり手の人物が観光開発に影響を及ぼし得るような住民参加の過程を通じて行われるときに、観光を通ずる能力開発が生ずる。Alenka Verboleは、スロヴェニアにおける農村観光開発に関する論文で、農村観光の過程には、相互の働きかけと話し合いを通じて観光をどのようにもっていくかという筋書きに絶えず新生面を開き、変化させる多数の社会的関係者（social actors）が絡んでいる、と特記している（Verbole, 2000）。ラップ人村落では、要になる人物が観光企画や観光生産物の計画に関与していていることが多いがが、それでもなお、地元地域社会の開発戦略に対する見方はエリートの見方とは違っているかもしれない。地域社会の参加水準が高ければ、持続可能な観光開発が成功する可能性は大きくなる。

上述の事例研究のすべての事例において、観光開発は、伝統的ないし現代的美術工芸の生業を維持している所得創出を通じ、地域社会に対して何がしかプラスの影響を与えてきた。Dallenは論じて、地域社会に根ざす観光のほうが大衆観光よりもいっそう持続可能な観光形態である、としている。地域社会観光は草の根の能力開発であって、そこでは観光生産物やインフラの開発に際し、ニーズ、伝統、文化、地元のアイデンティティが斟酌される（Timothy, 2002）。それでもなお、地域社会における観光の影響については深刻な懸念が存在する。Koppelo村の人々は、村人と村の自然環境が受け入れられる観光客の数について不安を抱いている。この地方に多々点在している小村落では、スキーリゾート地域に観光が集中することから生ずる影響が悩みの種だ。村の人口は老齢化が進んでおり、スキーリゾート地域に生活インフラが移っていくので、村はますます不便になる。

本研究のもっとも驚くべき成果は、なんといっても、地元地域社会における女性たちの能力開発である。女性たちは、視覚芸術、工芸美術製作、劇場のような創造的産業で大変な活躍ぶりであった。地元地域社会が提供し得なかった観客をこれらの女性に提供したのは、観光客であった。このお陰で、所得創出と自尊心を通じ、彼女たちアイデンティティ形成と独立意識がもたらされたのである。

参考文献

Richards, G. (1999) Culture, crafts and tourism: A vital partnership. In Richards, G. (ed.) *Developing and Marketing Crafts Tourism* (pp. 11–35). Tilburg: ATLAS.

Timothy, D. (2002) Tourism and community development. In R. Sharpley and D.J. Telfer (eds) *Tourism and Development: Concepts and Issues* (pp. 149–164). Clevedon: Channel View Publications.

Veli-Pekka, L. (1997) *Saamelaiset: Historia, yhteiskunta ja taide Kustannus-Puntsi* (pp. 86–87). Jyväskylä: Gummerus kirjapaino.

Verbole, A. (2000) Actors, discourses and interfaces of rural tourism development at community level in Slovenia: Social and political dimensions of the rural tourism development process. *Journal of Sustainable Development* 8 (6), 479–490.

訳者のことば

我が国では、従来、観光が政治、行政、社会、経済面で相対的に重視されてこなかったことから、人材の育成も遅れ、国民の意識も自分では特に意識しないままに国際的に見れば後進性の強いものとなっているようである。このことは、「ダボス会議」の主催する「世界経済フォーラム」の旅行・観光競争力順位に関する発表（2007 年 3 月）における日本の地位が調査対象 124 カ国、地域の中の 25 位にとどまり、他方、「来日外国人を迎えるホスピタリティをふくめた国民の観光への意識」にいたっては 116 位ときわめて低く格付けされていることに端的に示されているといってよい。

政府は小泉政権の下で、2003 年 4 月、遅まきながら、海外に赴く日本人数（1,600 万）と来日外国人数（500 万）が 3 対 1 であるような大幅な不均衡是正を目指して、来日外国人観光客数を 2010 年には 1,000 万人に増加させようという「ビジット・ジャパン・キャンペーン」（VJC）を開始した。この結果、来日外国人観光客数は、2003 年の 521 万人から 2007 年には 835 万人へと急速な伸びを示した（もっとも、最近の米国発金融危機の影響による円高の進行とユーロ、ウォンの対ドル平価低下は、少なくとも当面の間、VJC の目的達成に不利に働くであろう。現に、日本政府観光局（JNTO）の 2009 年 1 月 27 日付発表によれば、2008 年の訪日外国人数は前年比 0.1％増の 835 万 1,600 人で過去最高を記録したが、同年 12 月に日本を訪れた外国人数は前年同月比で 24.1％減の 51 万 3,700 人である）。

さらに、政府は、これまでの「観光基本法」を全面的に改正して、「観光立国推進基本法」を制定、2007 年 6 月には『観光立国推進基本計画』を決定し、国内の観光旅行消費額を 2005 年度の 24 兆円から 5 年間で 30 兆円に増加させる目標を掲げ、ついで、2008 年 10 月に官公庁を発足させることにより、観光行政部門を局庁へと格上げし、強化する意図を明らかにした。

このような政府の姿勢転換と観光関係経済規模の拡大傾向などに伴い、最近、観光関係学部ないし学科が続々設立されるにいたった。2008 年 4 月の段階での観光関係学部ないし学科数は 37 大学 40 学科、入学定員数は 3,900 名であったが、これは 10 年前の 6 倍、2005 年では 68%増に達している。2009 年には首都圏所在の 3 大学が観光関係学科の設置を文科省に届け出済みであり、これがすべて実現すれば、観光関係学部ないし学科を有する大学は 2009 年度に 40 校、入学定員は 4,274 名に達するであろう。

それでは、続々設立されている各大学での観光学科の講義において使用されるべき文献はといえば、そもそも、旅行案内書とハウツウものを除けば、本屋で見つけることが困難な状況にあるといって過言ではない。もちろん、それなりの学会もあるし、若干の優れた著作がないわけではないが、欧米に比べて研究面ではるかに立ち遅れていることは否めないであろう。ことに、政府の姿勢も経済面に重点が置かれており、文化と観光の関連についての意識もないわけではないが、はっきりした内容把握をしないまま、「文化観光」という言葉だけが独り歩きしている状態のように思われる。

英国の Chanell View Publication　社は、観光関係専門書を手がけている出版社としてよく知られているが、最近では、“Tourism and Cultural Change” をテーマとするシリーズものを英国の Leeds Metropolitan University 付属の Tourism and Culture Centre 教授　Mike Robinson およびスコットランド

Glasgow 大学 Alison Phipps 博士の共同編集の下に続々観光している。このシリーズに含まれている研究所の書名を若干紹介すると、*“Irish Tourism: Image,Culture and Identity”, “Tourism and Intercultural Exchange,”　“Histories of Tourism: Representation, Identy and Conflict”* のようなものがあり、書名からだけでもおおよその傾向が読み取れるであろう。

私たちが、今回、翻訳を試みたのは、同シリーズ第 7 番目の最新刊書である *“Cultural Tourism in a Changing World — Politics, Participation and (Re) presentation — ”*（2006）である。本書は、文化観光の政治との絡み合いを豊富な世界各地域における事例研究をもとに何がしかの理論づけを試みている点で、いまだ本邦では類書がなく、研究者、学生の参考になりうると考え、非力をも顧みず、訳出することとしたのである。本書の読み方としては、まずとっつきやすい事例研究から始め、ついで理論なり概念的枠組にすすむことをお勧

めする。寝転びながら読める内容ではないが、じっくり読めば得るところの多い論考がぎっしり詰まっていることが理解されるであろう。私たちにとって共同作業としてのこの翻訳は扱われている事例が地理的に広汎に分布していること一つからしても決して容易ではなかった。Mike Robinson 教授本人が「この本を翻訳するなんて、私にとってはとても無理だ」と言ってきたくらいである。こんなわけで、訳文についても今後識者のご叱正を得られれば幸いである。出版事情の困難な中で、本書のような採算を取るのが困難な学術書の刊行をお引き受けいただいた古今書院、なかんずく訳者をいつも激励し、相談に乗ってくださった関田伸雄氏にお礼申し上げる。

なお、翻訳にあたり、下記の多くの方々からご教示、ご助力を得たことを、感謝の念を以って付記する（順不同）。

記

Deborah Sharp　英語一般および第８章（南ア関係）
（元日本紛争予防センター主任研究員、現米国オレゴン大学大学院生、南ア出身）

金子　光　統計学専門用語
（ノースアジア大学経済学部専任講師）

大山正史　社会調査社会調査専門用語
（吉備国際大学社会学部教授）

鏡　武　第３章および第９章（アイルランド関係）
（帝京大学社会学部教授、元駐アイルランド大使）

石垣泰司　第 11 章（ラップ人関係）
（東海大学法科大学院教授、元駐フィンランド大使）

土生川正篤　第 12 章（デルフト陶器関係）
（在オランダ大使館書記官）

窪田豊和　第 16 章（ブダペストの「恐怖の館」）
（前在ハンガリー大使館、現スロバキア大使館参事官）

なお、翻訳・作業分担は以下の通りである。

阿曽村邦昭：　第 1 章、第 6 章、第 7 章、第 8 章、第 9 章、第 10 章、第 11 章、第 12 章、第 13 章および全体の調整

阿曽村智子：　第 2 章、第 3 章、第 4 章、第 5 章、第 14 章、第 15 章、第 16 章、第 17 章、第 18 章および第 19 章

訳者紹介

阿曽村邦昭　あそむら　くにあき

1935年秋田市生まれ、東京大学農業経済学科および米国Amherst大学政治学科卒業。ベトナム、チェコスロバキア、ベネズエラ大使を歴任後、富士銀行顧問、麗澤大学客員教授、吉備国際大学大学院国際協力研究科科長を経て、現在秋田市所在ノースアジア大学法学部教授兼（岡山県）公設国際貢献大学校教授、社団法人ラテン・アメリカ協会理事。専門は政治学、開発経済学。主著に、『アジアの開発をめぐるメカニズム』（共著、アジア経済研究所）『西欧の農業』（共訳、農業調査会）

阿曽村智子　あそむら　ともこ

1977年お茶の水女子大学大学院修士課程（歴史学専攻）修了、1980年同大学大学院博士課程（比較文化専攻）単位取得退学後、同大学大学院研究助手、Oxford大学聖アントニーズカレッジ研究助手（日本学術振興会特別研究員）、ユネスコパリ本部勤務、国際連合開発計画ハノイ事務所勤務などを経て、現在は、学習院女子大学、文京学院大学で非常勤講師を務める。Ph.D.（チェコ共和国国立カレル大学、歴史学）専門は文化政策、国際機構論。著書に、*Historia política y diplomática del Japón moderno*（Monte Ávila Editores Latioamericana, Caracas, 1997）『新国際機構論』（共著、国際書院、2005）『日本の知的・文化的国際協力に関する総合戦略 1-2』（東京財団、2006-2007）

書　名　**文化観光論―理論と事例研究―上巻**
コード　ISBN978-4-7722-7105-9　C3036
発行日　2009（平成21）年4月25日　初版第1刷発行
訳　者　**阿曽村邦昭・阿曽村智子**

発行者　株式会社古今書院　橋本寿資
印刷所　株式会社カシヨ
製本所　株式会社カシヨ
発行所　**古今書院**
〒101-0062　東京都千代田区神田駿河台2-10
電　話　03-3291-2757
FAX　03-3233-0303
振　替　00100-8-35340
ホームページ　http://www.kokon.co.jp/
検印省略・Printed in Japan